国家社科基金重大项目 21&ZD184
"发挥第三次分配作用 促进慈善事业健康发展研究"
阶段性成果

迎接第三次分配大时代

苗 青 ◎著

大变局中的公益慈善

EMBRACING "THE THIRD DISTRIBUTION" ERA:

TRANSFORMING PHILANTHROPY IN CHINA

ZHEJIANG UNIVERSITY PRESS

浙江大学出版社

图书在版编目(CIP)数据

迎接第三次分配大时代：大变局中的公益慈善 / 苗青著. — 杭州：浙江大学出版社，2022.5(2022.11 重印)
ISBN 978-7-308-22109-2

Ⅰ．①迎… Ⅱ．①苗… Ⅲ．①慈善事业－研究－中国 Ⅳ．①D632.1

中国版本图书馆 CIP 数据核字(2021)第 258101 号

迎接第三次分配大时代：大变局中的公益慈善

苗　青著

责任编辑	朱　玲	
责任校对	傅宏梁	
封面设计	春天书装	
出版发行	浙江大学出版社	
	（杭州市天目山路 148 号　邮政编码 310007）	
	（网址：http://www.zjupress.com）	
排　　版	杭州朝曦图文设计有限公司	
印　　刷	杭州高腾印务有限公司	
开　　本	787mm×1092mm　1/16	
印　　张	13.5	
字　　数	257 千	
版 印 次	2022 年 5 月第 1 版　2022 年 11 月第 2 次印刷	
书　　号	ISBN 978-7-308-22109-2	
定　　价	55.00 元	

序一

2021 年，苗青教授申报的国家社会科学基金重大项目"发挥第三次分配作用 促进慈善事业健康发展研究"获批立项。几个月后，他就完成了《迎接第三次分配大时代：大变局中的公益慈善》一书。我第一时间阅读了书稿，十分欣喜地看到了他的成长。

本书出版之际，正值中国如期完成脱贫攻坚、启动共同富裕新征程的重要时刻。2021 年 2 月 25 日，习近平总书记在全国脱贫攻坚总结表彰大会上庄严宣布："现行标准下 9899 万农村贫困人口全部脱贫，832 个贫困县全部摘帽，12.8 万个贫困村全部出列，区域性整体贫困得到解决，完成了消除绝对贫困的艰巨任务，创造了又一个彪炳史册的人间奇迹！"①2021 年 3 月 11 日，第十三届全国人民代表大会第四次会议审议通过的《中华人民共和国国民经济和社会发展第十四个五年规划和 2035 年远景目标纲要》擘画了推进共同富裕的伟大事业。2021 年 8 月 17 日，中央财经委员会第十次会议指出，共同富裕是社会主义的本质要求，是中国式现代化的重要特征，要坚持以人民为中心的发展思想，在高质量发展中促进共同富裕，构建初次分配、再分配、三次分配协调配套的基础性制度安排。

上述初次分配、再分配、三次分配分别对应于市场机制、行政机制和社会机制。我国经济学家厉以宁教授在 1994 年出版的《股份制与现代市场经济》一书中指出："市场经济条件下的收入分配包括三次分配。第一次是由

---

① 全国脱贫攻坚总结表彰大会隆重举行 习近平向全国脱贫攻坚楷模荣誉称号获得者等颁奖并发表重要讲话［EB/OL］.（2021-02-25）［2022-04-28］. http://www.gov.cn/xinwen/2021-02-25/content_5588866.htm＃1.

市场按照效率进行分配；第二次是由政府按照兼顾效率与公平的原则，通过税收、扶贫及社会保障统筹等方式来进行第二次分配；第三次是在道德力量的作用下，通过个人收入转移和个人自愿缴纳与捐献等非强制方式再一次进行分配。"第三次分配尽管不属于经济学意义上的国民收入分配，它作为初次分配和再分配的补充，意义作用也不应夸大，但它所代表的社会机制的重要性，在当代中国无论怎样强调都不过分。在高质量发展中促进共同富裕，以第三次分配为代表的社会机制不可或缺。

诺贝尔经济学奖获得者埃莉诺·奥斯特罗姆在1990年出版的《公共事物的治理之道》一书中指出，分析公共事务的传统理论模型主要有三个，即公地悲剧、囚徒困境以及奥尔森的集体行动逻辑，但是他们提出的解决方案不是市场的就是政府的，而且得出的结论往往是悲观的。埃莉诺·奥斯特罗姆提出了创新方案，即运用社会机制，通过自组织的自主治理可以构建集体行动制度。这一开创性的研究大大增强了社会组织（第三部门、志愿部门、非营利组织）的公益慈善活动在公共事务治理中的正当性。当前，第三部门在社会发展中的作用已经得到普遍认可。著名的非营利组织研究学者萨拉蒙教授甚至把志愿部门视作回应社会问题的优先选项，政府则是补充志愿失灵的兜底机制。尽管如此，慈善在第三部门资金来源中的占比并不高，表明传统慈善还面临着相当大的约束。如何进一步激发公益慈善在社会治理中的作用？2019年，萨拉蒙教授在《慈善新前沿》一书中给出了可能的解决方案，强调慈善界应积极运用杠杆，利用慈善的宝贵资源撬动更大的资源，从而扩大影响力，更好地服务社会和环境。

在《迎接第三次分配大时代：大变局中的公益慈善》一书中，苗青教授同样致力于探索激发公益慈善服务社会发展的更大潜力，但他从不同视角给出了一个更加综合的答案，即我们既要充分调动社会成员参与慈善捐赠、志愿服务的积极性，也要提高公益慈善组织（包括社会企业）的自我管理能力，从而最大限度地发挥公益慈善部门在推动社会公平正义中的积极作用。与政府治理依赖行政力量、市场机制重视利益回报不同，第三部门特别是公益慈善需要建立在公民、组织的志愿服务基础之上。对于仍属于发展中国家的中国而言，如何激发公民、企业和其他组织的志愿服务精神，扩大公益慈善的参与面,是第三部门发展特别是公益慈善事业发展中的一个关键问题。在书中,苗青教授敏锐地观察到了当代中国的公益慈善浪潮,特别是数字技术发展推动更大范围内的公众以更低成本积极参与公益慈善事业的新态势,为我们提供了当代中国公益慈善事业发展的最新图景,也让我们充分感受到这一领域蓬勃发展的生机。在此基础上,他细致分析了影响个人慈善捐赠、志愿服务行为的因素,为调动慈善捐赠、公益服务、器官捐赠等各类型公益慈善事业中的公众参与提供了有说服力的研究发现。

公益慈善依赖公众的志愿服务精神,这种志愿服务精神需要被激发、培育,也绝不能被辜负。苗青教授注意到,公益组织的公信力、公益慈善项目的有效性、社会企业的合法性等,不仅影响了公益慈善组织本身的运行绩效,而且还会对公民的慈善行为、捐赠意向产生重要影响。为此,他细致研究了公益组织管理、公益社会企业、公益慈善项目管理、公益慈善战略发展和公益慈善危机管理,为各类公益慈善组织如何在不同环境下提高运行绩效、提升公信力给出了可靠的建议。考虑到我国的一些重要公益慈善组织在过去几年遭遇多次声誉危机,一些有影响力的公众人物深陷"诈捐门",苗青教授的这一讨论更加显得正当其时。

公益慈善是一个浪漫、感性的领域,本书却建立在理性、严密的数据分析基础之上。这一对看似矛盾的紧张关系,恰恰构成了本书最主要的魅力来源。黑格尔说过:"我对政治始终怀有一种偏爱。"在这里,政治应当被理解为与每一位公民休戚相关的公共事务。从事社会科学研究,我们需要有热切的心肠。实际上,对于民众福祉的关心,既构成了个人从事研究的动力来源,也提供了评价我们所从事的研究的价值的根本尺度。前引埃莉诺·奥斯特罗姆的丈夫文森特·奥斯特罗姆指出,评价公共管理理论(实际上也包括其他社会科学理论)的重要标准,在于我们所掌握的知识究竟是增进还是损害了人类的福祉。然而,科学研究还需要有冷静的头脑,使我们能够抽丝剥茧,发现各类社会现象之间的系统性相关关系。在公益慈善领域,个人的捐赠意愿、志愿服务精神,组织的自我管理能力,都是极其重要却又难以刻画、度量的抽象行为。攻克这一难点,构成了本书的一大亮点。苗青教授精心搜集资料、恰当选取方法、细致解码数据、严谨发展理论,运用扎实的案例研究和统计推断，增加了我们对于一个原本难以捉摸现象的深入理解。本书兼顾人文关怀与科学精神，既有温度，也有硬度，是一本理性与感性结合的精品力作。

苗青教授是浙江大学社会治理研究院首席专家，虽属青年学者（教育部青年长江学者），却已是公益慈善研究界的"老兵"。他的快速成长，见证了我国公益慈善事业的蓬勃生机。如今，中国慈善捐赠大幅增长，《慈善法》正在修订，第三次分配的基础性制度正在建立，浙江工商大学创办了全国首家培养国民教育系列本科、硕士、博士慈善管理人才的慈善学院，凡此等等，表征着我国公益慈善事业的远大前景。我热切地期待，《迎接第三次分配大时代：大变局中的公益慈善》一书的出版，是这一伟大事业发展中的重要事件，能够为社会各界共同参与公益慈善事业、推动第三次分配做出贡献。

2022 年 4 月 28 日于杭州

郁建兴，教授，博士生导师。浙江工商大学校长，浙江大学社会治理研究院院长。

序二

很高兴能够在第一时间拜读苗青教授的新作《迎接第三次分配大时代：大变局中的公益慈善》。本书及时回应了第三次分配作为制度性安排的国家战略，聚焦慈善事业的大问题和大未来，通过八个环环相扣的主题徐徐展开。全书逻辑严密、论据充分、方法科学、观点鲜明，学理性兼具可读性，充分反映了作者在这个领域的不懈探索和创新思想。本书绝不是一时兴起的应景之物，而是一个学术团队提前布局、厚积薄发的成果结晶。

近些年，我先后主持了三项国家社会科学基金重大项目，除了把脉问诊慈善事业发展的痛点、难点，也在审视慈善学界的发展态势。一个深切感受是，我国的慈善学界起步太晚，学术范式尚未定型，学术作品缺少影响，学术共同体还在逐步确立之中。学术界何尝不需要一次大讨论和大变革呢？如今，"发挥第三次分配作用，促进慈善事业健康发展"的号角已经吹响，呼唤社会各界广泛参与共同富裕建设，期待越来越多的学者以关怀民生的姿态进入社会最基层，以甘坐冷板凳的精神探究学术最前沿问题。毫无疑问，苗青教授是一位优秀代表。

本书深刻回应了公益慈善的新现象、新问题。近年来迅猛发展的数字慈善是中国慈善现代化发展的亮点所在。本书的第一章谈及慈善平台数字化，创造性地梳理出筹款型慈善、购买型慈善、流量型慈善和服务型慈善等四种慈善模式，呈现了数字慈善运行的细分板块和基本规律，为读者拨开云雾。作者并不满足于此，继而又对日渐兴盛的网络求助和慈善众筹展开了实证研究，鲜明指出"筹款项目透明度、捐赠者寻求慈善影响力"是影响众筹效果的两个关键变量，打开了这一现象的"黑匣子"。本书的创新性还体现在第四章，研究对象着眼于银龄志愿者和女性志愿者这两类容易被忽视的志愿服务群体，填补了相关研究领域的空白。从事银龄志愿服务不仅利他，还能促进自身身心健康，作者以令人信服的数据模型将"老有所为"和"老有所乐"有机串联起来，令人眼前一亮。女性志愿者与男性志愿者有何不同？基于千余名调查对象，作者发现女性志愿者具有更纯粹的慈善服务动机和更强的劳累耐受性，好一个巾帼不让须眉！我在钦佩女性志愿者之余，也不禁感叹作者的勇气和责任。这项调查是在2020年疫情肆虐之时开展的，说到新冠肺炎疫情，本书的第八章重点探讨了疫情中的公益慈善，特别强调了慈善组织如何建立信息平台和服务平台，及时应对重大公共卫生事件中的各种挑战。

本书着力阐释了公益慈善的元命题、元功能。人人参与慈善，打造共建共治共享的社会治理新格局，是慈善事业健康发展的应有之义。作者在第一章开宗明义地指出慈善治理协同化的概念，通过对比案例，启发读者思考如何把集中力量办大事的制度优势转化为治理效能。作者呼唤更多的社会创新家挺身而出，以解决社会问题、承担社会责任作为终极追求。本书第三章讲述了公益组织管理问题，作者准确地揭示了影响公益组织效能的三个关键因素：公信力、文化认同感和组织激励。围绕公信力，以三个维度和九个二级指标构建了慈善组织公信力理论模型和测量方案，对包括公益组织在内的社会组织做了诊断，具有很强的现实意义。围绕文化认同感，作者指出，慈善文化认同是公益组织治理不可忽视的软实力，并从认知、情感、行为和内化四个角度诠释慈善文化认同感的重要内涵。围绕组织激励，作者直指社会组织忽视激励的弊病，通过深度观察组织裂变这个创新举措，从外在、内在和社会激励三个角度重构了社会组织人员激励的变革机制。总的来看，本书同时做到了选题精准和选材精炼，每一项研究都试图回应社会真实需求，彰显社会科学家应有的情怀。尤其体现在第六章，作者一针见血地指出了公益项目不注重实效和浪费资源的现象。作者主张公益项目应重视项目设计，创新全流程，并通过一个个典型案例将一个优秀的公益项目应有之貌呈献给大家。

本书科学预见了公益慈善的大趋势、大未来。高质量发展慈善事业光靠慈善组织单一发力是远远不够的，还需要政府组织和全社会对慈善事业的支持，变资源洼地为高地。作者于第一章提出慈善生态模型并用多源数据予以释义，在国内可能还是首次，有望成为高质量推进慈善治理的行动指南。众所周知，我国捐赠大部分源于企业和企业家的大额捐赠，补齐公众个人捐赠的短板亟须破题，作者在第二章做足了功课。首先运用中国社会调查数据分析了个人捐赠的影响因素，发现社会资本和社会信任水平是重要的预测变量，研究模型科学合理，结论富有新意，为我国扎实推动个人捐赠提供了一个新的解释变量。有意思的是，作者还研究了器官捐献的影响因素，提出了鼓励器官捐献的对策建议。本书第五章讲述了社会企业相关内容，预见了第三次分配离不开市场主体参与的客观趋势。选择了"老爸评测""虎哥回收""绿色浙江"等一些非常有代表性的社会企业案例，围绕社会企业合法性、参与社会治理、担当民生经纪人等重要话题重现了这些组织在发挥社会功能、实现可持续发展过程中的艰辛探索，也为擘画社会企业支持政策指明了方向。激发各方资源发挥第三次分配的作用，一个都不能少。本书第七章，介绍了公益慈善战略发展。我惊喜地看到了"善意经济""战略慈善""慈善合供"等新提法和新表述，这些内容一定程度上预设了中国慈善未来的发展之路，内容深刻、发人深省。正所谓跳出慈善看慈善，做大做强慈善共同体需要经济力量、自我变革力量和资源集聚力量一齐共舞。

第三次分配是我国著名经济学家厉以宁先生在20世纪90年代提出的原创性学术概念，彼时并未得到应有的重视。在扎实推进共同富裕建设的今天，第三次分配重新焕发生机，其理论内涵、功能价值和影响路径有待进一步阐释，一个前途广阔的大时代才刚刚启幕。

孟子曾说过："天将降大任于斯人也，必先苦其心志，劳其筋骨，饿其体肤，空乏其身，行拂乱其所为，所以动心忍性，曾益其所不能。"苗青教授所带领的团队不久前获得了2021年国家社会科学基金重大项目，题目就是"发挥第三次分配作用 促进慈善事业健康发展研究"，我十分期待他和更多的学界同仁以此为契机，奋发图强，再出佳作，一道绘就有中国气派的学术蓝图和中国风格，把慈善话语体系构建出来，走出中国，奔向世界。

是为序！

上海交通大学徐汇校区新建楼 123 室

2022 年 1 月 8 日

徐家良，上海交通大学特聘教授，中国公益发展研究院院长。

序三

　　站在时间的标尺上向前眺望，当时还处于战火飘摇时期的人们可能无法想象，百年后的今天，我国已全面建成小康社会，顺利实现了第一个百年奋斗目标，正向着第二个百年奋斗目标奋勇前进。中国的慈善事业也在这期间，从小到大，从弱到强，这一路上的起承转合，无不有着强烈的时代印记，似一根丝线串联起慈善事业发展的点点珠光。

　　从1921年的一艘红船启航到1949年新中国成立之初，积贫积弱、百废待兴。慈善力量开始在新中国的土壤中缓慢成长。

　　改革开放后，经民政部批准，中国儿童少年基金会、中国妇女发展基金会、中国青少年发展基金会等公募基金会陆续成立，从组织机构建设到职能发挥同步动作，中国的现代公益慈善事业自此开始萌动发芽。

　　1999年秋，当我开始身体力行，筹划推动微笑颜面部畸形救助项目的时候，当时的我对于整个公益生态环境尚有些懵懂陌生。

　　2008年汶川大地震，灾难激发了国人内心深处的爱心，激励了成千上万的志愿者，激活了蓄力已久的慈善事业，互联网科技公益开始喷薄欲出。

　　再到2016年9月，《中华人民共和国慈善法》颁布实施，中国公益慈善步入了有法可依的"善时代"，公募权进一步松绑，全国开始涌现出一批专业化程度较高的具有公开募捐资格的基金会和慈善组织。

　　直至2019年，党的十九届四中全会提出，"重视发挥第三次分配作用，发展慈善等社会公益事业"，首次明确以第三次分配为收入分配制度体系的重要组成，确立了慈善等公益事业在我国经济和社会发展中的重要地位。

　　原本柔软的慈善事业的身躯突然有了力量，变得更加坚硬起来。这意味着慈善事业将获得更多的制度保障，将成为基本分配制度的重要环节。

就中国而言，中国共产党建党一百年后的今天，正处于实现中华民族伟大复兴战略全局和百年未有之大变局的交汇期。习近平总书记说："大变局带来大挑战，也带来大机遇，我们必须因势而谋、应势而动、顺势而为。"①

就中国的慈善事业发展而言，当下也正面临着变局：面向未来，第三次分配的浪潮已经滚滚而来，我们该如何抓住机遇、规划慈善事业的发展航向？苗青教授深入浅出地从公益慈善浪潮、慈善捐赠、公益组织管理、公益志愿者、公益社会企业、公益慈善项目管理、公益慈善战略发展到公益慈善危机治理，为我们分析了公益慈善及其机制，并在每一章中都选取了一些公益慈善项目的具体案例，可以帮助我们在学习优秀经验的同时，也对自己的项目、自身的机构进行深入剖析，以获得自身组织的全面提升。可以说，这本书为公益慈善事业和社会组织如何在第三次分配浪潮中有效地实现价值增长提供了科学路径。

在第三次分配这样的历史机遇面前，我们的公益组织如何做到内外兼修？对内要完善治理结构，加强信息化建设，培养专业的管理与运行团队，提升项目与服务的质量和效能，不断地进行升级跃迁；对外要撬动商业向善，拥抱科技创新，深入面向乡村开展工作与服务，助力乡村振兴，深入面向社区开展服务与合作，助力社区治理，并以推动人心向善为出发点，大力弘扬慈善文化。种种答案就在本书中。

当我一气呵成读完本书时，感觉心境通明，豁然开朗！相信本书不仅仅在专业和政策层面，更重要的是在管理决策和实际运作层面，都将对我们所从事的事业与社会组织自身的发展带来裨益，也有助于我们汲取书中所潜藏的智慧并引发深刻的思考。

全民慈善的时代已经来临，一切，都在向着更好的方向发展。

2021 年 12 月

吴伟，杭州市基金会发展促进会会长，微笑明天慈善基金会发起人。

① 人间正道开新篇（习近平新时代中国特色社会主义思想学习问答④）——关于新时代坚持和发展中国特色社会主义[N].人民日报，2021-07-22(05).

目　录

引 言

　　党的二十大报告提出,构建初次分配、再分配、第三次分配协调配套的制度体系。引导、支持有意愿有能力的企业、社会组织和个人积极参与公益慈善事业。有关第三次分配的论述可以追溯到20世纪90年代初期厉以宁教授的论文。2019年10月,党的十九届四中全会首次提出,重视发挥第三次分配作用,发展慈善等社会公益事业。党的十九届五中全会再次强调,要发挥第三次分配作用,发展慈善事业,改善收入和财富分配格局。首次将第三次分配与共同富裕事业紧紧相联。2021年8月,中央财经委员会第十次会议进一步提出,构建初次分配、再分配、三次分配协调配套的基础性制度安排。这一重要论述明确了新时代中国特色社会主义分配制度建设的基本内容、原则要求和实践路径,为新发展阶段促进公平分配、扎实推进共同富裕提供了科学指引。在党的政策指引下,原本柔软的慈善事业有了坚实后盾,赋予了更强大的发展动能。本书正是在这样的大背景下应运而生。

　　直面现实,客观而言,我国目前的慈善事业总量仍不足以支撑"制度安排"的提法。笔者对2001—2021年期间我国慈善事业发展状况进行了分析,发现慈善事业可能受到重大事件、经济增长和制度安排的共同影响。从增量来看,我国的社会捐赠总额随着经济增长呈现出整体向上的趋势,在2008年汶川地震、2020年新冠肺炎疫情两次重大事件期间产生了两个捐赠高峰,2016年,《中华人民共和国慈善法》(简称《慈善法》)的颁布,也带来了一个捐赠小高峰。但从捐赠总量来看,近20年来我国的慈善捐赠占GDP的比重始终低于0.25%,实事求是来说,如此低规模的慈善捐赠难以产生实质的调节社会收入分配的作用。

　　面向未来,第三次分配的浪潮已经滚滚而来,我们该如何规划慈善事业的发展航向?本书从慈善资源的流动视角出发,解读第三次分配过程中慈善事业的本质。在此基础上,本书以慈善捐赠、商业向善、志愿服务、慈善组织四个关键渠道为抓手,指出慈善事业在第三次分配浪潮中的价值增长路径。

一、放大慈善价值:从价值传递到价值增值

　　寻找慈善事业发展新航向,首先需要明确慈善事业在第三次分配浪潮中的定位。我们认为,慈善事业在第三次分配过程中扮演的不是价值的"搬运工",而是价值的"放

大器"。如何理解慈善价值"放大器"的概念？我们需要转变传统的慈善理念。目前有很多学者站在"财富分配"的角度思考慈善的价值，认为慈善就是富人通过捐赠将财富转移给穷人，认为慈善是个人实现自我价值及社会整体福利状况改善的手段。这种观点有可能是狭隘和片面的，很容易忽略现代慈善的本质特征。

现代慈善的关键在于价值增值，即慈善的实际价值远远超越了善款本身的账面价值。理由有三个方面：一是受助者获得的实际价值被低估了，对于富人而言，100元钱可有可无，但是对于穷人而言，100元钱可能带来巨大的改变；二是受助者状况的改善所带来的潜在价值被忽视了，受助者状况的改善将减少潜在的社会风险，带来正向的社会收益，而这些社会收益并未被纳入慈善事业的测算体系中；三是志愿服务和社会工作等慈善劳动的价值被忽略了，慈善活动中人的"无价劳动"应该融入慈善价值的内涵中。

我们呼吁学界更多地关注慈善价值的科学测算问题。慈善绝非"左手进，右手出"的价值传递过程，而是"一块钱进，几块钱出"的价值增值过程。笔者曾对此展开过一些初步探索，用国际上流行的 SROI(social return on investment，社会投资回报)测算方法做过一些介绍。以笔者正在研究的浙江省妇女儿童基金会的"焕新乐园"公益项目为例，该组织运用专业方法将善款转化为慈善服务，这些活动显著地提升了孩子们的自信心、提升了儿童的未来期望、改善了孩子们的学习态度，这些"改变"的价值远远超过善款的账面价值。

二、补齐捐赠短板：大力弘扬慈善文化

个人捐赠是第三次分配资源的重要来源，也是当前慈善事业的最大短板。根据WGI(World Giving Index，全球捐赠报告)显示，2020年，若扣除3/4来自企业的捐赠额，我国个人捐赠额平均每人只有28元左右，中国捐赠指数排在被调查的126个国家的末位。如此尴尬的慈善捐赠现状与我国的文明传统和经济发展水平极不相称，这从一个侧面反映出我国捐赠领域仍有很大的进步空间。

如何推动个人自愿捐赠？弘扬慈善文化是根本的解决办法。我们认为，大额捐赠靠制度和策略，而小额捐赠靠文化和信仰。可持续的第三次分配不能单纯地靠制度驱使富人捐钱，更应该塑造人人向善、人人乐善的慈善文化。随着互联网的发展，"拇指公益""随手公益""小额公益"成为数字时代慈善的新形式，这既是慈善事业发展的新机遇，也是培育慈善文化的新挑战。

运用科学的助推方法是鼓励捐赠的另一个办法，值得学界进一步研究。举例而言，可以利用公众人物的示范效应，如为迎接第六个"中华慈善日"，2021年9月3日，浙江省举办了主题为"汇聚慈善力量，助力共同富裕"的"慈善一日捐"活动。省委书记袁家军、省长郑栅洁等带头捐款。在浙江省委、省政府的号召下，在坚持自愿的前提下，省直机关党员领导干部和广大职工纷纷捐出一天工资收入，省属企业捐出一笔善款。所捐

款项由省慈善总会负责接收,并建立"慈善一日捐"活动专项基金,专款专用。[①] 可谓是助推大众慈善的科学之举。此外,通过创新慈善捐赠方式鼓励捐赠,例如,允许股权捐赠、期权捐赠等,可以有效地降低捐赠者的"损失厌恶感";规范筹款平台的运作机制,积极建立制度,保证捐赠信息的公开透明,完善对捐赠人的权益保障措施,也可以促进捐赠,有效地提升捐赠者的安全感。

三、撬动商业向善:创新合法和可持续

一般意义的商业向善就是企业捐赠,但是商业向善不是商业繁荣的溢出,而是企业追求商业持续繁荣的必然选择。商业是社会生活的产物,商业与社会是共生共荣的关系。商业反哺社会有助于提升社会质量,也有利于促进商业繁荣,两者可以实现互益。

在现代社会,商业向善有了新的表现形式,包括企业基金会、社会企业、慈善信托等。如何理解这些新的商业向善方式? 我们认为,互利共赢是撬动商业向善的关键。商业和慈善并非水火不容,运用合理的商业向善工具,也可以让两者实现平衡。具体而言,企业基金会是企业注资成立的慈善基金会,它不仅具有社会价值传递功能,还具有广告作用,能够增加企业的品牌价值;社会企业是运用商业方法实现社会目标的混合组织,它是义利并举的载体,也是可持续发展的新商业文明的体现;慈善信托是委托金融机构开展慈善项目的金融产品,它本质上是由捐赠衍生而来的金融工具,能够形成商业闭环,达到捐赠款项保值增值的效果。

引导商业向善需要"四两拨千斤",既要有一定的灵活性,也要把握基本的原则,防止商业向善变成单纯的商业行为。这些原则包括:一是鼓励商业创新,商业创新的本质是社会创新,需要巧妙地运用商业方法,撬动更多的资源参与慈善事业;二是合法经营,任何商业向善项目存在的前提都要符合法律规范和公序良俗,不得做出损害社会利益和受助者利益的事情;三是可持续运营,商业向善的质量如何要放在时间维度中予以检验,那些可持续运行的商业项目才能够长久地解决社会问题。

四、激励志愿服务:志愿服务的科学管理

中国向来不缺志愿者,但是缺少志愿服务管理科学方法。根据全国志愿服务信息网数据显示,2021 年我国的注册志愿者人数已超过 1.9 亿人,已发布的志愿服务项目近 450 万个。志愿服务与中华文化久远的历史一脉相承,我们从孩童时代就参加志愿

---

① 省委书记袁家军、省长郑栅洁等带头捐款 浙江省开展"慈善一日捐"活动[N].中国社会报,2021-09-07(A01).

服务,但是为什么我国的志愿服务仍停留在低效重复劳动阶段?我们认为,这是缺乏志愿服务科学管理方法的必然结果。

提升志愿者服务的科学管理水平,至少需要研究解决以下几个问题:一是志愿者的激励问题,包括精神激励、物质激励、荣誉激励等各种激励方式,建议运用实验方法寻找到最佳的激励组合。二是志愿者的安全保障问题,志愿者参加活动存在风险,特别是在新冠肺炎疫情环境下,需要研究如何运用法律或者保险措施保障志愿者。三是志愿者的数字化管理问题,志愿服务参与人数越来越多,许多人参加的甚至是线上志愿服务,随之而来的是志愿者管理难度越来越大,如何运用数字化工具管理志愿服务过程这一问题已经显现。随着数字化志愿服务管理系统的完善,如果将志愿服务产生的价值纳入慈善事业进行统计测算,那么慈善事业的价值将更加可观,值得学界进一步研究。

五、赋能慈善组织:培育慈善组织和人才

专业的慈善组织是落实第三次分配的重要保障,慈善组织的专业水平将会决定第三次分配的水平。对于慈善组织而言,学界存在两种相反的声音:一种观点认为要加强对慈善组织的监管;另一种观点认为要积极对慈善组织赋能。赋能和监管似乎是左手和右手的关系,但是我们认为赋能比监管更重要。中国慈善组织一直缺乏人才,缺乏科学管理方法,那是因为我们对常态情境下的慈善组织赋能不足,导致慈善组织能力不够,在紧急情况下状况频出,才会引发公众对慈善组织监管的呼声不断。

如何赋能慈善组织?我们认为可以从以下几个方面入手:一是提升慈善组织的管理胜任力。慈善组织的管理和企业的管理其实没有显著区别,前者也需要专业的财务管理、人力资源管理,慈善组织需要不断提升专业化水平以提高第三次分配绩效。二是提升慈善组织的项目影响力。项目影响力是顺利筹款的基础,有了影响力,筹款就不是问题。三是提升慈善组织的执行公信力。慈善组织需要通过行动获得公众的信任,这是慈善组织生存的底线和生命线。

总之,发展慈善事业需要把握第三次分配浪潮带来的政策机遇,从促进个人捐赠、撬动商业向善、激励志愿服务、赋能慈善组织四个方面发力,提升慈善事业本身的专业化水平,从而进一步放大慈善资源的价值。

第一章　公益慈善浪潮

　　党的十九届四中全会在坚持和完善中国特色社会主义制度、全面部署国家治理体系和治理能力现代化的总体战略中,特别提出要"重视发挥第三次分配作用,发展慈善等社会公益事业",明确了第三次分配为收入分配制度体系的重要组成部分,确立慈善等公益事业在我国经济和社会发展中的重要地位。[①] 通常来说,慈善事业是社会广泛参与,慈善组织运作,由社会募捐、项目实施等组成的慈善活动体系。慈善事业的本质特征主要表现在以爱心为动力、以行动为落脚点、以社会捐赠为主要资金来源、以公众志愿参与为人力资源、以公益慈善组织为运作主体,并遵循平等自愿、公开透明、鼓励创新、依法推进的四个基本原则。慈善事业作为社会再分配形式之一,为解决我国社会的主要矛盾发挥了积极作用。

　　改革开放以来,我国现代慈善事业的整体发展规模、社会参与程度、慈善组织建设和法治建设都迈上了一个新台阶,为促进经济社会发展发挥了重要作用。民政部的统计数据显示,截至 2021 年年底,全国登记认定慈善组织超过 9480 个,净资产近 2000 亿元;全国累计慈善信托备案达 773 单,财产规模达 39.35 亿元。其中,省级以上民政部门登记认定的组织数量约占总量的七成、基金会类组织数量占比总量超过七成,社会团体、社会服务机构类慈善组织比例有明显提升。

　　在疫情防控、精准扶贫等重大国家战略中,慈善事业的重要性日益凸显。新时代慈善事业已成为第三次分配的重要形式,其功能日益广博,包括社会保障、弘扬正义、解决社会问题、促进社会和谐、培育公民意识、创新社会治理等。随着社会力量不断参与到社会治理全过程,互联网的承载力不断提升,新型的公益慈善生态开始涌现。

---

　　① 参见《中共中央关于坚持和完善中国特色社会主义制度　推进国家治理体系和治理能力现代化若干重大问题的决定》。

一、慈善平台数字化

互联网带来的科技改变日新月异，互联网与公益的跨界融合已成为公众熟悉的日常慈善模式，比如"蚂蚁森林""腾讯99公益日"。相较于传统慈善，互联网慈善拥有更高的传播度、日常参与度和便捷度，善念汇聚，有时只需指尖一点。互联网慈善从某种程度上颠覆了传统，将慈善基于网络生态进行了解构与重构。互联网极大地丰富了公众参与公益慈善的渠道，提升了公益慈善的可及性和便捷性；有效地加强了公益慈善的资源汇集和需求对接，使各类公益慈善资源更加精准地配置使用，最大限度地发挥社会效益；有力地促进了世界范围内公益慈善的交流与合作。互联网慈善已成为现代公益慈善最重要的形式和最鲜明的特征。

然而，目前学界对于互联网慈善的认知还停留在初步阶段，对于互联网慈善的特性和行业趋势未能有较为全面的解读。而互联网慈善在给我们带来全民慈善热潮的同时，概念界定的模糊以及规章制度出台的迟缓，也为网络慈善的发展和管控带来了一定挑战。

目前，互联网慈善存在跨界发展的复杂现状：一方面涉及领域非常多，有商业、环保、社工、扶贫、医疗等领域；另一方面参与手段复杂，有网络募捐、购物抽成、积分返回、运动捐步等手段。互联网慈善在跨领域多渠道下野蛮成长，衍生出从草根自发到巨头组织的各类项目，然而由于行业发展过快，相关组织自身定位模糊，有时会落入"网络诈捐""营销过度"的陷阱，同时当下缺乏对互联网慈善行业的整体观察和科学分类，从监管来说仍处于法律不健全、规范不统一、监管较空白的混沌状态。比如德云社某演员被曝光"坐拥两套房产却仍旧在水滴筹募捐"的事件就在网上引发轩然大波。不论是在线上还是线下，人们的善心都是宝贵的，就算隔着互联网的电子屏，也不能因为网络的虚拟性就掩盖了慈善的真实力，新兴互联网慈善事业的发展亟须研究、引导和提出相应的建议。

通过对互联网慈善进行现状观察和模式分析，可提高相关部门、慈善人员以及普通大众对互联网慈善的认识，减少互联网慈善的潜在漏洞。把握互联网慈善的模式要点，可以帮助有关部门全面掌控慈善事业的现代格局，制定相应合理的培育政策，提出最优化的管控方案；也可以帮助慈善组织找准时代定位，寻找最优化的发展路径，打造创新引领、科技引领、文化引领的互联网慈善新时代，以便更好地实现"全民公益"的目标。

(一)互联网慈善类型

通过两大坐标的分割，可将互联网慈善分为四大模块，纵向维度是慈善收获方式，横向维度是慈善参与手段，以此用四个象限将互联网慈善分为四种类型：服务型慈善、流量型慈善、筹款型慈善和购买型慈善（见图1-1）。

横轴为慈善的参与手段，具体而言，维度越往左，参与互联网慈善的形式越倾向于

善念帮扶

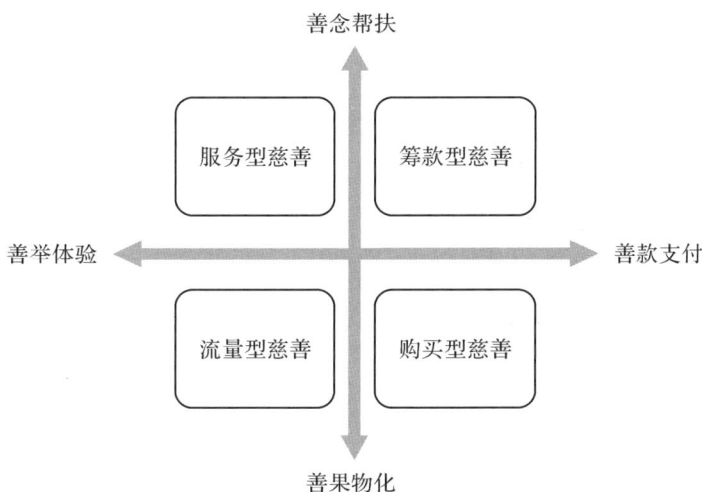

善举体验 ←→ 善款支付

善果物化

图 1-1 互联网慈善项目分类象限

体验行为,这种行为可以是身体力行或者是网络浏览,不涉及金钱;维度越向右,参与互联网慈善的形式越倾向于支付行为,涉及金钱往来。

纵轴是慈善的收获结果,具体而言,维度越往上,代表慈善的结果是在善念驱动下进行帮扶他人的无私奉献,目的在于解决急难;维度越向下,代表参与慈善有来自外部的物质奖励,外化的善果可以是证书、奖品等。

具体四个象限分别代表着互联网慈善的四种类型:服务型慈善、流量型慈善、筹款型慈善和购买型慈善。

(1)服务型慈善是网民参与公益志愿服务的有效渠道,网民受到内在善念的引导,通过线上报名志愿服务,线下参与志愿活动,对弱势群体提供服务和帮助,这类行为是无私无偿的爱心奉献。

(2)流量型慈善代表线上线下结合参与公益的创新体验,这类活动可以有一定的参与奖励,即善果凝结的证明。具体而言,网民可以通过生活中的指尖慈善,随手转发或者是参与网上慈善活动,获赠实际的奖励。

(3)筹款型慈善主要见于网络善款募捐,也是目前主要的互联网慈善类型,依靠网民的爱心汇聚善念,进行在线捐助钱款,帮助弱势群体解决医疗、教育、养老等问题。

(4)购买型慈善是指通过交易与购买的形式实现公益的目的。网民可以一边进行正常交易,一边实现公益捐献,可以体现在购买扶贫农产品、弱势群体制作的手工商品等购买中,也可以体现在商家将利润抽成捐助给公益组织。

(二)互联网慈善模式具体说明

按慈善的参与方式和慈善的收获成果区分,可将互联网慈善项目分为四种模式,即筹款型慈善模式、购买型慈善模式、服务型慈善模式和流量型慈善模式。互联网慈善的参与方式既可以是具体的善举义行,比如以网络志愿服务为代表的服务型慈善,重点在于身体力行的实践;也可以倾向于金钱支付,这种参与可以是直接的金钱捐助或间接的慈善交易。互联网慈善的成果收获一方面能以善念为激励,扶危救困,旨在无偿帮助他人解决危机;另一方面参与慈善的激励愈加多元化,善果外化更多地体现在证书、奖项、慈善商品等实物层面。下面将利用 SWOT 分析方法,对四种互联网慈善模式的特征、发展优劣以及风险和机遇进行对比说明。

1. 筹款型慈善模式

筹款型慈善模式是指通过网络进行善款募捐,是最主要的互联网慈善模式,主要依靠网民的同情心等内部激励,在线筹款捐助。现有案例为水滴筹、免费午餐等(见图 1-2)。

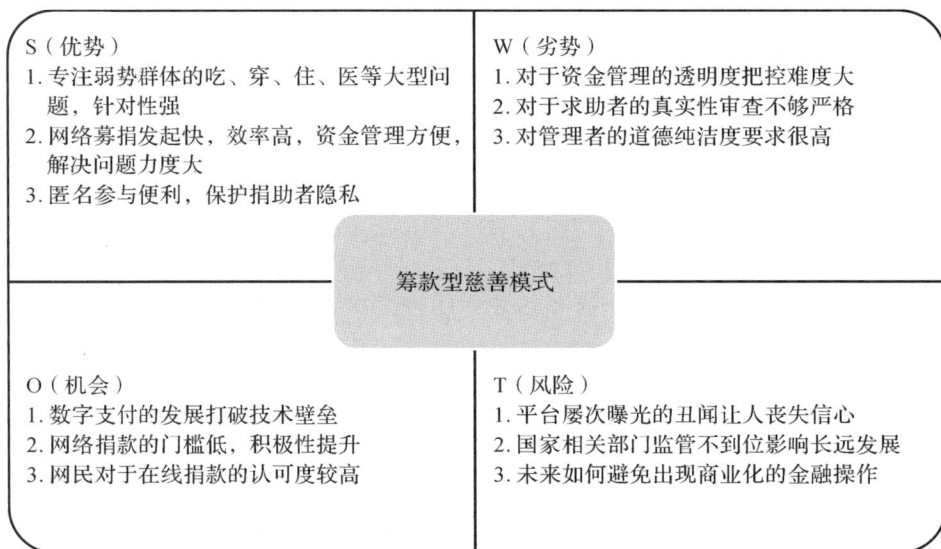

S(优势)	W(劣势)
1. 专注弱势群体的吃、穿、住、医等大型问题,针对性强 2. 网络募捐发起快,效率高,资金管理方便,解决问题力度大 3. 匿名参与便利,保护捐助者隐私	1. 对于资金管理的透明度把控难度大 2. 对于求助者的真实性审查不够严格 3. 对管理者的道德纯洁度要求很高
	筹款型慈善模式	
O(机会)	T(风险)
1. 数字支付的发展打破技术壁垒 2. 网络捐款的门槛低,积极性提升 3. 网民对于在线捐款的认可度较高	1. 平台屡次曝光的丑闻让人丧失信心 2. 国家相关部门监管不到位影响长远发展 3. 未来如何避免出现商业化的金融操作

图 1-2　筹款型慈善模式 SWOT 分析

筹款型慈善模式专注老弱病残等弱势群体的吃、穿、住、医等大型问题,一般针对性强,网络募捐的便利性强,募捐力度大,募捐效率高,问题解决力度强,无偿的爱心捐助也使得匿名参与的便利性提高;但同时也存在因资金的透明使用风险及监管不到位等而催生的平台丑闻,会让人失去信心。

2. 购买型慈善模式

购买型慈善模式主要见于扶贫农产品、特产等销售,或者通过买卖交易由中间商抽成捐助,此时,网民除了参与慈善外也参与到了正常的商业交易中,现有案例为淘宝"公益宝贝"计划、邮善邮乐爱心超市(见图 1-3)。

S（优势）	W（劣势）
1. 商业与公益链接，公益不再生硬 2. 善念营销，公益可以自动造血 3. 购买活动贴近生活，有物质反馈	1. 商品质量的把控难以到位，对购买平台的口碑存在影响 2. 对于利润抽成的真实性验证存在困难

购买型慈善模式

O（机会）	T（风险）
1. 脱贫扶贫助农的重要选择 2. 借助商业平台的力量发展慈善	1. 警惕商业与公益互相利用 2. 交易监管不到位影响长远发展 3. 警惕出现企业伪善、作秀等丑闻

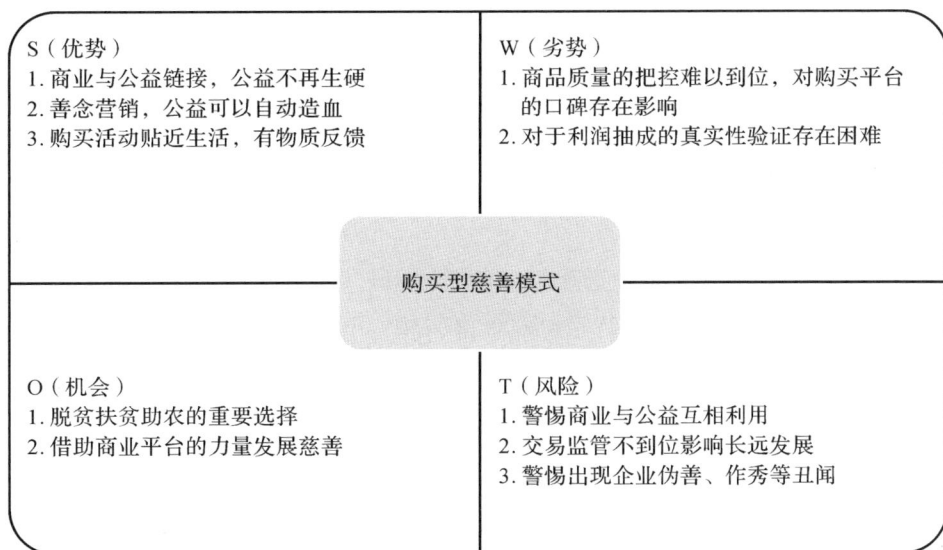

图 1-3　购买型慈善模式 SWOT 分析

购买型慈善模式将商业与公益链接起来，进行善念营销，使得公益不再生硬，且公益贴近大众，自动造血能力强，这为慈善扶贫工作带来了重要契机。但也存在以下问题：产品的质量监管和交易监控难；"慈善"旗号有可能变成企业牟利的借口；商业过度介入慈善领域导致存在企业伪善、作秀等问题。

3. 服务型慈善模式

服务型慈善模式主要是指网民作为志愿者无私无偿参与志愿活动，主要是身体力行的参与方式，现有案例为志愿汇 APP、小艾帮帮志愿者等（见图 1-4）。

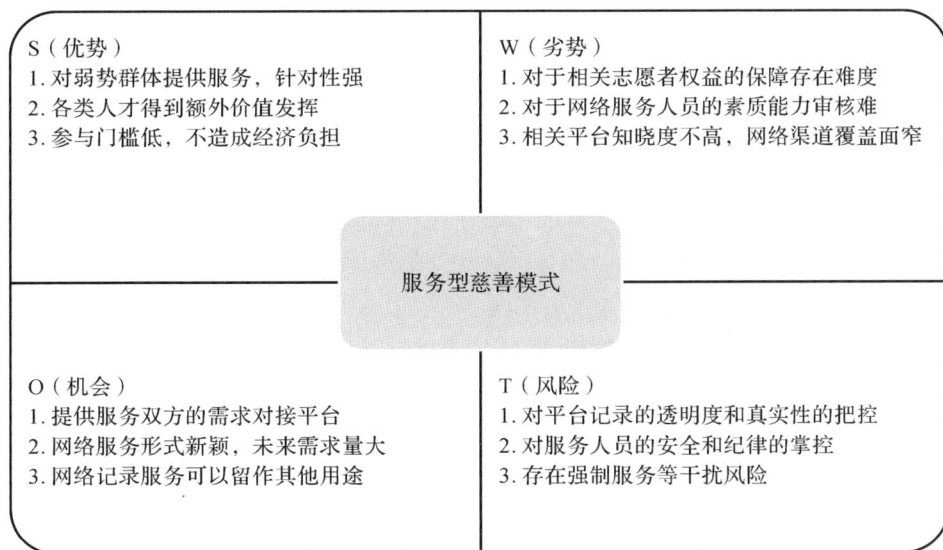

S（优势）	W（劣势）
1. 对弱势群体提供服务，针对性强 2. 各类人才得到额外价值发挥 3. 参与门槛低，不造成经济负担	1. 对于相关志愿者权益的保障存在难度 2. 对于网络服务人员的素质能力审核难 3. 相关平台知晓度不高，网络渠道覆盖面窄

服务型慈善模式

O（机会）	T（风险）
1. 提供服务双方的需求对接平台 2. 网络服务形式新颖，未来需求量大 3. 网络记录服务可以留作其他用途	1. 对平台记录的透明度和真实性的把控 2. 对服务人员的安全和纪律的掌控 3. 存在强制服务等干扰风险

图 1-4　服务型慈善模式 SWOT 分析

服务型慈善模式针对弱势群体提供服务，让各类人才的额外价值得到发挥，由于志愿服务参与门槛低，不需要钱物的捐助，所以未来的供需量很大，也可以为志愿者提供在线信用记录的证明；但是目前这种类型也存在诸如知晓度低、网络渠道的志愿者覆盖面不广、志愿活动监管难等问题。

4.流量型慈善模式

流量型慈善模式主要是指网民通过指尖慈善，随手转发或者是参与网上活动进行慈善宣传倡导类活动，可获赠证书或者荣誉等奖励，现有案例为支付宝蚂蚁森林、公益随手拍等（见图1-5）。

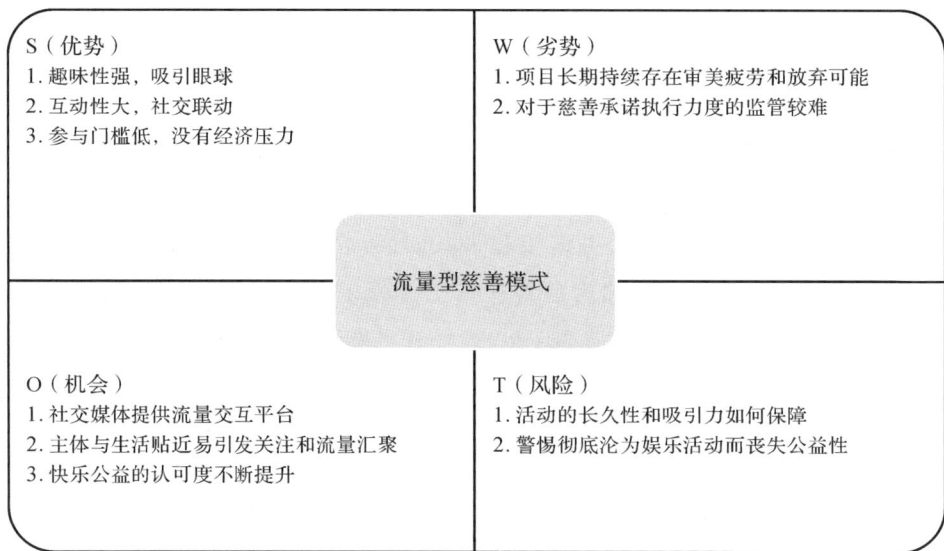

S（优势）
1. 趣味性强，吸引眼球
2. 互动性大，社交联动
3. 参与门槛低，没有经济压力

W（劣势）
1. 项目长期持续存在审美疲劳和放弃可能
2. 对于慈善承诺执行力度的监管较难

流量型慈善模式

O（机会）
1. 社交媒体提供流量交互平台
2. 主体与生活贴近易引发关注和流量汇聚
3. 快乐公益的认可度不断提升

T（风险）
1. 活动的长久性和吸引力如何保障
2. 警惕彻底沦为娱乐活动而丧失公益性

图 1-5　流量型慈善模式 SWOT 分析

流量型慈善模式重点在于趣味性、互动性强，贴近生活，可以通过互联网和用户产生联动效益，在健康、环保、文明等公益主题产生交汇，引发关注和流量汇聚；但是长期下去也面临易丧失持久性的问题，慈善活动的线下执行力无法得到保障，网民如果一味为了趣味而参与慈善，反而容易忽略公益的真正目的。

（三）典型案例分析

1.筹款型慈善模式——水滴筹

第一象限的筹款型慈善，最明显的特征是通过在互联网上进行善款的募捐来帮助有需要的对象，这一方面涉及金钱往来，另一方面捐助者往往是无私奉献，出于爱心自发地为受助对象捐款，所以我们将此类互联网慈善项目归于第一象限。典型的筹款型慈善案例在我们的生活中比较常见，大型的医疗互助平台有水滴筹、轻松筹等，以及腾讯公益平台和支付宝爱心捐赠平台中呈现的多元化众筹项目。以下以水滴筹为例，介绍此类网络筹款项目。

　　水滴筹是社交筹款平台,是目前国内免费大病筹款平台,也是国内网络大病筹款零手续费的开创者。水滴筹主要分为三大板块:一是个人大病筹款,为经济困难的患者提供免费的筹款平台,目前已成为全社会最便捷的指尖公益平台;二是水滴公益筹款,是民政部指定的互联网公开募捐平台,致力于为公益组织提供专业的筹款服务,同时为4亿水滴用户提供随手做公益的便捷通道;三是水滴集市,通过互联网为偏远山区的农产品提供销售通道,将当地的资源优势转化为发展优势,帮助农民脱贫致富。水滴公司创始人兼首席执行官沈鹏在2019年世界互联网大会"互联网公益论坛"上介绍说,水滴公益用移动互联网赋予人类的新手段,把千百万普通人零散、微小的善心汇聚在一起,让它们随时随地绽放。

　　自2018年7月正式上线以来,水滴公益联合60余家公募基金会,整合公益机构、爱心企业、爱心人士等各类社会资源,在大病救助、教育助学、扶贫救灾等领域开展了一系列公益活动。作为国内知名大病筹款平台、大病救助平台,水滴筹目前已为大病患者筹到300亿元救助款,累计超过3亿名爱心人士给予帮助。图1-6是水滴筹的网页界面和项目募捐界面示意。

图1-6　水滴筹的网页界面及项目募捐界面示意

　　水滴筹的优势体现在以下三个方面:

　　第一,将大病救助的主动权交还到病患家庭手中。不同于要向传统慈善机构提出烦琐申请,在水滴筹上申请大病筹款,步骤较为简易。用户只需要在水滴筹APP或公众号中点击"发起筹款",在弹出的界面中按照引导填写:目标金额、筹款标题、求助说明等信息。具体的说明信息包括身份、家庭地址、所患的疾病、预计医疗费用及缺口等。信息描述时需要添加证明图片,并在求助说明里详细描述,便于爱心人士全面了解并实施帮助。填写完毕后点击"提交"即可开始筹款。整个过程快捷、高效、无须跑腿和烦琐申请。

　　第二,水滴筹提出的口号是"零服务费"。这对于以资金筹款为主要金融手段的互联网平台来说，是十分公益的一种服务形式。水滴筹创建的线上重病筹款零手续费模式，不向用户收取任何手续费，确保用户"取到多少就筹到多少"，这对于很多疾病家庭来说，减少了额外的开支。同时，水滴筹还提供一对一的咨询服务，业内专业的服务团队会为募资用户进行全程一对一指导。

第三，水滴筹内部提供多重风控保障。水滴筹在行业内建立了严格的多重风控保障体系，通过机器智能和人工的"双重审计"以及公众监督报告机制、熟人验证机制等，保障了募资者和捐助人之间的信息对称，爱心网民在看到水滴筹的求助信息时，往往可以经过社交圈的熟人验证。网络收集的爱心款项在提现前，水滴筹还会详细审核资料的准确性，在一天的公示期无异议后，才会转账至求助人或患者账户。

但是，水滴筹可能存在巨大的信用风险，其主要来自筹款人利用公益众筹平台的信息不对称所实施的诈捐行为。在筹款人通过水滴筹平台进行登记之后，筹款人需要向水滴筹平台提供身份证照片、病例照片以及医药费凭证照片等，但是由于目前我国的征信体系不完善，以及平台的虚拟性等原因，无论是病例、身份证明还是花费凭证都存在造假的可能性。目前中国个人征信和信用机制尚不健全，法律法规监管不够完善，对于众筹资金的数目及去向，现阶段主要是由平台自行实施监管，容易导致监管缺乏公正性与透明性，难以把握资金方向，当众筹项目出现问题时，难以追根溯源挽回捐赠者的损失，因此，没有形成完善的监管体系。风险的存在和规范的缺失，不利于互联网众筹的发展。

对于筹款型慈善模式的完善，必须强化监督，无论是在平台内部还是在平台外部。一方面筹资平台应增强对于信息真实性的审核，加大信息披露的意识，主动将公益善款的使用情况公开；另一方面，政府部门和社会媒体应当提升对于善款使用和平台运营的监督，规范行业内法律体制和治理手段，规避"诈捐"等伤害公众慈善热情的社会不良现象，从而有利于促成健康有序的网络捐赠环境。目前相关的立法和执行已经进入轨道，2019 年 11 月 6 日，全国首例因网络个人大病求助引发的纠纷在北京朝阳法院一审宣判，法院认定水滴筹筹款发起人莫先生隐瞒名下财产和其他社会救助，违反约定用途将筹集款项挪作他用，构成违约，一审判令莫先生全额返还水滴筹公司筹款 153136 元并支付相应利息。全国首例大病虚假众筹案的宣判也意味着未来对于"诈捐""骗捐"等不良现象的遏制将会更加有力。

2. 购买型慈善模式——淘宝"公益宝贝"计划

第二象限的购买型慈善模式，顾名思义，源自网络用户在购物时参与慈善活动的模式。用户的购买呈现两种形式：一种是直接购买慈善类物品，比如扶贫农产品，或者义卖物品，所得款项用来助农扶贫或帮助困难对象；另一种是借助日常购物的模式，在商家的利润中，抽取一定比例捐赠给慈善组织，比如淘宝"公益宝贝"计划。在这两种模式下,用户都需要借助购买的形式来参与慈善活动,相比于传统慈善活动,商业的元素在此种形态下较为浓厚。购买型慈善模式不仅涉及与用户的商品交易,也让爱心得到了相应的物质交换成果。

淘宝"公益宝贝"计划是指在淘宝平台上,一些卖家自愿把店铺里正在出售的商品设置成"公益宝贝",每一件商品成交后,都会按照设置的比例捐赠一定数目的金额给某一公益组织或项目(见图1-7)。淘宝"公益宝贝"计划作为互联网电子商务平台中较为早期的公益项目,起源于淘宝上的真实故事。2006年,身患绝症的苏州教师周丽红在生命最后的日子里,通过开设一家名为"魔豆小屋"的淘宝店来抚养自己的孩子。这一行为感动了许多买家和淘宝商家,淘宝的工作人员希望找到更多的企业来帮助周丽红,于是创立了公益项目——"公益宝贝"计划,自此,"公益宝贝"计划不断升级,并吸引了更多的公益组织参与。一路走来,淘宝"公益宝贝"计划曾经获得第九届中华慈善奖、"2018年度社会责任·公益项目"等各类荣誉。2018年在淘宝平台产生的交易中,有超过79亿笔订单产生了爱心捐赠,产生捐赠的爱心商家超过200万家,带动了4.24亿消费者参与,接近全国总人口的三分之一。

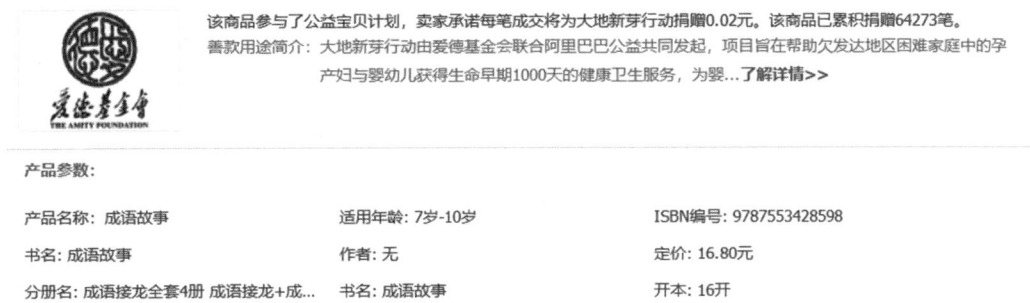

该商品参与了公益宝贝计划,卖家承诺每笔成交将为大地新芽行动捐赠0.02元。该商品已累积捐赠64273笔。
善款用途简介:大地新芽行动由爱德基金会联合阿里巴巴公益共同发起,项目旨在帮助欠发达地区困难家庭中的孕产妇与婴幼儿获得生命早期1000天的健康卫生服务,为婴...了解详情>>

产品参数:		
产品名称:成语故事	适用年龄:7岁-10岁	ISBN编号:9787553428598
书名:成语故事	作者:无	定价:16.80元
分册名:成语接龙全套4册 成语接龙+成...	书名:成语故事	开本:16开

图1-7 淘宝"公益宝贝"计划示例

淘宝"公益宝贝"计划的亮点在于:

第一,在日常交易中植入慈善。淘宝"公益宝贝"计划在不影响用户的购买体验的基础上进行慈善捐助,对于用户而言,只是在日常的购买中额外附赠了一份公益体验,实现了消费背后的公益价值,大大提高了用户的可接受程度。不同于直接捐赠的产品,以"互联网+"及"大数据"思想为指导,将公益植入到大众的日常生活场景中,使得人们在日常消费中就可以顺带做公益,实现公益的便捷化、低门槛和生活化。公益宝贝整体的框架是科学的,通过以购买无形中带动慈善的设置方式,让网购的买卖双方均可以形成对公益慈善的多次感知与认识,从而实现慈善理念的深度传播。

第二,"公益宝贝"计划在邀约、评审公益项目进驻的全流程中都秉承互联网精神,做到公开透明。其中,公益项目入驻全程包含项目沟通、项目考察、项目审批、上线推广、清退下线五个流程。公益机构在申请公益项目进驻"公益宝贝"计划时,除了提交项目申请材料,还必须签署声明书,确保做到项目筹款及使用的透明。"公益宝贝"计划在选择支持项目时,受益面广、项目植根基层、项目成果可衡量等也是较为重要的指标,以确保购买资金的实施能取得良好的社会效益。

第三,慈善与商业平台实现互赢。一方面,利用"公益宝贝"计划,淘宝在无形中做了一波善因营销,带动了销量;同时,淘宝作为中国第一大购物网络平台,其影响力和交易量是巨大的,在淘宝上实施公益行为,可以实现"平台—卖家—买家"的三赢局面。

但是,淘宝"公益宝贝"的设置也存在一定风险,比如被设置为"公益宝贝"的产品可能单纯只是为了增加浏览量和销售量,此时"慈善"旗号是否会变成商家谋利的借口,值得淘宝店主和商业平台思考。

3.流量型慈善模式——蚂蚁森林

第三象限的流量型慈善模式,代表的是一种全新的以用户网络参与为主,通过游戏、转发、体验等形式参与慈善活动的模式。这里的流量既指用户流量,也指消耗的网络流量。一方面,网民主要通过指尖慈善,并不需要金钱支付;另一方面,网民通过参与多样化的网上慈善项目,可以获得乐趣和美好体验,同时也能收获证书、奖品、纪念品等奖励。比较典型的流量型慈善模式有支付宝平台推出的蚂蚁森林和蚂蚁庄园。

2016 年 8 月,阿里巴巴旗下的移动支付平台支付宝推出一项名为"蚂蚁森林"的游戏。用户在日常生活中的低碳减排行为,以及在平时消费过程中使用支付宝,都能按一定的规则得到虚拟的"绿色能量"。用户每日可以收集绿色能量,在蚂蚁森林中种植属于自己的虚拟树苗,当绿色能量积攒到一定克数时,树木也随之不断长大,一旦满足一定数额,便有机会在指定地区认领种植一棵真实的公益树木并获得编号与证书。蚂蚁森林的种植林分布在内蒙古阿拉善、鄂尔多斯和甘肃等地,与公益组织合作,由当地居民负责种植和养护,目前已经累计种下 2 亿棵树木,200 万亩①林木,比如阿拉善地区就有大片的梭梭林成活。蚂蚁森林通过支付宝平台上的流量汇聚,让每天有数亿人坚持自发的低碳行为,为地球的美好环境做出了贡献。图 1-8 是蚂蚁森林操作界面和种植证书的截图。

蚂蚁森林的优势体现在两个方面:一方面,蚂蚁森林借助于设计的巧妙,降低了用户的时间和金钱成本,从而将"在荒漠化地区种树"变成门槛很低的游戏环节;另一方面,蚂蚁森林建立起终端用户与公益项目之间的有效互动,在提升平台知名度的基础上扩大了慈善项目的影响力,从而提升用户对日常环保理念的坚持。

具体来说,蚂蚁森林的参与步骤有四步(见图 1-9):第一步是线下的对于大众环保行为的识别和检测,依靠支付宝内的大数据手段和定位技术等,可以实时获取用户的某

---

① 注:1 亩≈0.067 公顷。

图 1-8　蚂蚁森林的操作界面和种植证书截图

些数据,比如说出门步行、搭乘公共交通、线下支付宝支付以及线上消费、无纸化阅读和二手回收、无纸化办公等各类低碳减排的环保举动;第二步是将这些环保行为换算成相对应的减碳量,从而以不同大小的能量球的形式呈现,比如绿色出行类,搭乘公交车每笔可得 80 克能量球,搭乘地铁每笔可得 52 克能量球;减少出门类,网购火车票每笔可得 136 克能量球,网购电影票每笔可得 180 克能量球;生活缴费类,缴水费、电费、燃气费,每笔可得 262 克能量球;减纸减塑类,线下支付每笔可得 5 克能量球,电子发票每笔可得 5 克能量球,国际退税每笔可得 4 克能量球;高效节能类,ETC 缴费每笔可得 23 克能量球;循环利用类,包裹回收每笔可得 27 克能量球,绿色包裹每笔可得 40 克能量球,二手回收最高每笔可得 9763 克能量球。

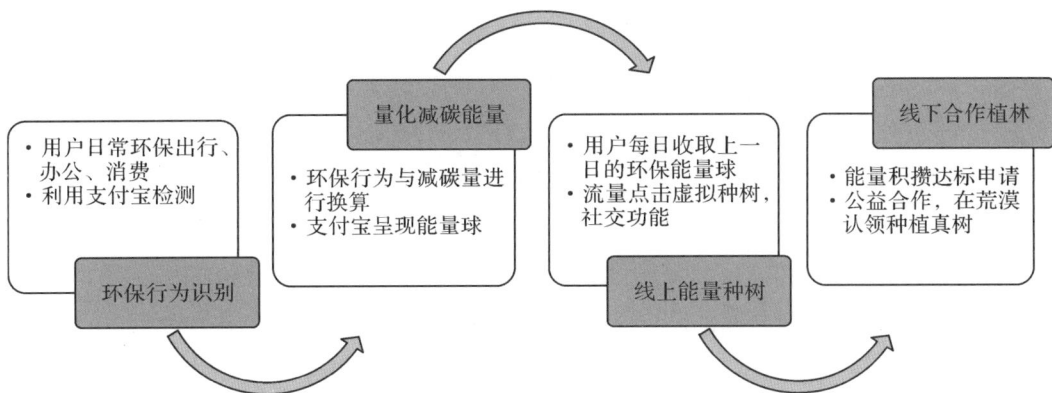

图 1-9　蚂蚁森林的实现步骤

但是蚂蚁森林也存在发展的不足和风险，比如蚂蚁森林的娱乐性还不足以持久支撑使用意愿，因为蚂蚁森林的娱乐性集中体现在虚拟树的养成上，对于成年用户而言没有足够的吸引力，只能让用户得到短暂的新鲜感。在流量模式下，用户对于慈善项目的参与意愿受到产品本身趣味性、使用感的影响，单一的种树浇水模式和难以完成的种树目标劝退了许多用户。因此，不断丰富、完善激励机制，如推出等级勋章、优惠折扣或者增加图文激励，可以提升用户的持续参与意愿。丰富的社交互动也可以为项目巩固流量，比如用户和程序之间的互动，如在植树页面设置简单实用的环保知识小问题、播放环保视频、展示植树图片等，用能量作为奖励，引导用户参与、观看，增添使用的趣味性，而不是每天枯燥地收集能量。还有设置好友之间的偷能量、帮收能量，种植情侣树、友情树等功能，通过社交互动增添项目背后的情感附加值。另外，虽然此模式下用户通过种树得到了趣味，也能够获得植树证书，但是实际种树的过程仍然需要透明化。通过定期推送种植进度，公开树苗生长状况，向用户实时发送消息等，可以强化用户的公益体验，从而提高用户的信任度，给予用户持久满足感，调动项目的持续使用积极性。

4.服务型慈善模式——"志愿汇"APP

第四象限的服务型互联网慈善，围绕"服务"这个主题搭建网络平台，为志愿服务提供交流和对接平台，典型的有"志愿汇"以及专注为盲人提供服务的"小艾帮帮志愿者"等。在这类平台上，爱心网友付出的是他们的服务，包括时间、知识、体力等，服务的形式可以是传统的线下志愿帮助，也可以是新颖的线上网络服务。由于这类模式主要需要的是爱心网友的身体力行，不涉及金钱资助，而且一般付出服务后并没有物质奖励，纯粹是网友的自发行为，我们在此把这类互联网慈善模式置于第四象限。下面我们以"志愿汇"APP作为典型案例进行分析，图1-10是"志愿汇"APP的显示界面和操作功能展示。

从2015年研发成功，到2016年全省推广，作为浙江省首个线上智慧公益平台，也是中国目前最大的志愿服务信息化平台，年轻的"志愿汇"APP彻底改变了过去志愿服务面临的三大窘状，即"市民不了解有哪些志愿服务，怎么参与这些服务""志愿组织不知道如何发布需求，吸引志愿者加入组织""政府不明确采取何种方式最为有效地管理志愿服务"。使用"志愿汇"并不复杂，市民只需要在手机上下载"志愿汇"APP，花一分钟进行实名注册，即可浏览APP上呈现的全国各地的志愿活动并选择报名参加。同时，参与志愿服务的小时数还可以兑换成公益"益币"，并进入积分榜，志愿者还能享受平台提供的相亲交友、信用认证等衍生服务，这是公益、金融与社交的跨界尝试。平台所有数据最后将汇总到志愿汇后台，作为今后政府相关部门管理志愿服务的大数据参考，也是体现市民与社会组织参与社会治理的一大依据。基于案例分析可总结"志愿汇"对传统志愿服务领域带来的创新和发展。

图 1-10 "志愿汇"APP 的显示界面和操作功能示意

第一,运用"志愿汇"可解决志愿组织与志愿者之间信息不对称问题。一方面,过去不论城市居民还是农村居民,普遍对志愿活动了解不多,参与志愿活动的途径狭窄,投身志愿服务的热忱无法得到满足,即使在社区或社会组织中报名,也不容易寻找到适合自己的志愿项目;另一方面,志愿组织在招募志愿者时又面临受众局限、发布信息影响度低、寻找有特长的志愿者难度较大等问题。可见,志愿组织与志愿者之间存在严重的信息不对称。"志愿汇"APP 汇集了全国各类志愿组织信息,作为智能信息交汇平台,解决了双方需求置换和信息公开的问题。

第二,运用"志愿汇"可解决志愿者权益保障和激励问题。过去志愿者面临参与志愿活动安全无保障的问题,现在凡在"志愿汇"APP 登录的注册志愿者,由团中央提供一份 80 万元意外险和 10 万元第三方责任险,切实守护志愿者的人身安全。"志愿汇"引入第三方谈判机制,利用互联网平台的推广优势和企业社会责任宣传效应,使保险企业作为志愿公益链上的一环,努力做到在维护权益的同时统筹社会资源,整合社会力量,让志愿者安心、放心、省心。"志愿汇"依靠多方利益协同机制,让有志加入志愿服务的市民无后顾之忧,从而减轻社会组织与有关部门的压力。

值得注意的是,志愿活动相较于其他慈善领域,并不是核心地带,所获得的关注也较为缺乏。志愿中国网站和"志愿汇"APP 搭建的全国性互联网志愿服务平台,目前在很多高校、企事业单位还没有全面普及,这使得志愿服务的信息化管理存在一定的阻碍。如何提高网络志愿服务项目的普及度和接受度,同时将传统志愿服务的固定人力资源转接到网络渠道,成了相关服务型慈善项目必须攻克的难题。

二、慈善要素生态化

制定慈善生态评价体系的现实基础是我国的慈善生态尚未成熟，需要更科学的决策和引导。从乐善好施的民间礼俗到纳入政府社会保障体系的仁政，从行政力量驱动到公民慈善意识的觉醒，在传统慈善向现代公益慈善转型的过程中，其文化内涵、组织载体以及运作机制都发生了深刻变革，慈善生态的建设也因时而变。政府对慈善组织的管理应注重灵活多样，因时因地制宜。在慈善事业演进历程中，国家与社会的合作和冲突并存，其互动是双方在力量的角逐上互相掣肘，最终达到平衡。尽管我国公益慈善事业近几年发展迅速，已经初具规模和影响力，但与发达国家相比，距离实现将慈善机构作为与政府、企业相对应的独立的第三部门的目标还很遥远，慈善行业的生态链尚未形成。

评估已成为对慈善事业进行有效监管和问责的主要机制。指标体系评估的功效显然优于单纯的定性描述，它既能起到对社会组织的监管约束之效，又因其所具有的专业性、客观性和公正性而能得到社会认可。

指标体系让决策者有章可循，管理者有据可查，实践者有的放矢。决策者可以根据指标评价结果做出科学决策，适度引导未来慈善事业的整体发展方向；管理者可以根据指标内容，对社会组织或慈善相关活动进行合理监督管理；实践者可以以指标内容为依据，对自身及组织存在的问题查缺补漏，引导组织良性发展；研究者可以以该指标体系为蓝本，对慈善事业的发展进行更加深入的研究；社会公众可以直观地看到评估结果，对所在地区的慈善事业有整体性了解，更利于开展监督并积极参与慈善生态建设，推动更多的人参与到慈善事业中来。

(一)核心评估维度设计

根据德尔菲法的研究结果[①]，本章提出社会捐赠力、志愿行动力、行业发展力、政府支持力、公众影响力五项一级指标（简称"五力"，详见图1-11），旨在体现慈善事业的各个方面，丰富指标评估的全面性。

为了使慈善事业指标体系更加立体有效，笔者尝试从规范性、创新性、成长性三个维度提出运用发展的眼光对一级指标进行科学衡量（见图1-12）。规范性指该指标符合慈善事业发展要求的基本情况，分为数量和比例两个层面。数量的规范性体现了指标的绝对数量，比例的规范性体现了指标的相对水平。创新性侧重衡量该一级指标的创

---

① 课题组选择了12位慈善领域内的专家学者、资深从业人员、政府官员进行了两轮评估，最终，结合以上讨论，提出了立体化慈善事业发展指标体系。

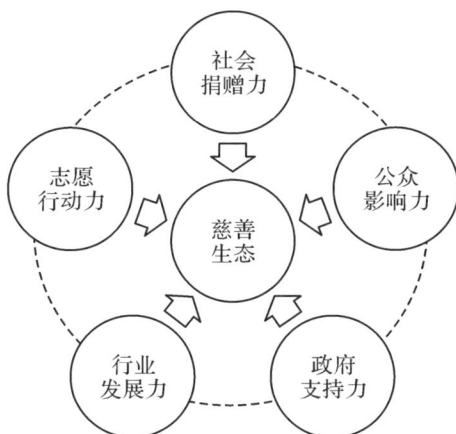

图 1-11 五力构建慈善生态

新能力,即对新的事物、方法、元素、环境进行适应和改进的能力。成长性侧重衡量指标增量,并通过增量变化反映一级指标持续发展的能力。三者有机结合,能更加立体地反映某个地区慈善事业发展的基本能力、创新能力和可持续发展能力,也有利于发现弱点,及时提升相应能力以适应更高质量的慈善事业建设。

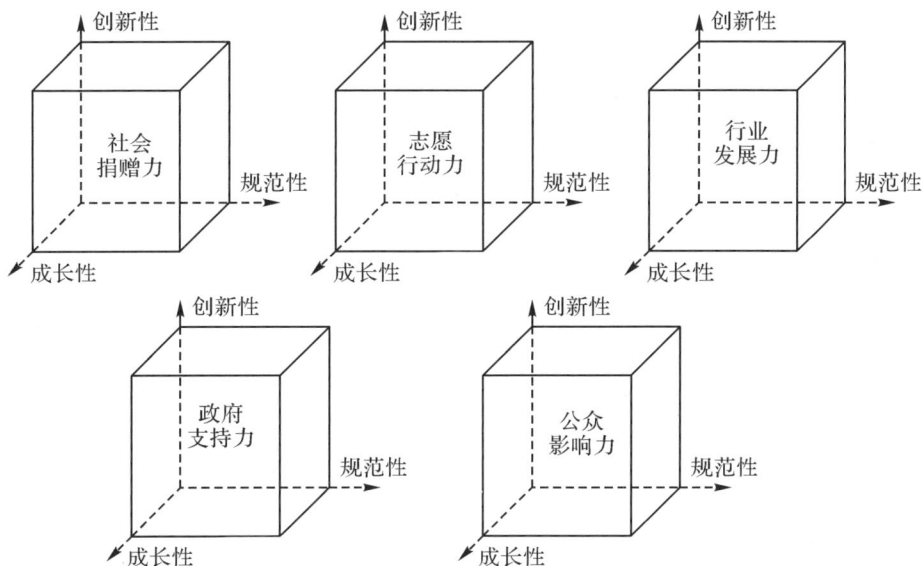

图 1-12 "五力"三维图

(二)具体指标内容

基于以上分析,笔者提出了一套衡量慈善事业发展情况的指标体系(见表 1-1),共设计一级指标 5 项,二级与三级指标多项。其中,一级指标包括社会捐赠力、志愿服务力、行业发展力、政府支持力以及公众影响力。

表 1-1　慈善事业发展指标体系

指标	规范性——数量	规范性——比例	创新性	成长性
社会捐赠力	1.1.1 社会捐赠款物总金额 1.1.2 募集福利彩票公益金总金额 1.1.3 人均年均捐赠金额 1.1.4 企业捐赠总额	1.2.1 社会捐赠款物总金额占GDP的比例 1.2.2 社会捐赠款物总金额占第三产业增加值的比例 1.2.3 人均捐赠金额占城镇居民人均可支配收入的比例 1.2.4 社会捐赠款物总金额占地方财政支出的比例 1.2.5 企业捐赠占捐赠总额的比例 1.2.6 公益支出总额占捐赠总额的比例	1.3.1 慈善信托数量 1.3.2 慈善信托总额	1.4.1 社会捐赠款物总金额年度增长率 1.4.2 人均年均捐赠金额年度增长率 1.4.3 企业捐赠总额年度增长率
志愿服务力	2.1.1 注册志愿者人数总量 2.1.2 志愿服务时间总量 2.1.3 注册志愿者服务组织总数量 2.1.4 注册志愿者人均志愿服务时长	2.2.1 注册志愿者人数占地区总人口的比例 2.2.2 志愿服务总时长折合金额占GDP的比例 2.2.3 注册志愿者人数占城镇就业人口的比例 2.2.4 注册志愿者服务组织总数量占社会组织总量的比例	2.3.1 志愿服务网络在基层的覆盖率 2.3.2 是否有志愿者管理系统	2.4.1 注册志愿者人数年度增长率 2.4.2 志愿服务总时长年度增长率 2.4.3 注册志愿者服务组织数量年度增长率
行业发展力	3.1.1 社会组织总数量 3.1.2 慈善组织总数量 3.1.3 社区社会组织总数量 3.1.4 社会组织从业人员数量 3.1.5 社会组织从业人员平均工资 3.1.6 社会组织透明度 3.1.7 本年度社会捐赠及慈善项目的受益人数总量	3.2.1 每万人拥有社会组织数量 3.2.2 每万人拥有慈善组织数量 3.2.3 每万人拥有社区社会组织数量 3.2.4 每万人拥有持证社工数量 3.2.5 社会组织从业人员数占城镇就业人口的比例 3.2.6 社会组织专职从业人员数占全体从业人员数的比例 3.2.7 社会组织取得相关职业证书人员数占全体从业人员数的比例 3.2.8 年检合格率 3.2.9 4A和5A级组织占评估总量的比例 3.2.10 拥有党支部的社会组织比例 3.2.11 慈善组织数量占社会组织数量的比例	3.3.1 慈善超市数量 3.3.2 获得国家级奖励数量 3.3.3 获得省部级奖励数量	3.4.1 社会组织数量年度增长率 3.4.2 慈善组织数量年度增长率 3.4.3 社会组织从业人员数年度增长率 3.4.4 持证社工人数年度增长率

续 表

指标	规范性——数量	规范性——比例	创新性	成长性
政府支持力	4.1.1 财政购买社会组织服务总金额 4.1.2 通过彩票公益金购买社会组织服务总金额 4.1.3 慈善事业相关法规政策标准文件数量 4.1.4 公益性捐赠税前扣除资格和非营利组织免税资格认定总量 4.1.5 信息披露监管情况 4.1.6 慈善业务交流培训次数 4.1.7 登记注册便利性 4.1.8 规范社会募捐活动情况	4.2.1 通过财政和彩票公益金购买社会组织服务总金额占地方财政支出的比例 4.2.2 社会组织接受政府资金支持的平均金额	4.3.1 举办慈善表彰活动数量	4.4.1 社会组织接受政府资助总金额年度增长率
公众影响力	5.1.1 主要媒体对慈善新闻的报道数量 5.1.2 主要媒体慈善频道栏目、专刊专栏的设置数量 5.1.3 公益广告时间、版面是否达到《广播电视广告播出管理办法》的要求 5.1.4 户外广告宣传慈善公益类内容数量 5.1.5 社区居委会的宣传栏定期刊登慈善相关内容 5.1.6 组织对公众开放的讲座、会议等活动 5.1.7 本地学校是否开展适合未成年人参与的慈善和教育活动 5.1.8 本地高校是否有引导关注慈善公益事业的课程和活动		5.2.1 有社会责任报告的企业数 5.2.2 社会企业数量 5.2.3 影响力投资额 5.2.4 公众号、微博等自媒体建设情况	5.3.1 主要媒体对慈善新闻的报道数量年度增长率 5.3.2 慈善类公众号微博关注度增长率 5.3.3 有社会责任报告的企业数增长率

　　社会捐赠力是慈善事业的社会基础和主要来源,是慈善事业健康发展的根本保障。新慈善主义精神更是指出捐赠是一种社会责任。社会捐赠力是考察地区慈善发展水平的基本维度。志愿服务力是现代社会文明程度的重要标志之一,也是慈善事业的重要组成部分,文明城市,志愿先行。行业发展力是指社会组织包括慈善组织的

数量及其发展能力,其中,社会组织的数量是衡量一个地区慈善事业发达程度的重要标志。政府支持力在慈善事业中的角色体现在完善法律法规与提升行政服务能力方向,通过制定促进慈善事业发展的政策和措施,为慈善活动提供指导和帮助,同时依法履行职责,对慈善活动进行监督检查。公众影响力是多中心慈善治理范式的重要组成部分。媒体作为社会公器,肩负着慈善教育的责任,良好的社会舆论环境可以加强对公民的理性引导,支持慈善事业的发展。

(三)后续指标测算

1.数据来源分析

根据现有体系,本节整理了后续可能的数据来源,力保指标具有实践意义。由表1-2可见,三级指标总共80项,其中可通过已有统计口径获得或可根据已有信息计算获得数据的有67项,需另外上报数据13项。

表 1-2 指标数据来源汇总

一级指标	二级指标	三级指标	数据来源
社会捐赠力	捐赠金额(规范性——数量)	1.1.1 社会捐赠款物总金额	已有统计数据
		1.1.2 募集福利彩票公益金总金额	已有统计数据
		1.1.3 人均年均捐赠金额	可计算
		1.1.4 企业捐赠总额	已有统计数据
	捐赠比例(规范性——比例)	1.2.1 社会捐赠款物总金额占 GDP 的比例	可计算
		1.2.2 社会捐赠款物总金额占第三产业增加值的比例	可计算
		1.2.3 人均捐赠金额占城镇居民人均可支配收入的比例	可计算
		1.2.4 社会捐赠款物总金额占地方财政支出的比例	可计算
		1.2.5 企业捐赠占捐赠总额的比例	可计算
		1.2.6 公益支出总额占捐赠总额的比例	需统计
	慈善信托(创新性)	1.3.1 慈善信托数量	已有统计数据
		1.3.2 慈善信托总额	已有统计数据
	捐赠增长率(成长性)	1.4.1 社会捐赠款物总金额年度增长率	可计算
		1.4.2 人均年均捐赠金额年度增长率	可计算
		1.4.3 企业捐赠总额年度增长率	可计算
志愿服务力	志愿数据(规范性——数量)	2.1.1 注册志愿者人数总量	已有统计数据
		2.1.2 志愿服务时间总量	已有统计数据
		2.1.3 注册志愿者服务组织总数量	已有统计数据
		2.1.4 注册志愿者人均志愿服务时长	可计算

一级 指标	二级指标	三级指标	数据来源
	志愿比例 （规范性 ——比例）	2.2.1 注册志愿者人数占地区总人口的比例	可计算
		2.2.2 志愿服务总时长折合金额占 GDP 的比例	可计算
		2.2.3 注册志愿者人数占城镇就业人口的比例	可计算
		2.2.4 注册志愿者服务组织总数量占社会组织总量的比例	可计算
	志愿管理 （创新性）	2.3.1 志愿服务网络在基层的覆盖率	可计算
		2.3.2 是否有志愿者管理系统	已有统计数据
	志愿增长率 （成长性）	2.4.1 注册志愿者人数年度增长率	可计算
		2.4.2 志愿服务总时长年度增长率	可计算
		2.4.3 注册志愿者服务组织数量年度增长率	可计算
行业发展力	组织建设 （规范性 ——数量）	3.1.1 社会组织总数量	已有统计数据
		3.1.2 慈善组织总数量	已有统计数据
		3.1.3 社区社会组织总数量	已有统计数据
		3.1.4 社会组织从业人员数量	已有统计数据
		3.1.5 社会组织从业人员平均工资	需统计
		3.1.6 社会组织透明度	参考年检材料
		3.1.7 本年度社会捐赠及慈善项目的受益人数总量	参考年检材料
	发展程度 （规范性 ——比例）	3.2.1 每万人拥有社会组织数量	可计算
		3.2.2 每万人拥有慈善组织数量	可计算
		3.2.3 每万人拥有社区社会组织数量	可计算
		3.2.4 每万人拥有持证社工数量	可计算
		3.2.5 社会组织从业人员数占城镇就业人口的比例	可计算
		3.2.6 社会组织专职从业人员数占全体从业人员数的比例	参考年检材料
		3.2.7 社会组织取得相关职业证书人员数占全体从业人员数的比例	可计算
		3.2.8 年检合格率	已有统计数据
		3.2.9 4A 和 5A 级组织占评估总量的比例	已有统计数据
		3.2.10 拥有党支部的社会组织比例	已有统计数据
		3.2.11 慈善组织数量占社会组织数量的比例	可计算
	行业创新 （创新性）	3.3.1 慈善超市数量	已有统计数据
		3.3.2 获得国家级奖励数量	已有统计数据
		3.3.3 获得省部级奖励数量	已有统计数据

续　表

一级指标	二级指标	三级指标	数据来源
政府支持力	组织增长率（成长性）	3.4.1 社会组织数量年度增长率	可计算
		3.4.2 慈善组织数量年度增长率	可计算
		3.4.3 社会组织从业人员数年度增长率	可计算
		3.4.4 持证社工人数年度增长率	可计算
	服务监管（规范性——数量）	4.1.1 财政购买社会组织服务总金额	已有统计数据
		4.1.2 通过彩票公益金购买社会组织服务总金额	已有统计数据
		4.1.3 慈善事业相关法规政策标准文件数量	可计算
		4.1.4 公益性捐赠税前扣除资格和非营利组织免税资格认定总量	已有统计数据
		4.1.5 信息披露监管情况	已有统计数据
		4.1.6 慈善业务交流培训次数	可计算
		4.1.7 登记注册便利性	可计算
		4.1.8 规范社会募捐活动情况	已有统计数据
	支持力度（规范性——比例）	4.2.1 通过财政和彩票公益金购买社会组织服务总金额占地方财政支出的比例	可计算
		4.2.2 社会组织接受政府资金支持的平均金额	可计算
	政府表彰（创新性）	4.3.1 举办慈善表彰活动数量	已有统计数据
	支持增长率（成长性）	4.4.1 社会组织接受政府资助总金额年度增长率	可计算
公众影响力	社会影响（规范性——数量）	5.1.1 主要媒体对慈善新闻的报道数量	需统计
		5.1.2 主要媒体慈善频道栏目、专刊专栏的设置数量	需统计
		5.1.3 公益广告时间、版面是否达到《广播电视广告播出管理办法》的要求	需统计
		5.1.4 户外广告宣传慈善公益类内容数量	需统计
		5.1.5 社区居委会的宣传栏定期刊登慈善相关内容	需统计
		5.1.6 组织对公众开放的讲座、会议等活动	需统计
		5.1.7 本地学校是否开展适合未成年人参与的慈善和教育活动	需统计
		5.1.8 本地高校是否有引导关注慈善公益事业的课程和活动	已有统计数据
	社会创新（创新性）	5.2.1 有社会责任报告的企业数	需统计
		5.2.2 社会企业数量	需统计
		5.2.3 影响力投资额	需统计
		5.2.4 公众号、微博等自媒体建设情况	需统计

一级指标	二级指标	三级指标	数据来源
	影响增长率（成长性）	5.3.1 主要媒体对慈善新闻的报道数量年度增长率	可计算
		5.3.2 慈善类公众号微博关注度增长率	可计算
		5.3.3 有社会责任报告的企业数增长率	可计算

2.数据处理

慈善事业发展指标是指各地区慈善事业发展的相对水平,其计算过程分为四个阶段。

第一,标准化处理。由于指标体系中各个指标数据的来源、单位、类型等可能存在不同,不同量纲导致的数据间差异性可能使指标不具有可比性。因此,在不专门设置权重的情况下,必须对各指标的原始数据进行标准化处理,从而剔除标准差较大指标的过大权重,使其能够满足数据的可比性、统一规范性和高保真性。

标准化处理方法有很多,本节推荐采用极值化方法对原始数据进行处理,即每一个变量值与变量最小值之差除以变量取值的全距 R,标准化后各变量的取值范围限于 0~1 之间,数据将有更高的可比度和参考价值。其公式为:

$$x_i' = \frac{x_i - \min}{\max - \min} = \frac{x_i - \min}{R}$$

第二,三级指标测算。三级指标数值 x_i 是慈善事业发展指标的基础,其直接采用原始数据标准化处理后的结果。即:

$$x_i = x_i'$$

第三,一、二级指标测算。根据指标体系设置,某一特定区域的第 k 项二级指标的数值 B_i' 用等权相加其对应所有三级指标数值的办法进行计算,计算公式如下:

$$B_i' = \frac{\sum_{i=c(k)}^{d(k)} x_i'}{d(k) - c(k) + 1} (i = 1, 2, 3, \cdots, m; k = 1, 2, 3, \cdots, n)$$

其中:$c(k)$ 表示指标体系中第 k 项二级指标所对应的第一个三级指标在指标体系中的序号;$d(k)$ 表示指标体系中第 k 项二级指标所对应的最后一个三级指标在指标体系中的序号;n 是指标体系中二级指标的数目。

分指数 B_i 由相应的三级指标数值乘以其权重再相加求得,计算公式如下:

$$B_i = \sum_{i=c(k)}^{d(k)} B_i' W_i (i = 1, 2, 3, \cdots, m; k = 1, 2, 3, \cdots, n)$$

其中:$c(k)$、$d(k)$、n 含义同上;W_i 表示三级指标对应权重。

一级指标测算方法同上。

第四,最终指数。最终指数的计算方法是将一级指标的数值乘以各自权重后再求和，计算公式如下：

$$A = \sum_{i=1}^{n} B_i W_i$$

其中：A 表示某地区的慈善事业发展指数；B_i 表示一级指标的分指数。

最终指数的取值范围为[0,1]。0.5 表示平均水平，意味着慈善事业发展处于中间水平；[0,0.5]表示不及平均发展水平，说明慈善事业发展相对落后；[0.5,1]表示高于平均发展水平，意味着慈善事业发展较为领先。最终可以按照数值进行排名。

三、慈善治理协同化

党的十八届三中全会通过的《中共中央关于全面深化改革若干重大问题的决定》首次提出要"推进国家治理体系和治理能力现代化"，将国家治理体系与社会治理能力现代化联系起来，并以社会治理为落脚点，强调社会治理对于中国现代化发展的突出作用。

面向社会治理现代化，政府主导的传统行政管理弊端日益显现。一是权力服务理念倒置。行政人员权力观念过重，服务意识淡漠，导致行政手续烦琐、与群众需求脱钩等一系列问题，以致行政管理失效现象经常发生。二是决策机制不够健全。决策过程如果不依靠民主和法治，决策水平和决策质量就难以提升，以致决策结果很难落实。三是社会监督缺乏力度。政府过度管控使得社会无法进行有效监督，社会自主监督意识被压抑，社会监督效能显现不足。

因此，营造政社协同的多元共治格局已箭在弦上。健全的社会治理体系在于市场和社会力量的充分发育，能够与政府一道"共建、共治、共享"公共事务及成果，做到政社协同治理的效益大于各自治理效益之和。然而当下我国市场和社会在参与社会治理过程中无论是意愿还是能力都十分薄弱。如何激活社会力量、识别和培育社会治理人才、推动社会治理创新成为一项研究空白。为解决这个问题，以下三个问题亟须回答：①面向社会治理现代化，究竟现有治理体系存在什么短板？②这一短板形成的路径溯源是什么，为什么说如今的社会治理范式不得不做出转型？③社会治理转型的创新力量（人才）从何而来，他们符合何种特质以及培育机制？

（一）基层社会治理实践的两种范式

"自上而下"和"自下而上"是基层社会治理的两种典型范式。我国基层社会治理是以行政推动为主导的"自上而下"模式。与之相对应的是"自下而上"以社会创新家为代表的民间主导社会治理范式。为了对比上述两种范式的特征与差异，本章选用两个环境治理案例，即中国"河长制"和美国"Crissy Field 改建计划"（简称"CF 改建计划"）进行对比分析，以求透视当下我国社会治理的实践逻辑，探索推动社会治理创新的其他可能。

1.行政推动式:河长制

2007年夏季，太湖暴发大面积蓝藻，引发无锡的水危机。当年8月，无锡市政府率先实行河长制，由各级党政负责人分别担任64条河道的河长，加强污染物源头治理，督办河道水质改善工作。河长制实施后效果明显，无锡境内水质达标率显著提高，太湖水质也显著改善。2016年10月11日，中央全面深化改革领导小组第28次会议审议通过了《关于全面推行河长制的意见》。[①] 随后，省、市、县各级政府开始全面推行河长制，河长制在中国的实践进入到了一个新阶段。

政府河长的权限和职责都很显著。他们统筹协调多部门处理所负责河段的水环境治理、综合整治、应急处置等重大问题，牵头处理河段上下游之间的纠纷。政府河长有处罚权，有很强的震慑作用。当然政府河长也面临倒逼压力，所管辖河流的水质情况与绩效考评挂钩。实际的巡河工作由民间河长完成，其"上班"与否影响治水效果。民间河长的真实身份是普通志愿者，并不是官员，没有执法权。理论上说，如果发现企业或公众有乱排污水的行为，他们应当劝阻或留存证据再报告给有关部门，但有相当一部分地区的志愿者队伍存在老龄化严重、缺乏科学管理等问题，影响了治水效果。河长制协作模式见图1-13。

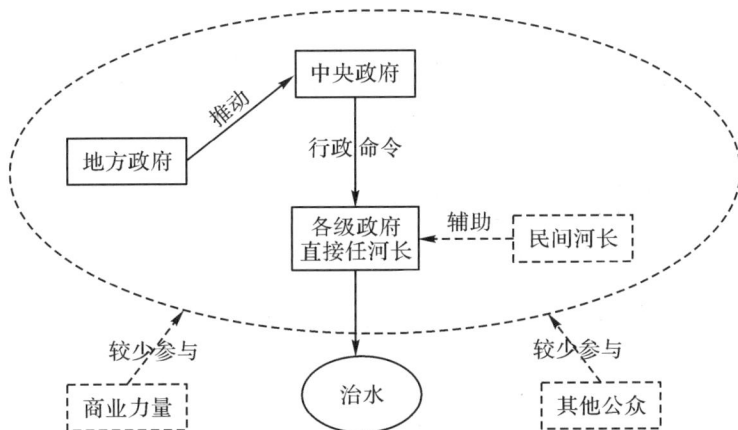

图 1-13　行政推动式:河长制主体协作

总的来说，河长制是一项成效明显但行政成本高企、较难复制的社会治理案例。施行以来，全国各地的河流水质都有了明显提高，充分反映了我国的国家治理特色。河长制结合了中国现行行政管理背景，走的是最易见效的"自上而下"的道路，由各级政府层层下压监管污染源，有效缓解了污染状况。但问题也恰恰在于行政人员很难既完成本

---

① 参见《关于全面推行河长制的意见》(厅字〔2016〕42号)。

职工作,还要身兼"河长""湖长",甚至"路长""空气长"等职务。访谈中一些地方干部坦言,设立一个又一个管辖部门并不是社会治理的最佳路径。我们在肯定河长制成效的同时,也发现了一味依赖行政资源,缺少社会力量有效融入可能是其最大的短板。

2. 社会创新家发动与民间参与:CF 改建计划

美国的 CF 改建计划是一项多方联动、可以复制、有借鉴意义的社会创新。CF 公园位于旧金山北岸,最初是一片沼泽地,后改建为军用飞机场、军需仓库和化粪池处理中心。1994 年以后一直废弃,野草丛生、建筑破败。2000 年,在哈斯家族基金会(Haas, Jr. Fund,当地知名企业家成立的慈善基金会)的帮助下,金门国家公园保护协会(Golden Gate National Parks Conservancy,当地一家草根非营利组织)成立,开始推进自然生态修复民间运动。他们进行了清除碎石、湿地恢复、植被种植和绿色教育等工作,最终完成了 24 英亩(9.71 公顷)绿地的改建和持续运营。

CF 改建计划包括规划和实施两个阶段(见图 1-14)。在规划阶段,政府负责统筹各项工作,起到主导作用。哈斯家族基金会承担了日常工作开销,金门国家公园保护协会帮助政府协调民意。进入实施阶段后,囿于资金和精力,政府仅承担了宏观管控工作,发挥的作用较前一阶段已显著减弱。

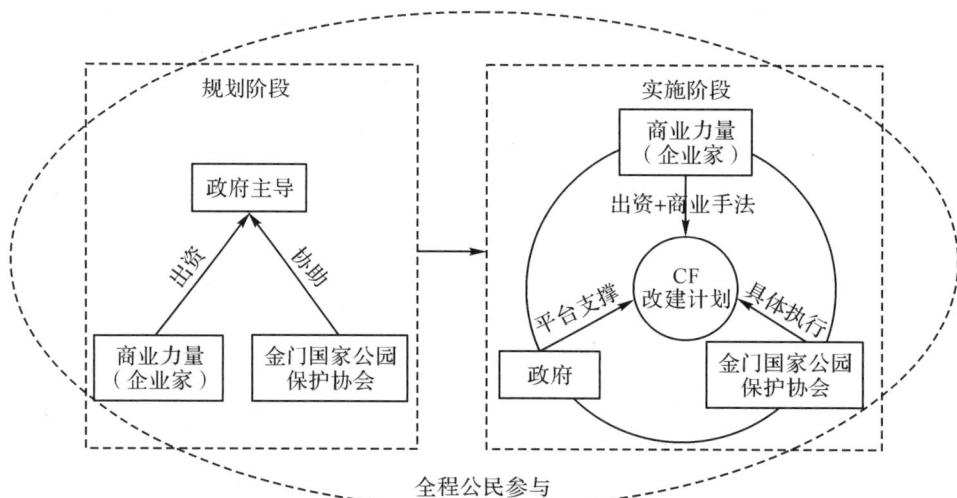

图 1-14　社会创新家发动与民间参与:CF 改建计划主体协作

首先,社会创新家是 CF 改建计划取得成功的关键。作为金门国家公园保护协会理事长,格雷格(Greg Moore)拥有十分丰富的环境治理经验,他的团队在规划阶段配合政府协调民意,在实施阶段则全面领导各项事务,包括筹款、改建、管理志愿者、多方沟通等工作。金门国家公园保护协会年筹款量达到 4500 万美元,管理志愿者 27000 余人,就地创建的环境教育中心游客量达到了年均 300 万人次,改建后把公众参与、社会营销、公园管理和环保教育等功能融为一体,增进了项目的社会影响力和可持续性。政府负责人坦言："在改建的关键阶段,实际上是由这家非营利环保组织(金门国家公园保护协会)引领政府完成的。"

其次,企业家慷慨捐赠是 CF 改建计划的又一支柱。从项目所需经费来看,除去造成环境污染的原单位出资 400 万美元以外,哈斯家族等企业家出资了 1600 万美元。在项目可持续性陷入瓶颈时,企业家伸出援助之手,设计了特别企划并承担相关费用,有效吸引了大批公众参与。在整个改建过程中,哈斯家族基金会不仅没有提出额外的利益要求,还为后续商业化运营提供有效建议。

再次,公众高度参与是 CF 改建计划的活力写照。在规划阶段,公众参与使政府能够发现痛点,改善决策,促进公平和正义。撬动公民参与的工作主要由金门国家公园保护协会协助进行。凭借广泛而审慎的公众参与过程,政府成功通过谈判整合了不同利益相关者的诉求,保证了改建计划的顺利推进,在实施阶段,公众通过志愿服务逐渐成了公园的管理者。政府和金门国家公园保护协会有效带动了公众,使之成长为社会创新的参与者。

总之,CF 改建计划的顺利完成离不开金门国家公园保护协会理事长格雷格与哈斯家族基金会,他们承担了社会创新家的角色,前者运筹帷幄,后者慷慨出资。政府没有承担大量支出,反而退居幕后,由社会创新家调动各方资源,完成绿地改建并实现项目可持续发展,体现了多元主体间的协作功能和优势互补。

(二)我国基层社会治理的路径依赖和转型需要

河长制是我国基层社会治理的典型缩影,它是中国政府和社会关系的一种反映,也是以政府为主导的治理范式长期影响的结果。图 1-15 呈现了我国基层社会治理过程中政府和社会关系的发展脉络,从新中国成立初期完全的政府主导逐渐发展为当前政强社弱的格局,未来有望通过激活基层社会创新,迈向政社协同发展的新阶段。

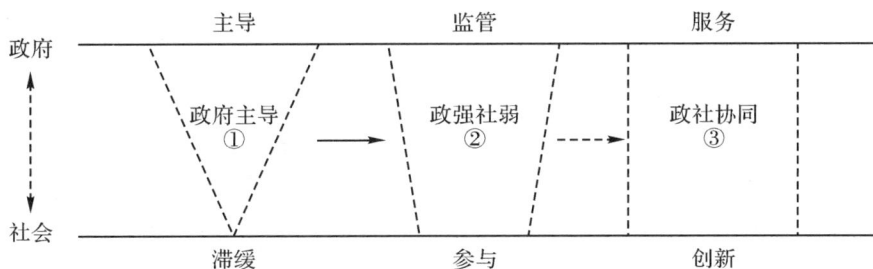

图 1-15　我国基层社会治理中政社关系发展脉络

1.我国基层社会治理的传统路径:从政府主导到政强社弱

新中国成立后,我国建立了以科层制为基础的严密行政管理体制,这种结构的管理触角一直延伸到乡村街道。理论上实行居(村)民自治,但由于社会在职能、生产、人员等方面对政府的依赖,使社会自治在实际中失效。同时在计划经济体制下,社会群体被以单位(国有企业、集体企业、农村生产队等)的形式重新划分,社会的管理单元变成了单位制,单位以外的各种非营利组织缺少发展空间。这些都为政府主导的社会治理格局构架了基础。

早先以政府为主导的社会治理呈现出政府分配权力、治理对象同质、治理方式突进、社会发育滞缓等特点。政府履行领导监督职能,其他治理主体要向政府负责,治理主体之间存在明确的领导与被领导的关系。一方面,政府通过单位和共青团、妇联等各种形式上的非营利组织对社会实施管理,各个管理主体的权力均来源于政府分配。另一方面,社会结构较为单一、社会群体生活水平相似、社会群体流动性较低等现实状况使得治理对象同质化,故而治理成本较低但效果突出。当然这也导致社会基本没有自身的发育空间,应有的活力未被激活。

改革开放以来,我国基层社会治理呈现出社会功能逐渐复苏和政强社弱的特点。社会治理的复杂化程度伴随市场经济的纵深发展不断叠加。生态环保、公平正义、扶危济困等社会治理诉求日益突显,政府职能的触角难以涉及方方面面,交由社会来承担治理职能的案例不断涌现,以非营利组织、商业企业家为代表的社会治理多元主体开始萌动。

在多元共治格局初现之时,社会力量只是辅助参与,河长制案例就是典型代表。民间河长参与社会治理,成为河长制的增量,提升了整治效率,但若背后没有政府行政推动,没有执法权的社会力量就难以发挥实质性的作用。归根结底还是政府在推动行政指令,社会力量只是辅助参与,包括商业力量、非营利组织在内的社会资源的巨大潜力未能释放,传统社会治理的路径依赖仍未改观,迫切需要向第三阶段政社协同转型。

2. 我国基层社会治理的转型需要:从政强社弱到政社协同

政社协同发展是基层社会治理的必然趋势。政府、商业力量、非营利组织和公众的合作有望形成新的善治格局。目前,我国经济社会发展已经进入了一个前所未有新时期。社会结构变化开始加快,社会利益诉求更趋复杂,社会治理难度显著增加。政府不可能直接面对个体解决一揽子问题,更无法满足个性化、差异化需求。这就需要动员全社会力量参与互助,发挥协同功效。通过协作来激活社会创新细胞,进而让社会资源主动融入治理体系中来。

形成政社协同的格局关键在于合作机制创新。以社会治理内容为导向,淡化绝对权威主体,根据实际需要和发展的阶段确定治理主体,调整治理重点,真正做到动态的中心轮换制。CF改建计划的优势之一就在于动态的中心轮换,其在规划阶段,政府主导搭建解决问题的平台和框架;在实施阶段,将中心过渡给更具经验的金门国家公园保护协会,用专业力量解决专业问题,政府则调整为服务和辅助角色以完成整体改建。基于我国现今的政治、经济、社会条件,政社协同局面的形成首先需要政府担当机制运行的调度者,并在社会治理过程中逐渐扭转长期固化的权威中心角色。

政社协同治理的益处在于多种渠道化解社会矛盾,缓和政府与公众的利益冲突,实现政社良性互动。正如 CF 改建计划所显示的,协同机制可以在政府和社会之间搭建过渡平台,金门国家公园保护协会就起到了这样的作用,其将公众的政策主张和利益诉求与政府及时有效沟通,公众则通过各种途径监督政府政策制定与执行,规范政府行政行为。这一方面增强了公众对政府的认同和支持,有效化解了冲突,另一方面让公众明确了自身在社会治理中的责任与义务。可见,政社协同是实现政府与社会双赢的理性选择。

3. 我国基层社会治理的转型支点:激发基层社会活力

形成政社协同治理局面的支点在于激发基层社会活力。社会创新家发动与民间参与为 CF 改建计划提供了社会基础,这种机制蕴含的社会创新正是我国基层社会治理转型的重要借鉴。政社协同治理体制对基层社会力量的治理能力提出了更高要求。协同主体必须具备相应能力,综合运用宏观与微观、刚性与柔性、商业与公益的手段解决社会问题。

提升社会治理的核心能力在于"自下而上"的社会创新。本节两个案例说明了两种不同的社会治理模式以及主体间不同的协作机制。表 1-3 更加直观地对比了两个案例中各主体的参与度。河长制的高效在于行政推动,却难以复制于其他领域,CF 改建计划虽然耗时长,却撬动了更多的社会参与,易迁移于解决其他多种社会问题,既突破了社会力量参与社会治理合法性的困境,也减轻了政府事必躬亲的压力,很好地化解了社会创新中可持续性差的难题。

表 1-3 两案例中各主体参与度及可复制性对比

主体参与度	河长制	CF 改建计划
政府主导与参与	高	先高后低
非营利组织主导与参与	中等	先中后高
商业力量主导与参与	低	高
公民参与	低	高
总体可复制性	低	高

通过案例对比,我们认为在现代治理格局中,基层社会的有效治理应当交给长期根植于基层的社会创新家。社会创新家承担着开拓思路、撬动资源、保证项目持续性等重要职责。这就要求社会创新家一方面要扎根社会环境,发现社会问题并了解其生成机制;另一方面又要拥有先进理论和出色的解决问题能力。社会创新家群体应当成为我国社会治理转型的重要支点。

(三)基层社会治理"自下而上"的现实可能

如果说社会创新是一种解决社会问题的趋势,那么社会创新家就是创造新颖方案并付诸实践的专业群体。一般认为社会创新家大多来自非营利组织的负责人,但一些学者主张社会创新家不应拘泥身份,可以由政府、企业、非营利组织等各种主体内的个体担纲。可喜的是,当前越来越多的企业家和学者化身其中扮演社会创新家的角色,如穆罕默德·尤努斯,比尔·德雷顿,比尔·盖茨,等等。他们可以跨越自身职业边界,怀揣社会使命,借助商业手段和非营利手段来解决社会问题。

基于案例访谈与文献梳理,我们提炼了社会创新家的四个核心特质,包括担当社会使命、创新解决方案、扎根普通公众以及识别资源机会。

一是担当社会使命。社会创新家应具有强烈的社会使命感,他们需要深刻理解根植于现行制度中的社会问题以及现行的社会运作模式,并且有舍我其谁的勇气。格雷格和哈斯家族基金会在访谈中多次强调"要关注社会关切的问题,擅于发现痛点并勇于承担社会使命"。

二是创新解决方案。这意味着社会创新家提出的解决方案要有足够的创新性,不仅需要打破在传统政府和企业环境中可能产生的桎梏,还要突破公众对某些现象根深蒂固的偏见。正如 CF 改建计划陷入瓶颈时,哈斯家族基金会的董事设计了一个特别企划:"我们把 CF 公园虚拟成一个孩子的形象涂鸦在墙上,让周边社区的孩子们来种树,随着树的成长,墙上的孩子形象也会慢慢长大,这对于吸引公众参与是非常有效的办法。"

三是扎根普通公众。社会创新家源自群众,天然地对弱势群体的需求和痛点格外关注。拥有同理心才能使解决方案真正做到对症下药。CF 改建计划充分采纳了公众意见,为了获得公众对项目的支持,政府和金门国家公园保护协会"联系了大批多样化公众,包括跑步者、骑自行车者、环保主义者、社区组织、董事会成员、文化和历史协会、残疾人团体和公民代表等"。通过征求多方意见,了解不同声音产生的原因,并针对意见做了大量的沟通和妥协,才使得改建计划顺利进行。

四是识别资源机会。社会创新家不能甘于做普通志愿者,要有寻找创业机会的能力,把解决社会问题当作创造人生价值的方式。正如格雷格所说:"因为 CF 公园非常庞大,改建成本如此之高,完全有助于展示我们协会的可能性。我们真的几乎完全致力于满足公众需要,并动用了志愿者、慈善组织、营销活动、政治支持等完成任务所需的一切力量。"

(四)作为基层社会治理关键力量的社会创新家

1. 社会创新家的两种角色

深入探究可见,社会创新家包括社会创业家与社会责任家两种角色。正如上文所说,社会创新家这个群体扮演着非常综合的角色,他们需要具备对社会问题敏锐的洞察力、强大的资源整合能力、出色的创新能力、优异的领导力与执行力、不凡的协调沟通能力等。因此，从分工来看，社会创新家可以分为两类：一是以解决社会问题为使命，善于发现问题，提出解决方案的社会创业家；二是提供财物等支持性资源，为社会创新提供发展资金、咨询指导和业务支持的社会责任家。

社会创业家，不仅负责发现问题与提出解决机制，更要关注真实存在的社会问题，一方面擅长整合资源和调动公民参与的积极性，另一方面专注于社会创新机会的识别、开发与实现。实现上述过程需要社会创业家拥有跨界经历、商务意识、整合资源能力和行动能力。这些能力有助于其理顺资源脉络，扩大活动范围，丰富解决方案。

社会责任家，主要承担提供资源或建议以维持项目可持续的职能。人们日渐认为企业只承担社会责任还不够，应该让富起来的人先慈善起来，逐渐转型为社会责任家。社会责任家应当拥有更强烈的社会情怀、更清晰的社会使命，如CF改建计划案例中的哈斯家族一样，跳出经营企业的束缚，成立专门的企业基金会或家族基金会来支持社会创新发展。

2.社会创新家的协作机制

我们构建了社会创新家解决社会问题的协作机制（见图1-16），有助于理解社会创新家的两种角色及其内在联系。两种角色的合作流程如下：第一，由社会创业家精准发现待解决的社会问题；第二，社会创业家设计一套可行的解决方案；第三，社会责任家提供初始资金等资源支持；第四，社会创业家整合政府、企业、社区等相关资源；第五，社会责任家提供项目可持续发展的核心建议；第六，社会创业家调动更多的志愿者和当地居民等利益相关方参与实施。

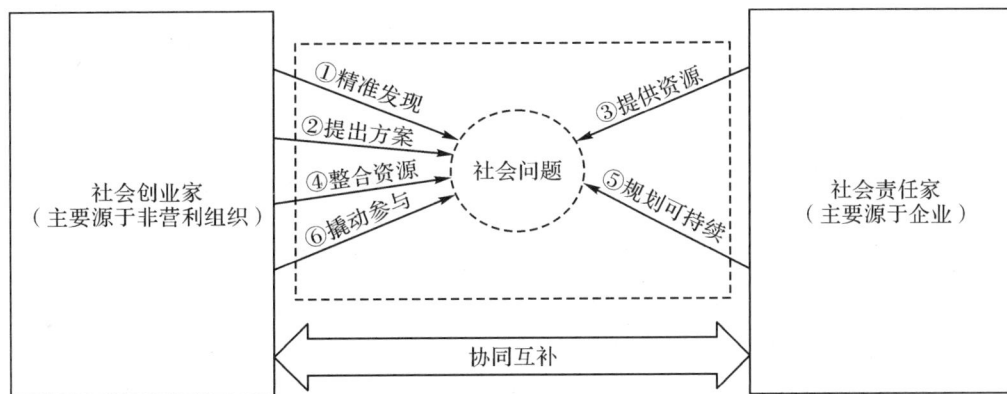

图1-16 社会创新家（社会创业家和社会责任家）解决社会问题的协作机制

总体来说，社会创业家负责发现问题和整合资源，社会责任家负责提供资源与完善方案。正如CF改建计划案例所示，在政府允许的整体框架中，金门国家公园保护协会理事长作为社会创业家，承担其"政府经纪人"的角色，在实施阶段扮演了统领计划和整体推进的角色，创建了环保教育中心，积极筹款，挖掘公众参与并扩大了社会影响。而哈斯家族等企业家扮演了社会责任家角色，出资 1600 万美元，关键时刻屡屡发力，奠定了项目可持续发展道路。

（五）面向未来基层治理的社会创新家展望

国家治理体系的建成必然需要从政府主导的行政管理迈向政社协同的社会治理，社会创新家是这一转变进程的催化剂。培育符合社会治理现代化要求的社会创新家应从以下四方面入手。

首先，借鉴新时代"枫桥经验"，打破基层社会治理"自上而下"的线性治理模式。合理界定政府、市场、社会的职能作用，加快健全社会力量广泛参与的网状治理模式，充分释放社会创新家的能量。坚持以自治为基础、法治为保障、德治为先导，努力构建基层社会善治新体系。群众的事情让群众自己决定，社会创新家们要充分强化使命担当，做好群众问题的"代言人"。

其次，创造社会创新家学习创新的舞台。社会创新家的内驱力是对建设美好社会的向往，要鼓励与赋能，使之掌握社会创新实践技能与平台资源等。闭门造车难有成果，分享交流才能少走弯路。同时要着力培育有创新力的项目，聚焦有前瞻性、可持续性、可行性的有效解决方案，释放技术创新、产品服务创新、运作模式创新、管理体制和治理机制创新等潜力。

再次，提供合理的容错空间。任何创新都需要一个成长过程，社会创新也如此。从方案提出到问题解决需要经过漫长的时间，任何一个环节的疏漏都可能影响全局。如同 CF 改建计划，格雷格和哈斯家族的持续投入均是探索式的试错过程。社会创新家需要面对的挑战复杂而艰巨，在缺少可借鉴成功模式的情况下，需要政府部门和社会大众给予他们成长的时间和空间。

最后，识别社会治理"伪创新"。当前一些地方政府已经开始注重发挥社会力量的作用，也有许多财政经费投入在社会创新领域。其中，不乏有心之人包装一些传统方法用于申请经费或者评选奖项，有关部门应该注意这种现象，减少可乘之机。

第二章 慈善捐赠

　　慈善捐赠是指向自己家庭以外的他人提供无偿捐赠。慈善捐赠是慈善发展的物质基础,同时也是现代慈善持续健康发展的重要保证。在 19 世纪,西方慈善家在筹款活动中纳入了绩效考评,标志着慈善捐赠开始进行规范化管理。很多学者将发生汶川地震的 2008 年视为中国慈善捐赠元年。2016 年 9 月正式颁布实施的《中华人民共和国慈善法》明晰了慈善捐赠的法律含义,即为自然人、法人和其他组织基于慈善目的,自愿、无偿赠与财产的活动。其强调的是自然人、法人和其他组织自愿向慈善事业捐赠财物的一种行为。

　　在整个慈善事业的范畴内,各类主体的捐赠行为是其重要组成部分,从宏观角度看,政府在面对天灾人祸和危机动乱等情形时,并不能每次都具备充足的财力和物力去应对困境,这个时候慈善捐赠便能够汇聚社会个体的力量,发挥超越国家和政府的力量,不分民族和地理界限地激励团体或个人行善,以达到缓解政府财政压力,对目标群体展开救济,实现维护社会稳定的目的。从微观角度看,慈善捐赠能够很好地弥补政府在救助效率和特殊情况救济时的短板,以个人或团体名义的捐赠小规模、及时地解决了受助者的困境。

一、个体捐赠行动

　　虽然我国的社会慈善捐赠总额近年来在不断增长,但是这部分总额占我国 GDP 的比重相较于发达国家仍处在较低水平。《2020 年度中国慈善捐赠报告》的数据显示,2020 年我国共接受境内外慈善捐赠 2253.13 亿元。其中,我国内地接受款物捐赠共计 2086.13 亿元,首次超过 2000 亿元,同比增长 38.21%,约占 GDP 的 0.22%。慈善事业达到新高度主要是因为新冠肺炎疫情激发了社会各界的捐赠意愿。综合来看,我国的慈善捐赠事业正长期处于企业组织占大头、个体行为做补充的模式,企业等组织往往在慈善事业中表现活跃,但在个体维度,个人捐赠意愿不强、人均捐赠数额较少等问题依然是我国慈善捐赠领域的短板。

解决当前我国慈善捐赠领域面临的问题，充分释放民间个体慈善捐赠的热情显得十分重要，解决这个问题一是要在宏观的制度引领和社会氛围营造方面下功夫，二是要从捐赠者的角度出发，研究影响其捐赠行为的一系列因素，从而更为精准和实际地找到解决思路。由于个体捐赠行为是一个与个人主观意识息息相关的行为选择，其作用的对象又是社会上的其他个体，因此要优化这一行为就必须聚焦联系个体特征和社会环境的有关变量，试图探究两者的因果关系。

肯定和鼓励公民个人慈善捐赠，对社会发展具有重要意义。以社会资本理论为出发点，从微观上看，个人的慈善捐赠有利于使捐赠者处于社会网络的核心，由此得到更多的信任度和社会认同，通过这些信任度和社会认同更加可以提高其在所属的社会网络中获取资源的能力。从宏观上看，个人慈善捐赠对促进社会进步、丰富社会资源创造了巨大价值。对社会资本概念开展解构和分析，以及对有关变量和评价标准进行综合筛选，分析其中的正向、负向影响因素，能够较为客观地指导当前我国激励居民慈善捐赠行为的具体工作思路。

（一）研究假设

社会资本是衡量个人在社会获取资源能力的重要指标，个人的捐赠行为对捐赠者拥有的社会资源有着较强的依赖性，且社会资本是一个涵盖维度较广泛的构念，这也为本节探究其与个人捐赠行为的关系提供了较大的假设空间。本节首先认为社会资本会正向影响个人的捐赠行为，故提出假设：

H1：个人的社会资本存量与个人捐赠行为有显著的正相关关系。

在此假设基础上，进一步探究社会资本三大维度的影响，即社会信任、合作互惠和社会网络这三者对个人捐赠行为的具体影响。作为构成社会资本的核心要素，社会信任是个人对人际关系的预期，一个人对人际关系的预期越乐观，其社会信任的水平越高，越愿意相信他人做出的承诺是会按时履行的。这种对他人承诺可兑现性的高度信任会进一步激励个人的利他主义行为。上述描述中的社会信任适用于个人与社会中的任何个体，是一种针对对象较为普遍的社会信任（简称普遍信任）。

除此之外，人们还有一种针对关系紧密个体（如家人、密友）的特殊信任，这种信任模式往往是独立于个人的普遍信任水平，即一个普遍信任水平较低的个体，仍然有可能表现出较高的特殊信任水平。例如，在中国的环境下，受传统的家庭伦理观念和熟人互助观念的影响，人们在处理社会事务时会严格遵循由亲及疏的次序，对于自身较熟悉的或是拥有血缘关系的个体，人们会大概率表现出很高的信任水平，且这种高度信任通常较为持续和稳定，不易受到其他因素的影响。所以本节针对社会信任维度提出了以下假设：

H2：个人的社会信任水平与个人捐赠行为有显著的正相关关系。

H2a：个人的普遍信任和特殊信任均与个人捐赠行为有正相关关系。

H2b：特殊信任会对个人捐赠行为发挥比普遍信任更强的正向效应。

作为社会资本的另一重要组成部分，有研究者曾提出合作互惠是一种生产性资本，其能够促成个人诉求实现与集体团结互助的有机统一，拥有更多高合作互惠水平个体的群体能够更好地集中力量办大事，解决集体关切的各种问题。高合作互惠水平的一个重要体现就是个人表现出对集体事务的高度关注。因为积极参与公共事务的讨论和建设能够让公民更关注社会变化、强化社会责任感、增强集体意识，从而增强公民做出有利于机体利益的互惠行为的可能性。同时，高合作互惠水平的个体在帮助其他个体解决困难时会表现出更高的积极性，个体间的互帮互助能够进一步稳定个人社会关系网络，在此基础上人们会更倾向于采取互惠行为以增强集体收益。因此本节针对合作互惠维度提出以下假设：

H3：个人的合作互惠水平与个人捐赠行为有显著的正相关关系。

H3a：个人参与公共事务的积极性和帮助他人的意愿均与个人捐赠行为有正相关关系。

作为嵌套有社会信任和合作互惠的社会网络，其对个人社会资本存量会产生极其重要的影响。社会网络一方面指的是个人的社会组织参与网络，每一个个体都会通过参与组织、团体构筑其独特的社会网络，不断扩大其范围和规模，社会网络的拓展不仅让各个组织的人员建立了主观情感和客观联系，还能够让个人有更多机会接触到有关公益慈善的信息，有更多被影响乃至做出捐赠捐物行为的可能性。同时，社会网络中成员的共同目标有时也会让人们将网络中的道德规范纳入个人慈善捐赠的决策权衡中去。另一方面，社会网络还指个人的社交关系网络，公民越频繁地参与社交活动拓展社会网络，就越容易受到来自社会交往关系的观察与监督，这种监督往往会表现出较强的持续性与稳定性，会在一定程度上提高机会主义行为和利己主义行为的成本，从而把个人行为引导至互利合作的轨道上来。基于此，本节在社会网络维度提出以下假设：

H4：个人的社会网络与个人捐赠行为有显著的正相关关系。

H4a：组织参与网络与社交关系网络均与个人捐赠行为有正相关关系。

基于社会资本三大维度对个人是否做出捐赠行为影响的预判，我们还有理由认为对于那些已经确定捐赠的人而言，其所具备的社会资本情况也是影响其捐赠具体数目的重要因素。具体而言，当个体具备越多的社会资本存量，那么他在自身所处的社会网络中的融合程度就越高，越倾向于遵循有关的互惠规范，而这些趋势都来源并最终作用于他对周边人的高度信任上。因此，高社会资本存量的个人，更有可能在捐赠行为发生时捐出更多数额的善款，所以本节假设：

H5：个人的社会资本存量与个人捐赠数额有显著的正相关关系。

(二)数据及变量设计

1.数据来源

在数据方面,国内许多聚焦慈善行为的研究采取的是自行设计问卷调查的方式,但是很多自行设计的问卷调查研究的数据不可避免地出现了诸如样本量不足、样本人群和地区分布不够具有代表性等问题,因此本节选取了2012年中国综合社会调查(CGSS 2012)数据库中的数据作为研究的主要数据来源。该数据库自2003年起,每年一次,对中国大陆各省区市10000多户家庭进行横截面调查,调查领域涉及社会、社区、家庭、个人等多个维度,是学界比较有影响力和可靠性的数据库。

该数据库每年的调查各有侧重,其中2012年的调查则特别聚焦了公益与慈善、主观幸福感、家庭与性别角色、社会资本等主题的数据收集工作(A卷),通过对该数据库较大量样本的实证分析,能够较好地对本研究各类假设进行检验。数据库共涉及样本11765个,根据研究需要进行整理和剔除,一共有5819个有效样本适用于本节研究,样本来自全国100个县(区),外加北京、上海、天津、广州、深圳这五个城市,在性别、年龄、职业等维度方面均有较好的代表性。

2.变量设计

本节将从两个维度衡量个人的捐赠行为,一是该公民在一年中是否进行过捐赠(对应变量 $ifdonate$),二是其捐赠的具体数额为多少,考虑到不同居民在捐赠数额上会有较大的数字差异,在计量分析时对研究会有较大干扰,因此研究中对具体捐赠额做出对数化处理(对应变量 $lndonate$)。同时,选取性别 $gender$ 、教育水平 edu 、收入水平 $income$ 和宗教信仰 $religion$ 作为控制变量。[①]

针对本研究重点关注的个人社会资本变量,即社会信任、合作互惠和社会网络三大维度,具体设置的变量如表2-1所示。

表2-1 变量和赋值

	名称	对应数据问题	选项与赋值
因变量	个人捐款行为 $ifdonate$	您去年是否以货币、实物或所有权等形式进行过社会捐赠?	是=1;否=0
	捐款数额 $lndonate$	您去年向各个领域的捐赠折算成人民币总金额大约是多少?	具体数额取对数

---

① 本节在选取收入水平变量时没有直接采用数据库中被调查者的年收入具体数额,而是采用了被调查者自身收入水平与当地平均收入水平的比对情况来作为收入水平变量的衡量,这是为了避免不同省区市之间收入水平差异造成的衡量基准不一致的问题。

续　表

	名称	对应数据问题	选项与赋值
控制变量	性别 gender	您的性别？	女性＝1；男性＝0
	教育水平 edu	您目前的最高学历？	从未受教育（＝0）到研究生及以上（＝19），每阶段增加3
	收入水平 income	您的家庭经济状况在所属地区属于哪一水平？	远高或高于平均水平＝2；平均水平＝1；低于或远低于平均水平＝0
	宗教信仰 religion	您是否有宗教信仰？	是＝1；否＝0
社会信任	普遍信任 trust	您是否同意绝大多数人都是可以信任的？	非常或比较同意＝2；一般＝1；比较或非常不同意＝0
	特殊信任 strust	您对亲戚、朋友、邻居、同事等人的信任程度如何？	非常或比较信任＝1；比较或非常不信任＝0
合作互惠	公共事务讨论 discuss	您参与教育、环境、安全等公共事务的讨论情况如何？	基本上都参与＝2；参与过几次＝1；从未参与＝0
	邻里互助行为 nhelp	您是否同意当您有需要时，邻居们都乐意帮助您？	同意或比较同意＝2；一般＝1；比较不同意或不同意＝0
社会网络	组织参与网络 snet	您是组织团体、社区组织、校友会、娱乐休闲团体的成员吗？	是成员且积极参与＝2；是成员但不太参与＝1；不是成员＝0
	社交关系网络 social	您去年在空间、时间上的社交互动频率是怎样的？	经常或频繁＝2；有时＝1；很少或从不＝0

（三）实证路径与模型

在模型设定方面，本节主要按照多元线性回归和 logit 回归的实证方式进行设定，运用 Stata15.0 统计软件进行分析。首先设立模型（1），对影响个人是否进行捐赠行为的社会资本变量进行分析，探讨社会信任、合作互惠和社会网络对公民是否决定捐赠的具体影响。由于本研究的被解释变量，即居民在过去一年是否有过捐赠行为为二值离散变量，所以实证环节会先用多元线性回归进行实证分析，后采用 logit 回归进行边际效应的分析，以进行比对。

$$ifdonate_i = \beta_0 + \beta_1 \times trust_i + \beta_2 \times strust_i + \beta_3 \times discuss_i + \beta_4 \times nhelp_i + \beta_5 \times social_i$$
$$+ \beta_6 \times snet_i + r_i + \mu_0 \tag{1}$$

其中：模型（1）中的 $ifdonate_i$ 代表第 i 个样本的估计值；$i = 1,2,\cdots,5819$（样本总数）；r_i 为捐赠行为在个体间的差异；μ_0 为残差项；β 则为各个变量的斜率。

模型（2）则加入了人口特征与社会经济变量等控制变量，通过实证的方式衡量社会资本变量在更加真实的情况下对个人捐赠行为产生的具体影响，分析社会资本对其他影响因素的调节作用。

$$ifdonate_i = \beta_0 + \beta_1 \times trust_i + \beta_2 \times strust_i + \beta_3 \times discuss_i + \beta_4 \times nhelp_i + \beta_5 \times social_i$$
$$+ \beta_6 \times snet_i + \beta_7 \times gender_i + \beta_8 \times edu_i + \beta_9 \times income_i + \beta_{10} \times religion_i$$
$$+ r_i + \mu_0 \tag{2}$$

为了进一步分析社会资本对捐赠行为的作用方式，模型（3）将数据中1851个有过捐赠行为的个体做出对数化捐赠数额处理，将其作为被解释变量，分析社会资本及其他控制变量对已做出捐赠决策的个人的捐赠数额的具体影响。

$$lndonate_i = \gamma_0 + \gamma_1 \times trust_i + \gamma_2 \times strust_i + \gamma_3 \times discuss_i + \gamma_4 \times nhelp_i + \gamma_5 \times social_i$$
$$+ \gamma_6 \times snet_i + \gamma_7 \times gender_i + \gamma_8 \times edu_i + \gamma_9 \times income_i + \gamma_{10} \times religion_i$$
$$+ r_i + \mu_0 \tag{3}$$

此外，本节在进行回归分析前，将会对数据本身涉及量表的信度、效度进行检验，确保数据自身的可靠性。同时也会通过各个变量之间相关性分析的方法，对前文假设进行初步的检验和判断。

（四）实证分析与结果

本节以 CGSS 2012 中 5819 个有效样本作为实证数据来源，经过对特定变量的赋值处理，在通过了 white 异方差检验后，表 2-2 给出了针对全部调查对象以及明确有捐赠行为对象的估计结果。其中，第二列指的是不考虑控制变量，聚焦社会资本存量对捐赠行为发生率的多元回归结果，第三列指的是包含诸多人口特征统计与社会经济等控制变量后的全样本回归结果，第四列则是考虑全部变量对个人捐赠数额影响的回归结果，其中为了减少异方差的影响，对因变量即捐赠具体数额做了对数化处理。

表 2-2 回归分析结果

变量	模型（1）	模型（2）	模型（3）	logit
	$ifdonate$	$ifdonate$	$lndonate$	$ifdonate$
$gender$		0.050***	−0.193***	0.246***
$religion$		0.061***	0.521***	0.349***
edu		0.020***	0.048***	0.112***
$income$		0.015	0.260***	0.073
$trust$	−0.019***	−0.012*	0.058	−0.066*
$strust$	0.027	0.002	0.345	0.005
$discuss$	0.086***	0.067***	0.064	0.355***
$nhelp$	−0.015	0.001	−0.101	0.015

续　表

变量	模型(1)	模型(2)	模型(3)	logit
	ifdonate	*ifdonate*	*lndonate*	*ifdonate*
social	0.036***	0.018**	0.175***	0.091**
snet	0.143***	0.109***	0.252***	0.458***
Constant	0.185***	−0.005	3.599***	−2.592***
Observations	5819	5819	1850	5819
R²	0.196	0.232	0.228	

注：*** 表示 $p<0.001$，** 表示 $p<0.01$，* 表示 $p<0.05$，下同。

　　模型(1)的估计显示,社会资本的三大维度,即社会信任、合作互惠与社会网络均对个人决定是否进行捐赠行为有显著影响,可以由此判断假设 H1 的合理性。但是也存在很多与其他假设不同的情况,例如在回归结果中社会信任维度的普遍信任呈现出了与因变量的负相关性,且假设 H2b 中预测的个人特殊信任所表现的更强正面效应在本模型的回归结果中并没有体现,这一现象在模型(2)中考虑了控制变量后仍然存在,说明社会信任维度有可能不是一个会显著激励个人捐赠行为的因素,当然也不排除变量本身对社会信任解释力不强的可能性。

　　此外,模型(1)中涉及合作互惠与社会网络的估计均体现出了较强的正向效应,这也说明了这两者对捐赠行为的激励作用与假设 H3、H4 所预测的基本符合,但唯一不同的是,模型中显示合作互惠维度的邻里互助行为并不会显著对捐赠行为产生正面作用,这也是与假设 H3a 部分内容冲突的地方。

　　通过回顾有关个人捐赠影响因素的研究,人口特征变量和社会经济变量一直是影响人们是否决定捐赠的重要因素,这一点在模型(1)估计结果中截距项出现显著性可以侧面证明,说明遗漏的控制变量是我们进行全样本回归必须综合考虑的因素。而模型(2)的估计结果中也显示诸如性别、宗教、教育水平都对捐赠行为有显著的影响,但是作为重要影响因素的收入水平却在本模型中表现为不显著。为了解释这一现象,本节还估计了四个控制变量本身对个人捐赠行为的影响,结果发现此时收入水平呈现出了较高的正向效应,而在综合了社会资本变量后,这一效应逐渐消失,说明经济因素对个人捐赠行为的影响有限,一个人的社会资本存量能够明显调节这一影响。模型(2)在社会资本维度的估计上基本与模型(1)一致,但是具体影响效应的程度略有缩减,这显示了不考虑诸多人口特征和社会经济变量谈论社会资本变量对捐赠行为的影响,容易出现夸大的误区。

　　由于模型(1)、模型(2)的因变量为取值"1"或"0"的离散变量,因此研究中还采用了二值选择模型对相应变量进行 logit 回归比对。logit 回归结果显示,各变量发生的影响作用方向和显著性均与回归模型一致；随后通过"margins"命令判断平均边际效应，显示 logit 模型中各变量对捐赠行为影响程度与前一模型也比较符合；最后使用"estat clas"命令，显示本模型预测准确率为 72.18%，说明模型能够较好地解释研究主题。

当研究聚焦那些已经做出捐赠行为的个体时，模型(3)的估计显示社会资本中合作互惠维度的公共事务讨论参与度、社会网络维度的社交频率和关系网络均会显著影响公民的捐赠额度大小。这说明那些密切关心公共事业发展、积极参与公共研讨、拥有较为活跃的社交倾向和较广社会关系的个人会在慈善项目中捐出更大数额的款项，甚至这些社会资本存量会让公民在很大程度上不关注自身的收入水平，而是凭借一颗公益心尽可能多地捐赠。

本模型中其他控制变量产生的影响效应也与学界之前的研究结论基本一致，即女性、有宗教信仰、受教育程度高的个体倾向于捐出更多的款项。但是模型同样显示了社会信任维度对于具体捐赠数额并不存在与预期相符合的效应，这让我们更加确定社会信任对个人捐赠的预期很多时候是被夸大的，这也是模型(3)与假设 H2 所冲突的一个结论。

(五)研究结论与展望

1.研究结论

上文的假设与实证检验均显示，社会资本存量对公民个人慈善捐赠行为有着显著影响，总的来看，一个人的社会资本存量越高，他就越倾向于做出捐赠行为，同时他的捐赠数额会随着社会资本存量呈正向变化。但是在具体分析构成社会资本三大维度的单独影响效应时，又有一些与预期不太一致的地方。具体如表 2-3 所示。

表 2-3　研究假设检验结果

假设	假设内容	检验结果
H1	个人的社会资本存量与个人捐赠行为有显著的正相关关系	支持
H2	个人的社会信任水平与个人捐赠行为有显著的正相关关系	拒绝
H2a	个人的普遍信任和特殊信任均与个人捐赠行为有正相关关系	拒绝
H2b	特殊信任会对个人捐赠行为发挥比普遍信任更强的正向效应	拒绝
H3	个人的合作互惠水平与个人捐赠行为有显著的正相关关系	支持
H3a	个人参与公共事务的积极性和帮助他人的意愿均与个人捐赠行为有正相关关系	拒绝
H4	个人的社会网络与个人捐赠行为有显著的正相关关系	支持
H4a	组织参与网络与社交关系网络均与个人捐赠行为有正相关关系	支持
H5	个人的社会资本存量与个人捐赠数额有显著的正相关关系	支持

　　首先,社会信任作为社会资本的核心变量,无论是面对一般个体的普遍信任,还是面对紧密关系个体的特殊信任,都无法对个人的捐赠行为做出正向的促进作用。除去样本中选取的变量解释力不足的可能性外,还有可能是因为我国公民的社会信任均处于较高水平,特别是对于亲朋好友的特殊信任,已经成为各层级主体的广泛共识,这种现象一方面来自传统文化中忠孝特质的影响,另一方面也与国内较为稳定的社会环境和较好的社会治安有很大关系。

　　当大多数公民具备较高水平的社会信任时,这一层级的社会资本就成了国内个人的标准配置,因此在国内,社会信任维度并不存在很大的区分度,也就很难衡量其对于个人捐赠意愿的影响。此外,即使我国公民的社会信任处于较高水平,但是捐赠意愿总体还是在低位徘徊,这也从侧面反映了社会信任作为社会资本的一大衡量维度,对于捐赠行为的激励作用有限。

　　合作互惠作为社会资本的组成部分,在本研究中显示出了较为显著的相关性,基本符合假设中对于其会正向促进个人捐赠行为的预测,分析显示,合作互惠中公民越热衷于参加公共事务讨论,其越有做出捐赠行为的趋势。这说明了公民参与公共研讨能够较好地以行动促进集体利益的实现,从而增强团体中的互惠互助规范,也更容易让公民珍视团体利益,把眼光放在更加长远的利益实现,这也能在无形中增加团体中个体间欺诈的成本,加强自私行为的集体约束性,从而让更多的个体倾向于做一个愿意以帮助他人换取未来互助允诺的人。捐赠行为作为一种较为典型的合作互惠范畴内行为,其回报不会是即时即刻的,而是较为长期和隐性的,此时个人如果倾向于认为帮助受助者能够换取未来某一时刻对自己有帮助,那么他就更加容易做出捐赠的行为。

　　而合作互惠维度研究显示的邻里互助行为对捐赠行为并无显著影响的结果,则有可能是样本变量本身的衡量方式存在不足所致。因为在 CGSS 数据调查中大部分人对邻里互助行为的固有印象都是偶尔搭把手、帮一些小忙,而这一种认知极有可能嵌套于高水平的社会信任中,即我国公民倾向于信任和自己居住差不多位置的邻居,也相信自己愿意给邻居提供一些小的帮助,因此倾向于认为邻居也会大概率帮助自己,但是事实并不一定是这样的。所以这一变量值也处于较高的水平,但对捐赠行为并未带来显著的正向影响。

　　研究中唯一与假设完全符合的变量为公民的社会网络维度,无论是个人的社交频率还是参与团体组织网络的规模,都显示出了与捐赠行为的高度正相关性。公民参加各类社会组织与团体,通过与组织目标相符合的协作配合,有利于其在不同群体中和成员之间形成日益稳固的社会网络,无论是高度的信任关系,还是对于合作互惠的执行,均可以嵌套在这一层关系网络中,由此产生对捐赠行为十分显著的正面影响。

　　此外,越倾向于参加频繁社交活动的个人越容易在社会关系网络中成为突出的一个节点，越容易通过社会网络内的多主体互动形成对集体和成员的认同感、归属感，在这个情境下，个人对于其他个人的困境会更加感同身受，也就越倾向于做出慈善捐赠行为。因此，社会网络可作为社会资本影响个人捐赠行为最为核心的考察维度，这也会给新时期如何激发我国社会慈善热情提供重要参考。

研究同时发现，对于那些已经具备捐赠意愿的个体，个人的社会资本存量同样会作为影响其捐赠数额的显著影响因素。因此，在研究聚焦于如何进一步扩大我国公民社会捐赠的议题上，可以重点关注个人社会资本存量的积累和促进。此外，研究也发现，当综合考量社会资本变量与人口统计特征等控制变量时，一些固有认识中会显著影响捐赠意愿和数额的变量变得不再显著，这说明我们对收入水平在捐赠行为影响上有一个过分夸大的误区，事实上收入变量发挥的作用在很多时候会被社会资本变量削弱甚至替代，这也为在固定收入水平下通过社会资本积累进一步激发民间慈善热情提供了重要的参考依据。

2. 启示与展望

社会信任、合作互惠和社会网络是一个有机的整体，决策部门要根据我国公民的社会资本实际情况做出相应的转化调整，真正实现以社会资本积累促进慈善捐赠事业发展，完成慈善事业发展新动能的转换。

第一，应当重点关注如何拓宽公民社会组织网络的规模。社会组织是接收慈善捐赠的重要载体，也是整合社会力量开展公益慈善行为的重要主体，这方面可以从培育和支持更多适应公民多元化经济文化需求的社会组织入手，通过增加社会组织团体本身的可选择性，吸引更多公民找到适合自身兴趣发展需求的群体，在群体中逐步拓展社会网络。

第二，应当重视现有社会团体、组织的引导和支持工作，要强化社会组织承接政府服务性职能的能力，进一步拓展社会组织在公益慈善事业中的权限，从组织使命层面强化成员的归属感和认同感，最终作用于公民的社会关系网络拓宽上，实现社会资本对慈善捐赠行为的推动作用。

第三，应充分保障公民在参与公共事务讨论中的权利，通过拓宽民主协商渠道和加强公共事务宣传力度，让更多不同背景的公民有机会为公共福利发声，以参与行动培育公民的社会责任感，强化合作互惠领域的社会资本积累。决策者同样也不应当忽视当前我国社会信任和邻里互助预期的高水平优势，要善于通过一系列强化基层治理水平的举措，进一步保障好基层特别是社区居民参与本区域事务讨论的权利和平台，发挥互助信任的优势，将优势转化为对公共事业、社会利益的责任意识和行动力，从而引导公民做出更多互惠利他的行为。

二、器官捐献意向

新冠肺炎疫情是 2020 年每个人都密切关注的事件。一些重症患者，在病重而濒临死亡时，器官移植可能是一个延续生命的机会。2020 年 2 月 29 日，我国肺移植专家陈静瑜教授团队，在无锡成功完成全球首例新冠肺炎转阴患者双肺移植手术。据新华网报道，该肺移植病人 37 小时后成功脱离人工肺，生命体征平稳。尽管恢复之路依旧漫长，但器官移植的确给了这名患者重生的可能。2015 年年底，理事会同意中国正式加入器官移植国际组织。2018 年，我国共计完成器官移植手术 20201 例。从总数上看，我国已成为"器官移植大国"，仅次于美国，位居全球第二。

根据中国人体器官捐献管理中心网站所显示的数据，截至 2020 年 4 月 10 日，我国器官捐献登记人次为 1966881，登记率约为 1.4‰。器官捐献登记人次从 2010 年到 2019 年增加了百余倍，然而，尽管进行了登记，最终选择器官捐献的公众比例仅约十分之一。据相关新闻报道，我国目前器官供需比高达约 1∶30，每年约有 30 万人等待器官移植，其中肾脏供需比例缺口最大。总的来说，近年来我国器官捐献意愿有明显增加，但依旧处于较低水平，器官供需严重不对等。没有捐献，就没有移植，器官供应严重不足的现状亟须解决。

国内对于器官捐献意愿相关的调查研究集中于近 10 年，前期的研究主要是纯理论研究和简单的意愿调查，由此提出提高器官捐献意愿的举措，实证研究较少。近几年，学者对于器官捐献的研究已发展到探究其影响因素和器官捐献意愿的互相作用机理的层面，通过实证已得出不少结论。本节通过数据分析，针对新的群体——杭州高校在校生的调查数据进行各因素相关性分析，若与先前的研究结论一致则得以论证，并试图寻找其他相关因素，尝试对影响因素和捐献意愿之间的相互作用机理给出更加合理的解释。

（一）数据及变量设计

1.数据来源

2020 年 4 月，课题组采用便利抽样方法对高校学生进行网络问卷调查，分为一般资料调查问卷、器官捐献量表和器官捐献相关政策意向量表。

一般资料调查问卷为自行设计。通过查阅相关文献，选择有意义的人口学特性及可能影响大学生器官捐献意愿的因素，包括性别、户口、出国经历、（三年内）是否有过献血经历、是否有本人或父母病重经历、是否有直系亲属死亡经历、死亡恐惧、（一年内）社会公益参与次数、父母职业、家庭情况、是否得知有亲属朋友（或本人）进行过器官捐献或接受器官移植、自认为对器官捐献的了解程度、社会关注程度、医疗信任程度、性格、乐于助人品质。

器官捐献量表包括两个子量表，为器官捐献态度量表和器官捐献意愿量表。器官捐献态度量表原有22个条目，从中选出了12个条目，适当调整后为本次调查使用。

器官捐献相关政策意向量表为自行设计。通过查阅相关文献，参考许多社会调查与新闻民意，选择已有的可能有争议的政策及总结出的尚未实施的可能有助于提高器官捐献意愿的政策描述共7个条目。

2.变量设计

考虑到影响因素对于器官捐献意愿可能存在不同的相关性，因此对不同变量做出不同的处理(见表2-4)。

表2-4　变量处理

变量	赋值方法
器官捐赠意愿	器官捐赠意愿问题中选择"不愿意""没想过""想过但尚未决定""会考虑且与家人讨论过""愿意但没有签署器官捐赠同意卡""愿意且已签署器官捐赠同意卡"分别赋值为1～6
性别	1＝男，0＝女
户口	1＝农业，0＝非农业
出国经历	出国经历问题中选择"超过4次或有超过半年在国外的经历""3～4次""1～2次""0次"分别赋值为4～1
出国经历多	出国经历问题中选择"超过4次或有超过半年在国外的经历"赋值为1，其余为0
有出国经历	出国经历问题中选择"0次"赋值为0，其余为1
献血经历	献血经历(三年内)问题中选择"有过两次及以上""有过一次""有意愿但由于身体因素无法献血""无"分别赋值为2、1、0.5、0
献血经历多	献血经历(三年内)问题中选择"有过两次及以上"赋值为1，其余为0
有献血经历	献血经历(三年内)问题中选择"有过两次及以上""有过一次"赋值为1，其余为0
病重经历	1＝有父母(或本人)病重经历，0＝无父母(或本人)病重经历
直系亲属死亡经历	1＝有直系亲属死亡经历，0＝无直系亲属死亡经历
死亡恐惧	死亡恐惧问题中选择"非常恐惧""有些恐惧""无"分别赋值为2～0
死亡恐惧强烈	死亡恐惧问题中选择"非常恐惧"赋值为1，其余为0
有死亡恐惧	死亡恐惧问题中选择"无"赋值为0，其余为1
公益参与	公益参与(一年内)问题中选择"0""1～2""3～5""5～10""超过10"分别赋值为0～4
公益参与次数多	公益参与(一年内)问题中选择"超过10"赋值为1，其余为0

变量	赋值方法
有公益参与	公益参与(一年内)问题中选择"0"赋值为0,其余为1
父母职业(医生)	父母(曾)职业问题中选择"医生"赋值为1,否则为0
父母职业(医护、医药)	父母(曾)职业问题中选择"除医生外的医护、医药相关职业"赋值为1,否则为0
父母职业(教育)	父母(曾)职业问题中选择"教育行业从业者"赋值为1,否则为0
父母职业(军警)	父母(曾)职业问题中选择"军警相关从业者"赋值为1,否则为0
父母职业(社工)	父母(曾)职业问题中选择"社会工作、社区服务相关从业者"赋值为1,否则为0
与父母同住且和睦	家庭情况问题中选择"与父母同住,家庭氛围和睦"赋值为1,其余为0
与父母同住	家庭情况问题中选择"与父母同住,家庭氛围和睦""与父母同住,家庭氛围一般""与父母同住,家庭氛围差"赋值为1,其余为0
器官捐赠得知	1=得知有亲属朋友(或本人)进行过器官捐赠或接受器官移植,0=无
器官捐赠了解程度	按自评得分输入,最低为1,最高为5,分值越高越了解
社会关注程度	按自评得分输入,最低为1,最高为5,分值越高越关注
医疗信任程度	按自评得分输入,最低为1,最高为5,分值越高越信任
性格	按自评得分输入,最低为1,最高为5,分值越高越外向
乐于助人品质	按自评得分输入,最低为1,最高为5,分值越高越乐于助人

(二)实证分析与结果

从OLS(ordinary least square,普通最小二乘法)回归结果看(见表2-5),较多的出国经历、献血经历、直系亲属死亡经历、死亡恐惧、公益参与、家庭情况、是否得知有亲友进行器官捐赠(或进行器官移植)、对器官捐赠了解程度、医疗信任程度、乐于助人品质、父母职业与器官捐赠意愿存在显著相关性。

有较多的出国经历的高校学生捐赠意愿更强,这可能是因为丰富的出国经历会影响高校学生对于事物的认知,使得高校学生思想开放,更愿意进行器官捐赠;当然也可能是会有较多出国机会的高校学生本就有不同的特质。

献血经历与器官捐赠意愿存在显著正相关性,献血经历可能使人发现自身的价值,从助人举动中获得成就感、意义感,并对器官从身体分离的不适感进行缓冲,有献血经历者的器官捐赠意愿可能因此更强。

有直系亲属死亡经历的被调查者器官捐赠意愿显著更强,这可能是因为至亲的死亡能使人认真考虑活着的意义,或许看淡死亡,或许对追求生命延续有新的思索;

病重经历则不显著，或许是因为病重经历的程度不够对人的想法造成比较大的影响。死亡恐惧则与器官捐赠意愿存在显著负相关性，即对死亡恐惧程度越大，器官捐赠意愿越小，这可能是由于死亡恐惧使人排斥身体被切割的想象，从而对器官捐赠产生惧怕心理。

公益参与与器官捐赠呈显著正相关，可能是公益参与有类似献血经历的效果，使得公益参与人助人意愿更高；当然也很可能是因为公益参与者本身就具有更强烈的助人意愿。得知身边有亲友进行器官捐赠或接受器官移植手术的被调查者器官捐赠意愿更高，或许他们从更具体的案例中能够感知器官捐赠对于个体的意义，从而感知其社会意义。

对器官捐赠认知水平更高的被调查者捐赠意愿也越高，或许对于器官捐献的了解过程能够使人消除对于器官捐献的部分恐惧与排斥，消除对器官捐献流程的疑惑，从而使器官捐献意愿增强。

社会关注程度对器官捐献意愿无显著影响，这可能是由于社会关注程度对器官捐献存在双向影响：一方面，社会关注促使人们关注器官捐献相关事件，关注移植器官短缺，从而关注到器官捐献的社会意义；另一方面，社会关注也使人关注到比如器官偷窃等负面事件，从而使得人们对器官捐献也产生排斥心理。也有可能是器官捐献相关信息存在感弱，本身没有能够引起足够的社会关注，因而社会关注程度对器官捐献意愿没有显著影响。

对医疗系统更加信任的人器官捐赠意愿显著更高，可能是因为对医疗系统的不信任会导致对所捐献的器官是否物尽其用产生怀疑，这会令人打消器官捐赠的念头。

父母如有从事教育、军警、社工社区服务相关行业，则个人的器官捐赠意愿显著更强。究其原因，一方面是长期从事这些行业可能会潜移默化地影响人的特质，让从业者热衷于奉献。另一方面，选择这些职业的人本身可能就具有强烈的风险特质，而这些特质通过家庭教育潜移默化地影响了下一代，从而使得他们更愿意选择器官捐赠。但如果父母是医生或医护、医药相关行业从业者，其子女器官捐赠的意愿并没有显著变化。首先我们不能确定从事这些职业的父母是否涉及器官移植，其次我们不能确定父母的这些职业是否能够使子女对医疗或者医生职业产生积极认知，也可能存在由于作为医生的父母的忙碌等原因从而使其子女对医生职业产生反感，或者是许多身为医生或医护、医药相关行业从业者的父母不希望子女成为医护人员。另外，医疗行业中的负面事件也可能更为医疗行业从业者的子女所悉知。这些原因可能抵消了父母是医生或医护、医药相关行业从业者对器官捐赠意愿的积极影响。

表 2-5 OLS 回归结果

变量	(1) 器官捐赠意愿	(2) 器官捐赠意愿	(3) 器官捐赠意愿	(4) 器官捐赠意愿
出国经历	−0.0312 (0.0221)	−0.0181 (0.0214)		
出国经历多			0.0973* (0.0656)	
有出国经历				−0.00385 (0.0464)
献血经历	0.134*** (0.0264)	0.122*** (0.0436)		
献血经历多			0.390*** (0.0467)	
有献血经历				0.200*** (0.0454)
病重经历	0.0331 (0.0489)	0.0372 (0.0490)	0.0629 (0.0506)	0.0393 (0.0504)
直系亲属 死亡经历	0.133*** (0.0458)	0.132*** (0.0461)	0.153*** (0.0473)	0.156*** (0.0476)
死亡恐惧	−0.179*** (0.0306)	−0.178*** (0.0307)		
死亡恐惧强烈			−0.228*** (0.0541)	
有死亡恐惧				−0.317*** (0.0476)
公益参与	0.135*** (0.0243)	0.158*** (0.0240)		
公益参与次数多			0.195*** (0.0519)	
有公益参与				0.645*** (0.0738)
与父母同住 且和睦			0.275*** (0.0440)	
与父母同住	0.0632 (0.0457)	0.0537 (0.0456)		0.0999** (0.0471)
器官捐赠得知	0.274*** (0.0460)	0.282*** (0.0455)	0.451*** (0.0450)	0.425*** (0.0456)
器官捐赠 了解程度	0.0779*** (0.0268)	0.0874*** (0.0269)		

续　表

变量	（1）器官捐赠意愿	（2）器官捐赠意愿	（3）器官捐赠意愿	（4）器官捐赠意愿
社会关注程度	0.0229 (0.0300)	0.0283 (0.0302)		
医疗信任程度	0.232*** (0.0285)	0.242*** (0.0287)		
性格	0.000896 (0.0255)	0.00491 (0.0256)		
乐于助人品质	0.107*** (0.0299)	0.108*** (0.0301)		
父母职业（医生）	0.0755 (0.0536)			
父母职业（医护、医药）	0.00618 (0.0465)			
父母职业（教育）	0.0898** (0.0435)			
父母职业（军警）	0.147*** (0.0507)			
父母职业（社工）	0.124*** (0.0449)			
性别	−0.070 (0.0433)			
户口	−0.0206 (0.0410)			
Constant	1.241*** (0.115)	1.110*** (0.108)	2.811*** (0.0417)	2.530*** (0.0751)
Observations	4446	4446	4446	4446
R^2	0.158	0.142	0.077	0.069

（三）政策建议

第一，加大器官捐献相关的宣传教育力度。应加强普及器官捐献相关知识与相关政策，可以通过开办讲座与海报宣传等方式，也可以考虑将器官捐献相关知识加入到九年义务教育中，以提高人们对于器官捐献的认知水平，使人们对器官捐献的态度处于较积极的水平，从而影响潜在的捐赠者。具体可以从以下方面加强宣传教育力度：一是应多加宣传进行器官捐献意愿登记的渠道，尽可能减少逝者生前未能表态的情况；二是媒体应加强对器官捐献相关事件的宣传，避免虚假失实新闻出现，公众若能从不同的媒体渠道关注到更多积极的器官捐献相关事件,其潜在捐赠意愿可能被激发。

第二,完善器官捐献流程,建立公开、透明的监督机制。只有建立完善的器官捐献监督机制,使器官捐献流程更加公平、公正、透明化,高校学生甚至普通百姓对于器官捐献、对于相关机构与医院才能有足够的信任。每一次器官捐献都应该有底可查,这样每一位器官捐献者才能得到足够的尊重。只有给予足够的监督权,人们对于器官捐献的态度和意愿才可能慢慢往积极的方向转变,否则就会挫伤公众的积极性。

第三,建立专业的器官捐献劝捐与协调人员系统。"西班牙模式"是西班牙器官捐献发展的关键,尽管基于我国国情并不能照搬该模式,但也给予了一定的启发。根据问卷数据,许多高校学生都认为亲属会不同意自己做出器官捐献的决定,在实际生活中,也有大量的由于家人的不理解而最终放弃器官捐献的案例。如果能学习西班牙,建立更加专业的劝捐与协调团队,并对其进行专业的培训,在具体案例中,能够尽可能获得捐赠者家人的理解与支持,这样就能减少可用器官的损失。

第四,注重器官捐献过程中的人文关怀。根据问卷数据,许多高校学生比较在意尸体是否被尊重,也在意捐赠者的自主选择权,认为器官不应该被当作商品处理。在器官捐献的整个流程中,工作人员应当尊重所有捐赠者及其家属,做好器官捐献者及其家属的工作,确保有足够的沟通和安抚工作,不以迫切强势的态度面对他们;尊重生命、尊重遗体、善待器官和使用后的遗体,确保器官捐献工作整个过程的合法、人道,给予器官捐献者足够的体面与尊严以及人文关怀。

三、慈善众筹因素

公益,牵扯着广大公众的福祉和利益;众筹,延伸出众人携手的内涵与方向。所谓"大道之行也,天下为公",由古到今一脉相承的"人人参与"意识,到今天公益与众筹擦出了火花。众筹通常是指金钱捐助,且金额不限,其媒介往往基于网络平台,个体出资的可能性很小,但其精妙在一个"众"字,充分体现了人多力量大的实用价值。用到公益慈善上,"筹款可称之为慈善的仆人",换句话说,筹资不仅仅是技术上的应用,更是在慈善组织骨子里的东西。

在《慈善法》颁布后的当下,慈善众筹这一概念已在各界引起广泛关注。《慈善法》中提到,"不具有公开募捐资格的组织或者个人开展公开募捐的"和"通过虚构事实等方式欺骗、诱导募捐对象实施捐赠的"不是合法的公开募捐。可见,《慈善法》并没有禁止个人求助和家属扶助,但对公开募捐进行了限制,即必须具备公益性是其根本。2013年的罗尔事件可谓《慈善法》颁布以来,辨清个人求助和公开募捐(也就是公益筹款)的第一枪。类似罗尔事件的来自私人的不透明公开募款时有发生,规范性的用于公益目的的众筹将变得相当有吸引力。而在慈善行业,传统媒体的光辉已经暗淡,互联网大潮裹挟下新形势的慈善众筹正蓬勃发展。

如何利用民间公益慈善资源,发挥"互联网+"社会救助的优势,逐步提升慈善众筹善款参与社会救助的能力已成为一大热点话题。公益慈善作为中国特色社会主义事业和社会保障体系的重要组成部分,也是民间力量参与占比更大的社会救助,在"互联网+"的新时代发挥着重要作用,其一大体现是慈善众筹的发光发热。在国外,慈善组织日益增多,众筹市场趋于饱和,慈善筹款市场的竞争越来越激烈。此外,近年来慈善组织不得不更多地依赖个人捐助者,更少地依靠政府资助,社会组织的营销人员正不断寻找新的方式来获得捐助者的参与和支持,而互联网众筹正是其中的一大便利工具。与此同时,作为社会组织决策者,明确慈善众筹的影响机制也变得相当重要。而由于众筹市场的纷乱和数据的不成体系,关于慈善众筹绩效的研究并不多见。

(一)研究假设

什么因素影响慈善众筹项目支持者的出资意愿?因为慈善众筹公开透明的机制,信息透明度便成了重要的考量因素;因其项目繁多,市场竞争力也成了慈善众筹的独特影响因素;因其必须提供"回报",无论是成果展现还是给出资人的物质回报,为了获得充足的启动资金,慈善众筹都需要众筹的技术手段支持。因此,影响慈善众筹的筹款因素应当是综合众筹行为和公益捐赠特质。

信任是个人从他人处感受到的善意、对他人的信心,以及为建立关系愿意承担风险的总称。承诺是一个用以维持有价值关系的持久预期,它也是一个情感上的链接,使人们相信维持关系比终止关系更有利。感知到的效益和感知成本直接影响承诺,换句话说,感知到的信息越充足,项目提供的信息透明度越高,越容易有一个情感链接。而拥有长期的承诺也使信任关系更为牢固。因此,如果支持者担心慈善组织或者项目发起人存在挪用善款的行为,或者资助的一个慈善众筹项目不符合他们的出资预期,则出资的可能性就会降低。据此,本节提出以下假设:

H1:项目信息透明度与支持者出资意愿正相关。

H2:支持者的信任与出资意愿正相关。

人们希望通过公益慈善行为获得"成就",比如对教育、国防环境、社会治安等公共物品做出贡献。这种成就的获得并非私人利益的满足,而是利他结果的追求,可以归纳为利他动机的体现。在这种利他动机的驱使下,支持者为了获得"成就",投身于慈善活动中,慈善众筹亦是其中之一。又依据"慈善影响力理论",即捐赠者在捐赠时,希望能觉察到自己为受捐人带来了独特的正面影响。所以,支持者为了寻求慈善影响力,会在力所能及的范围内加大出资的可能性,从而提高出资意愿,故假设如下:

H3:支持者的利他动机与出资意愿正相关。

H4:支持者寻求慈善影响力的动机与出资意愿正相关。

一方面,如果支持者受到某些因素的影响,例如未及时收到公益项目发起人的项目进展汇报,或者对项目发起人顺利使用资金的能力持怀疑态度,那么他们对项目发起方的信任程度可能会降低,而他们感知到的信息透明度指标也随之降低。另一方面,受捐助者的处境越困窘,越能激起支持者的同情心和捐助热情,并增强了支持者因不捐助产生的负罪感。据此,提出假设:

H5:项目信息透明度与支持者信任正相关。

H6:支持者寻求慈善影响力的动机与利他动机正相关。

(二)数据及变量设计

1.数据来源

本节通过结构方程方法,使用路径分析来检验模型,其数据来自问卷调查。理论上,要研究的对象应当以各慈善众筹平台上有过资金支持的所有个人为宜,但是各大平台出于隐私的考虑并未提供相关信息,因此,采用非概率抽样程序(即方便抽样)来收集数据。

本研究以问卷的形式,在各公益论坛、公益人士参与的群组及校园公益活动中收集数据,调研的对象设定为各年龄段参与过线上慈善众筹的个人。为了避免样本的同质性和个体重复填写行为,限制了填写者的 IP 地址和性别、年龄分布,并且剔除答案重复率高的和答题时间过短的样本。本次调查共发放问卷 500 份,删除存在缺失值的样本后,收回有效样本 495 份。

2.变量设计

问卷内容包括 5 个潜变量因子,19 项可测指标,其中问卷题项均基于以往的文献和量表改进,使之更贴近慈善众筹的语境,并经过验证性因子分析后删去了差距过大的题项,包括 1 个信息透明度项目、2 个信任项目、2 个利他动机项目(见表 2-6)。另外,问卷还包含 5 个人口变量,分别是性别、年龄、受教育程度、工作情况和收入。

表 2-6　问卷变量的来源和问题概览

潜变量	项目	问题
出资意愿	Fi1	至今,您一共捐出过多少钱
	Fi2	您是否参与过捐赠或慈善众筹(次数)
信息透明度	Trans1	公益项目财务公开是必要的
	Trans2	我会关注所捐赠项目的进展
	Trans3	我关心受捐赠人的情况
	Trans4	公益项目只是在画大饼(反向计分)

续　表

潜变量	项目	问题
信任	Tru1	大多数公益项目都起到了作用
	Tru2	与捐钱相比,捐物更保险(反向计分)
	Tru3	有人会利用公益项目/募款活动牟利(反向计分)
	Tru4	公益项目发起人会信守承诺
利他动机	Ben1	通过善举,我希望社会变得更好
	Ben2	我乐于转发网上的求助信息
	Ben3	社会上的每个人都有平等的机会生存和发展
	Ben4	即使没有报酬,服务他人也让我感觉良好
	Ben5	政府的公共政策不能减少慈善乱象(反向计分)
慈善影响力	Im1	参与慈善,我能提升自己的形象
	Im2	当我能改善他人生活时,我感到自身价值的实现
	Im3	善举让我感到开心和愉悦
	Im4	参与慈善,帮助我加强了与他人的联系

(三)实证分析与结果

根据已有的理论模型构建结构方程模型,并估计路径系数,采用 t 检验来验证显著性,结果如图 2-1 所示。支持了假设 H2、H3 和 H6,即信任和利他动机对出资意愿有显著的正向影响。而假设 H1、H4 和 H5 不被显著支持,但信息透明度和信任、信息透明度和出资意愿,以及寻求慈善影响力的动机和出资意愿都存在着正向的关联,因此模型路径的方向均与预期相符。

基于实证结果,我们发现,信任作为社会互动中的关键变量,确实存在对个人出资意愿的积极正向影响(假设 H2)。这表明,当支持者认为公益项目倡导者及项目本身值得信赖时,他们倾向于投入更多的金额。但是信息透明度对信任的影响在统计学上不显著,且信息透明度对出资意愿的影响也不显著,可能存在中介效应的影响。

假设 H4 中寻求慈善影响力的动机与出资意愿的正相关关系被显著肯定,结果表明,基于"慈善影响力理论",个人为追求影响力会在较低水平上加大出资意愿,寻求慈善影响力和出资意愿之间可能存在的中介效应。因为结果显示,利他动机对出资意愿有显著的积极影响,寻求慈善影响力对利他动机有显著的正向影响,同时寻求慈善影响力对出资意愿的直接影响变得不显著,因此寻求慈善影响力对出资意愿的直接影响起到了中介变量(利他动机)的作用。

值得注意的是,结果表明,寻求慈善影响力与利他动机呈显著正相关。可能的原因

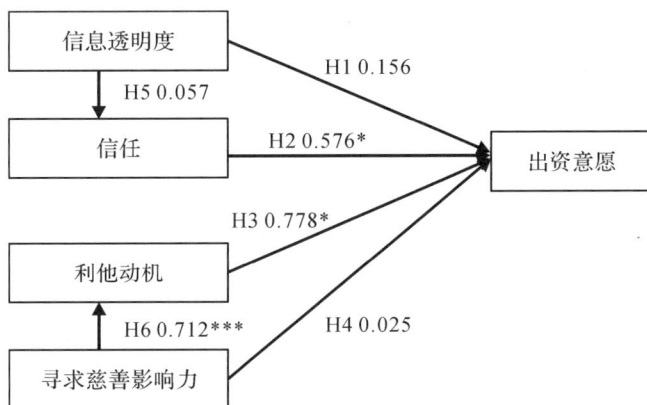

图 2-1　t 检验路径分析结果①

是,能体现高慈善影响力的慈善众筹项目,往往情况紧急,所需金额较大,若能助其突破难关,出资者就能收获较强的满足感。而这种危急的情境正好刺激了出资者利他动机的出现,即"公共物品模型"和"慈善影响力理论"是互相促进的。

(四)研究结论与展望

本节的研究用实证方法大体验证了理论模型,其结果发现,信任和利他动机是正向影响项目支持者出资意愿的最重要因素,寻求慈善影响力的强烈意愿会促进利他动机的出现。依据这一结果可以对公益理论与实践提供一定的指导。

在理论上,慈善众筹是个崭新的研究方向,相关研究寥寥,为数不多的研究仅仅针对某个平台进行初步分析,本研究则在平台数据的基础上有所拓展,扩大了样本范围,并从慈善众筹支持者的角度进行讨论。

在实践上,应公开透明地披露项目进展,通过宣传、举办活动等方式增强支持者信任程度等,对慈善众筹项目的成功至关重要。为了增强支持者的信任,慈善众筹平台可以建立系统信用评估机制。项目是否按计划完成或者有延误,所有情况应当正确地反馈至平台网页,并进行评估打分,以信用分的形式体现项目受信任程度。此时,平台上获得的信用分将成为公益项目支持者参考的重要指标。此外,同一个慈善众筹发起人的历史项目信息也应当公开,为支持者提供参考,良好的筹款记录会鼓励支持者进行捐助。

---

① 图中加粗实线代表显著相关,显著性水平为 * $p < 0.05$, *** $p < 0.001$。

第三章　公益组织管理

一、公益组织公信力

改革开放以来,我国的公益组织如雨后春笋般不断涌现。作为独立于政府和市场的第三方力量,这些组织致力于解决各类社会问题,对促进我国慈善事业的发展具有不可替代的重要作用。然而,与西方公益慈善的百年发展历程相比,我国公益组织的发展还处于初级阶段,面临着能力不足、人才匮乏、监管滞后等多重挑战。这些普遍存在的问题降低了公益组织的公信力,也影响了我国慈善事业的健康、有序发展。如何重塑公益组织的公信力,提升公众对公益组织的信任水平,已然成为当下中国社会亟须解决的一个重要问题。

为促进公益组织公信力水平的提升,本节试图开发和介绍一套专门针对公益组织的公信力评价指标体系。在此过程中,考虑到不同利益相关者对公益组织的认知不同,本节以利益相关者理论为基础,对不同利益群体的期望和需求进行了区分,开发了一个四维(使命、向上、内部、向下)的公益组织公信力评价体系。在评价体系开发后,本研究进一步将其应用到公益组织的实际评估中,深入考察和分析了当前公益组织公信力建设状况,并针对存在的各种问题提出了有针对性的对策建议,以期为公益组织公信力建设做出贡献。

(一)理论模型

根据美国学者弗里曼的定义,利益相关者是"能影响组织目标实现或受组织目标影响的群体及个人"[①]。对公益组织而言,其目标是使公益慈善和社会价值最大化。以该使命为中心,公益组织需要满足多个利益相关者的竞争性需求,以维持自身的公信力。公益组织可根据利益相关者的不同特点,将其公信力概括为向上(upward)、向下

---

① Freeman R E. Strategic Management:A Stakeholder Approach[M]. Boston:Pitman,1984:10-11.

(downward)和内部(inward)三类(见图 3-1)。其中,向上公信力面向的是为公益组织提供支持的各类赞助者,如政府、基金会和其他公益组织;向下公信力面向的则是公益组织向其提供产品和服务的个人或组织,除弱势群体等直接受益人外,也包含社区乃至整个社会等间接受益人。与前两类不同,内部公信力面向的是组织内部的员工、管理者和理事会,这些主体更加关注组织的内部管理及整体目标的实现。

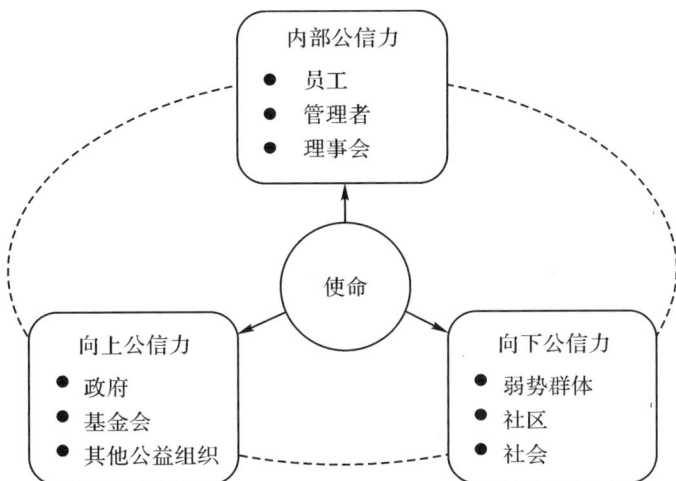

图 3-1 公益组织公信力及其利益相关者

(二)公益组织公信力评价体系构建

1.公益组织三级公信力量表

公信力调查量表的一级指标主要来源于利益相关者理论,以使命为中心(使命公信力),同时包含了赞助者(向上公信力)、组织人员(内部公信力)和受益者(向下公信力)三类不同的利益群体。二级指标较多地参考和借鉴了《中国非营利组织(NPO)公信力标准》《中国公益性非营利组织自律准则》及相关学者的理论文献,并在征求专家意见的基础上进行了归纳和整理。三级指标则主要源于国内外公益组织公信力评估时所使用的具体量表。经过指标遴选后,公益组织公信力评价体系的调查量表共包含 4 个一级指标、10 个二级指标以及 85 个三级指标(见表 3-1)。

2.指标权重确定

完整的公信力评价体系不仅包含各个评价指标,还需要为每个指标赋予权重。权重反映了该指标在整个评价体系中所占的比重,权重越高代表该指标越重要。本节采用层次分析法来确定公信力各指标的权重。

表 3-1　公益组织三级公信力调查量表

一级指标	二级指标及其说明		三级指标
使命 公信力	公益性	公益组织以服务公共利益作为其使命和目标	6 项
	合法性	组织的运行符合法律法规、社会规则及道德准则	8 项
内部 公信力	治理与管理	公益组织具有健全的内部治理结构和管理制度	8 项
	财务管理	公益组织依法进行会计核算，合理使用资产	8 项
	人力资源管理	公益组织的工作人员具有必要的专业技能	10 项
向上 公信力	筹资行为	公益组织依法进行筹资活动，具有较强的筹资能力	13 项
	项目运行	公益组织规范地开展项目和活动	9 项
	信息公开	公益组织及时、主动地向社会公布信息	6 项
向下 公信力	受益群体参与	受益群体可以参与公益组织的项目、活动、决策	7 项
	社会影响	公益组织促进了社会服务的提供及公平、正义	10 项

　　为实现评价结果最优化的目标，我们邀请了 22 位专家学者对调查量表中的二级指标进行两两排序，1 代表"两指标同等重要"，3 代表"前一指标比后一指标稍重要"，2 介于两者之间。鉴于公益性和合法性两个二级指标间存在较高的重叠，本研究在听取专家意见的基础上将其合为"使命"一个指标，故而二级指标由 10 个缩减为 9 个。表 3-2 为公信力评价体系二级指标两两比较的判断矩阵及层次单排序，其中，权重通过和法①进行计算。为保证矩阵在逻辑上的合理性，本研究还对其进行了一致性检验。经计算，一致性比率 CR＝CI/RI＝0.001＜0.1，说明经过层次分析法得到的指标权重是可以接受的。

表 3-2　公益组织公信力二级指标层次单排序

二级指标	使命	治理	财务	人资	项目	筹资	公开	参与	影响	权重
使命	1	2	3	3	2	3	2	3	2	**0.2256**
治理	1/2	1	2	2	1	2	1	2	1	**0.1276**
财务	1/3	1/2	1	1	1/2	1	1/2	1	1/2	**0.0660**
人资	1/3	1/2	1	1	1/2	1	1/2	1	1/2	**0.0660**
筹资	1/3	1/2	2	2	1	2	1/2	2	1/2	**0.0660**
项目	1/2	1	2	2	1	2	1	2	1	**0.1276**
公开	1/2	1	2	2	1	2	1	2	1	**0.1276**
参与	1/3	1/2	1	1	1/2	1/2	1/2	1	1/2	**0.0660**
影响	1/2	1	2	2	1	2	1	2	1	**0.1276**

---

　　①　计算权向量的方法，对于一致性判断矩阵，每列归一化后就是相应的权重。

(三)实际应用及结果分析

在指标体系开发后,我们通过问卷调查的方式对目前公益组织公信力的现状进行了调查。本次调查历时两个月,范围覆盖了浙江省的宁波、杭州、温州等地,调查对象主要为公益组织的内部人员,包括管理者及员工。从问卷发放数量及回收率上看,本次调查共发放问卷 252 份,回收 224 份,总回收率为 88.89%,去掉无效问卷 6 份后,总有效问卷数量为 218 份。

从样本分布上看,218 份有效问卷中,公益组织 152 家,行业协会 66 家。虽然行业协会属于互益性社团,并不属于公益组织,但它们与公益组织的比较有助于我们更好地分析公益组织公信力的状况。在公益组织内部,本研究进一步区分了服务型公益组织(111 家)和支持型公益组织(41 家),具体构成比例如图 3-2 所示。其中,服务型公益组织主要向弱势群体和社会提供服务,支持型公益组织则主要为公益组织提供服务和支持,包括基金会、孵化器、专业服务及枢纽型公益组织。

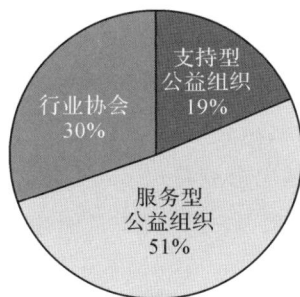

图 3-2　调查对象分布

1.公益组织发展特征

从发起背景看,152 家公益组织中个人联合发起的组织最多,占 46%;其次为官方发起的组织,占 30%;企业(家)与高校发起的组织相对较少,仅占 21%(见图 3-3)。由这些数据我们可以看出,民间公益组织越来越占据主导地位,这反映了中国慈善事业

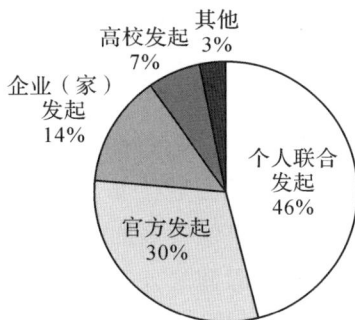

图 3-3　慈善组织发起背景

回归民间的整体发展趋势，但同时，政府主导的公益组织仍然占有较大比重。

从发展阶段看，公益组织公信力的高低与其发展阶段存在着不可分割的必然联系。一般而言，刚刚创立的组织规模较小、资源有限，公信力水平往往较低；随着组织规模的扩大，其组织结构不断完善，各项制度越来越健全，公信力水平自然而然也随之提高。因此，在分析公益组织公信力时应充分考虑不同组织间发展阶段的差异。如图 3-4 所示，大部分公益组织处于初创期（37%）和成长期（36%），也有 22% 的公益组织运行稳定，进入了成熟期，萌芽期和转型期的公益组织数量最少，只有 5%。

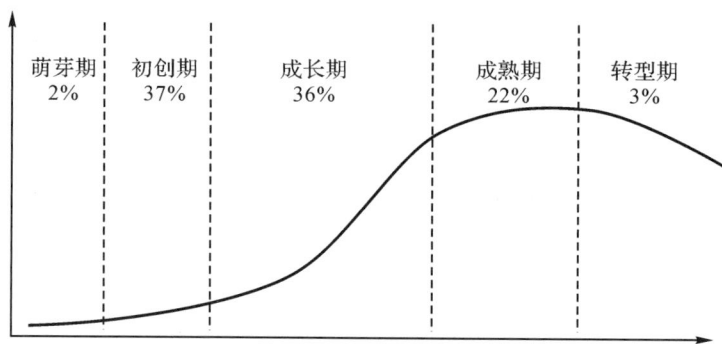

图 3-4　公益组织发展阶段分布

从资金来源看，资金是公益组织有效运行的关键，资金不足会严重影响公益组织的服务提供及活动开展。本研究运用李克特（Likert）五点量表对公益组织资金来源的依赖程度进行了测量，1 代表"不依赖"，5 代表"非常依赖"，结果如图 3-5 所示。

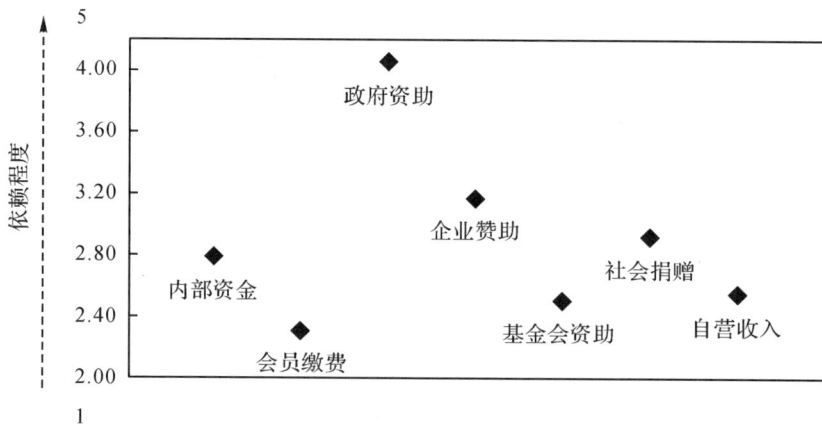

图 3-5　公益组织资金来源

公益组织对政府资助或政府项目购买较为依赖，其平均分为 4.05，远高于其他资金来源。这一方面显示了政府对公益组织发展的支持，另一反面也说明当前公益组织的自我生存及可持续发展能力较弱。除此之外，公益组织的资金来源也呈现出一种逐步多元化的趋势，企业赞助、社会捐赠，甚至自营收入都占有一定的比重，但与政府资助相比所占比例较为有限。

2.利益相关者差别

公益组织处在一个动态的发展环境当中,不同利益相关者有不同的期望和需求。一般而言,公益组织会优先满足捐赠者和政府的需求,因为他们提供了组织发展所必需的各种资源;组织内部员工与理事会的需求次之,最后是受益群体的需求。图3-6也反映出这种趋势,面向资源提供者的向上公信力得分最高(28.19分),其次是内部公信力得分(23.07分),面向服务接受者的向下公信力得分最低(16.36分)。据此可发现以下特征:

一是使命公信力亟待加强。有清晰的公益使命,公益组织才会有明确的发展方向,才能保证发展的连贯性,而不必随着外部环境的变化不断调整其发展战略。然而,现实中很多公益组织忽略了使命的中心地位。它们更加关注公益组织短期目标的实现,重视项目的产出和成果,却忽略了长期影响和最终使命。事实上,使命是公益组织公信力评估的基本准则,公益组织公信力评价只有基于使命才能更好地平衡多利益相关者的竞争性需求。

二是向上公信力面临转型。从组织生存的角度看,资源提供者是非常重要的,他们是公益组织的主要利益相关者。但主要利益相关者目标的实现,并不能保证公益组织实现社会价值最大化的目标,也无法保证其他利益相关者目标的实现和满足。所以,如果公益组织只满足主要利益相关者(如政府)的期望,只重视向上公信力的提升,会导致整个公信力评价体系的失衡,不利于公益组织的长期生存和可持续发展。

三是内部公信力重视不足。公益组织不仅要获取外部利益相关者的信任,也要获取内部利益相关者的信任。员工与理事会认可与否直接影响公益组织内部公信力的高低。现实中,很多公益组织忽略自身能力建设,导致组织内部缺乏凝聚力和向心力。如果公益组织的内部公信力过低,将影响其外部服务的有效提供。因此,公益组织应重视内部能力建设,决策过程做到科学、民主,尤其要发挥使命对内部人员的感召力和凝聚力作用。

四是向下公信力最为薄弱。向下公信力面向的主要是公益组织的服务接受者,包括直接受益群体和间接受益群体。作为服务的接受方,他们的利益和需求直接关乎公益组织的使命实现。如一家公益组织旨在解决残疾人的就业和社会融入问题,那么只有当残疾人的需求得到满足时,我们才能说该公益组织实现了其最终目标。因此,关注向下公信力有助于公益组织将更多的目光投向受益群体,从而将整个组织的关注点从财务可持续性转移到社会价值最大化。

3.公信力的九个维度

除对公益组织公信力的总量表和一级指标进行分析外,本研究还对各个二级指标的平均分进行了横向对比。总体而言,9个指标的平均分为4.34分,其中,人力资源管理、筹资行为和受益群体参与三个指标明显低于平均分(见图3-7),成为制约公益组织公信力提升的三大瓶颈。

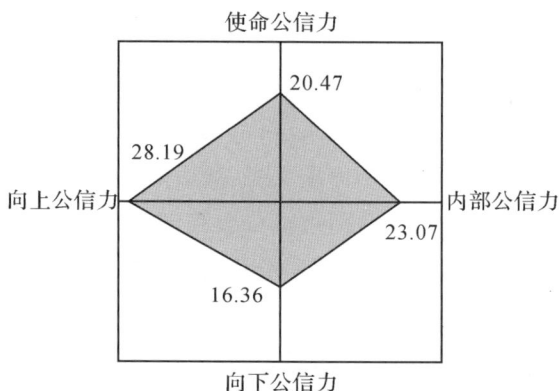

图 3-6 公益组织四维度公信力

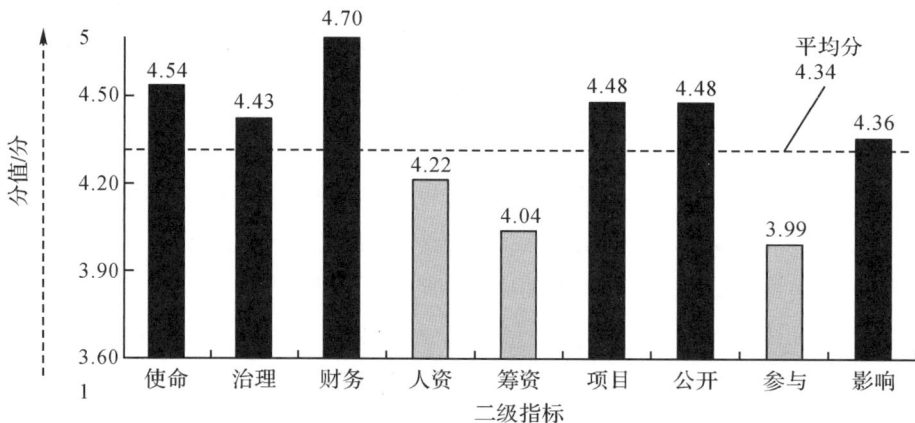

图 3-7 公益组织公信力二级指标平均分对比

第一,受益群体参与相当有限,成为影响公信力三大短板之首。受益群体参与是所有指标中得分最低的指标,只有 3.99 分。很少有公益组织会将其服务对象纳入组织的管理和决策过程当中,但其实,受益群体的参与对组织的发展至关重要。在参与过程中,受益群体会更加了解组织的相关信息,这些信息是他们对公益组织产生信任的基础。而且公益组织也可以通过受益群体的反馈和建议,改进组织管理中存在的各种问题,并提升其决策的正确性。

第二,人力资源管理制度尚未健全,制约公信力有效提升。人力资源对公益组织的发展至关重要,然而它却是治理与管理、财务管理、人力资源管理三个内部公信力指标中唯一低于平均分的指标,得分仅为 4.22 分,说明建立规范的人事管理制度是公益组织提升公信力的当务之急。与营利组织相比,公益组织的薪酬和福利水平较低,因此,如何吸引和保留高素质的人才是公益组织面临的重要难题。除此之外,公益组织还有较多的兼职人员和志愿者,由于他们工作的业余性和临时性,增加了公益组织人力资源管理的难度。为此,公益组织应加强对组织相关人员的培训,使他们认同组织的使命和价值观,对组织保持较高的承诺。

第三,筹资活动能力低下,严重阻碍公信力建设。公益组织的发展离不开资金支持。但如图 3-7 所示,公益组织筹资行为得分仅为 4.04 分,远低于财务管理的平均分 4.70 分。这说明公益组织在资金管理方面的能力较强,而在资金筹集方面的能力却有待提升。首先,在筹资活动前,公益组织应制订合理的筹资计划,对不同的筹资方式进行评估;在筹资活动中,公益组织要确保其行为与组织的使命和目标相一致,并尊重捐赠者的合法权益,定期向捐赠者提供报告。最重要的是,公益组织要不断拓展其资金来源渠道,这样才能满足可持续发展的需求。

4. 公信力强弱分析

为使公益组织公信力的提升更有针对性,我们对具体的三级指标也进行了分析。图 3-8 列出了三级指标内部的最高值与最低值。总体而言,筹资行为这一指标内部高低差距最大,达到 1.78 分;而治理与管理这一指标内部的高低差距最小,仅为 0.19 分。公益组织应不断缩小三级指标间的差距,这样才能达到整体最优的目标。

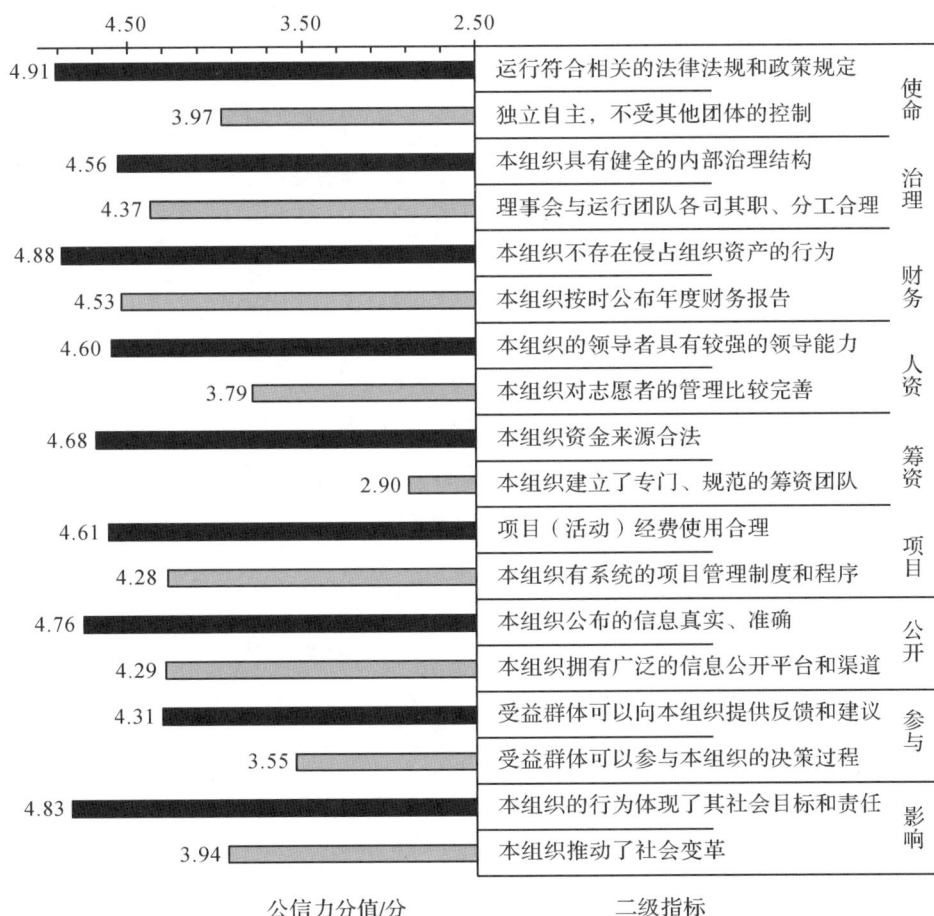

公信力分值/分	二级指标

图 3-8 公益组织公信力三级指标最高值与最低值

图 3-8 中,最高分为"运行符合相关的法律法规和政策规定"(4.91 分),说明大多数公益组织具有较强的合法性。相对而言,公益组织的独立性则较弱(3.97 分),反映出其自主管理、组织决策的能力相对不足,这也是影响其公信力的重要因素。

5.公信力比较分析

从组织类型来看,不同组织间的公信力水平存在着一定的差异。整体来看,支持型公益组织的公信力水平最高,平均分为 4.44 分;服务型公益组织次之,平均分为 4.35 分;最后是行业协会,平均分为 4.33 分(见图 3-9)。这体现出支持型公益组织在公信力建设方面的引领作用,也反映了公益组织比行业协会等互益性组织具有较高的公信力。

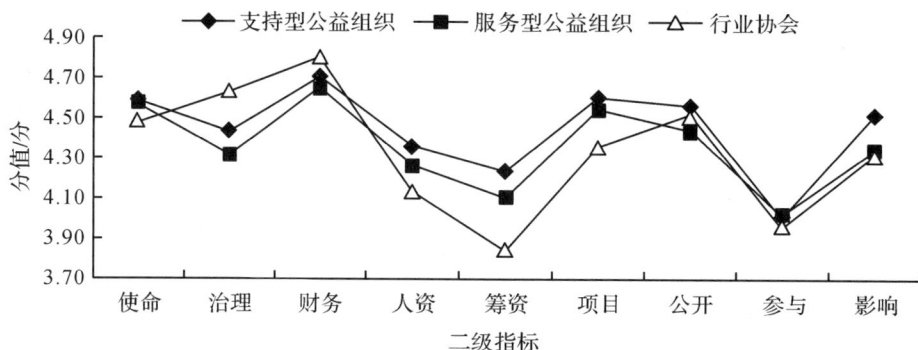

图 3-9 公益组织与行业协会公信力对比

公益组织的发起背景对其公信力也有一定的影响。如图 3-10 所示,本研究分析了官方背景与非官方背景的公益组织在公信力上的区别。整体而言,官方背景的公益组织在公信力得分上稍低于非官方组织,前者的平均分为 4.30 分,后者的平均分为 4.40 分。从具体指标上看,政府主导的公益组织在财务管理方面稍强,但治理与管理、人力资源管理、筹资行为与项目运行几个指标的得分则低于非官方组织。其他指标的得分上两者不相上下。

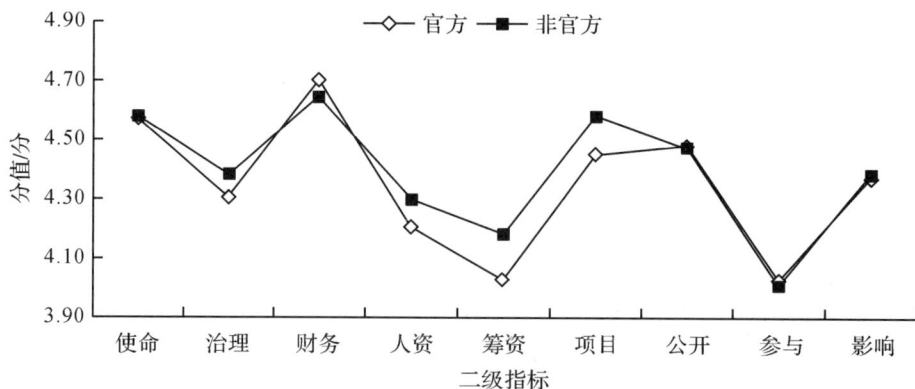

图 3-10 公益组织不同发起背景公信力对比

(四)公益组织公信力评价简易量表

为便于公益组织使用,本节推出了更具实用性的简易量表,并通过信度及效度分析对该量表的科学性进行了验证。总体而言,本量表简便易行,既有助公益组织对其公信力进行自评,也可用于利益相关者对公益组织公信力的评价,是本研究的重要成果。

公益组织公信力评价的简易量表共包含 4 个一级指标、9 个二级指标和 54 个三级指标(见表 3-3)。

表 3-3　公益组织公信力评价简易量表

一级指标	二级指标	三级指标
使命	使命	体现了社会普遍认可的价值观和道德准则
		行为符合社会规则和一般期望
		以服务公共利益作为使命和目标
		以使命和目标为基础开展工作
		用使命和目标来评估组织的表现
		注重目标实现对社会产生的影响
内部公信力	内部治理	内部治理结构健全(如理事会、监事会或管理委员会等)
		决策过程科学、民主
		理事会、监事会或管理委员会按规定履行义务,忠实行使其职权
		理事会、监事会或管理委员会与运行团队各司其职、分工合理
		内部管理制度和管理办法较为完备
		管理和运行具有计划性(如制订年度计划和发展规划)
	财务管理	具有健全的财务管理制度(包括会计核算、控制和审计等)
		依法进行会计核算,如实记录组织的各项活动
		根据使命和业务活动的范围使用财产
		票据使用合理规范
		财务人员配备合理
		不存在侵占、私分或者挪用组织资产的行为
	人力资源管理	工作人员具有必要的专业技能
		工作人员认同组织的使命,对组织具有较高承诺
		拥有与业务开展相适应的工作人员
		通过培训不断提高工作人员的素质和能力
		拥有与业务开展相适应的志愿者队伍
		对志愿者的招募、管理和培训都比较完善

续　表

一级指标	二级指标	三级指标
向上公信力	筹资行为	筹资渠道较为多元
		筹资活动中,尊重捐赠者(甲方)的合法权益
		将筹资成本控制在较低的范围内
		资金使用符合捐赠者意愿,不会擅自更改款物用途
		会定期向捐赠者提供捐款使用情况的报告
		筹集的资金能满足其可持续发展的需求
	项目运行	有系统的项目管理制度(包括项目设计、实施、评估等)
		项目(活动)以社会需求为基础
		项目(活动)过程中能较好地整合资源,具有较高效率
		项目(活动)具有一定的可持续性
		项目(活动)具有一定的创新性
		项目(活动)提供的服务质量水平较高
	信息公开	及时、主动地向社会公布信息
		拥有广泛的信息公开平台和渠道(如网页、微信、微博等)
		公布的信息全面而完整(包括机构、财务、项目信息等)
		公布的信息真实、准确
		具有较高的透明度
		通过合适的方式回应公众的质询
向下公信力	受益群体参与	受益群体可以参与项目的设计、实施、监督和评估过程
		受益群体可以获得组织的相关决策信息
		受益群体可以影响组织的决策
		受益群体可以通过有效的方式向组织提供反馈
		受益群体积极参与组织的活动
		受益群体会为组织提供各种支持
	社会影响	很好地提升了弱势群体的能力(如技能、培训等)
		促进了弱势群体的改变(如收入、机会、信心等)
		促进了社会服务的提供
		促进了社会公平、正义
		推动了社会变革(如政策建议等)
		推动了社会创新

（五）公益组织公信力提升对策建议

公信力是公益组织的生命线，也是衡量一个国家慈善事业发展程度的重要指标。然而，目前公益组织的公信力水平却处于整体偏弱状态。官办色彩浓厚、筹资能力较弱、人力资源管理水平较低等问题直接影响了公众对公益组织的信任。为提升公益组织的公信力，本节从政府、组织和社会三个层面提出了有针对性的对策建议。

1.政府层面

作为公益组织的重要利益相关者，政府在公益组织公信力建设中的作用举足轻重。但长期以来我国政府在公益组织发展过程中存在职能的缺位与越位，表现为过度干预、准入过严、监管不力和缺乏扶持等。为重塑公益组织的公信力，政府要做好角色定位，承担好"让渡空间、构建枢纽、出台法律、促进公开、加强监管、提升能力"六项职能，不断引导公益组织向专业化、规范化、多元化的方向发展。

2.组织层面

公益组织解决公信力危机的关键在于内部的制度、能力及组织建设。结合本研究在调查中的发现，使命偏移、能力不足和形式导向是当前公益组织公信力建设中存在的主要问题。公益组织应结合其所开展的项目及活动，将内部的能力建设与组织的发展有机结合，在实践中不断提升自身的公信力。

3.社会层面

公益组织公信力的提升不仅依靠自律，还需要来自社会的他律。社会是公益组织提供服务的对象，也是其目标和使命的最终落脚点。公益组织要获得公信力，社会的认可和支持是至关重要且必不可少的。与此同时，社会公众对公益组织活动的广泛参与和有效监督也是公益组织提升公信力的重要保障。

二、公益组织文化认同

慈善文化的发展由来已久，现代慈善文化中蕴含的人格平等、充满责任、大众参与等特点是在中西方慈善文化基础上的凝练，也是本土慈善文化的特色所在。从孔子的"仁爱"到孟子的"仁者爱人"，再从韩愈的"博爱"到张载的"民胞物与"，仁爱思想在我国历史的长河中代代相传，并且占据着重要地位。我国拥有极为丰富的传统慈善文化资源，无论是理论上的慈善思想，抑或是实践上的慈善活动，都促使了我国现代慈善事业的良好健康发展。

中国公益人对慈善文化的认同具有特殊性。中西方慈善文化在思想渊源和制度实践上存在着很大的差异。西方民间慈善组织积极活跃，政府主要是利用制度支持和法律规制等手段对民间慈善组织施加影响。西方人在慈善活动中展现出来的是其通过"他律"进化而来的本能。而我国儒家传统强调的慈善是"自律"的一种要求,常被用来衡量一个人的道德和良知水平。

目前,针对中国的慈善文化研究都停留在理论分析阶段,尚未将其融入对公益组织及对社会影响的实证分析中。对这一问题进行定量研究可以在很大程度上为慈善文化的必要性提供佐证。此外,中国公益组织正处于初期探索到蓬勃发展的过渡阶段,项目多停留于捐款捐物层面,还没有形成特色的发展模式,自身可持续发展能力及项目的社会效果都还有很大的提升空间,绩效水平及社会影响力的提高都是公益组织亟待解决的问题。据此,本节提出研究问题:慈善文化认同是否影响了公益组织绩效? 如果是,那么内部的影响机制是什么? 本节通过探索慈善文化对一个公益组织及其员工的影响,以期让公益组织承载慈善文化发挥出巨大力量。

(一)研究假设

1.慈善文化认同与公益组织绩效

本研究认为,组织绩效是组织在各方面的综合表现,以及达成预定目标并有效解决突发性问题的能力,是衡量一个组织运作是否良好的标准。由于公益组织的发展尚未达到企业管理的精细化程度,本节将选用社会投资回报理论中,组织绩效、经济绩效与社会绩效的三维模型对公益组织的发展情况做出评价。

关于慈善文化与组织绩效的关系尚待探索。在管理学领域中,组织文化认同与组织绩效的关系在很多研究中得到了证实。其中,组织文化、组织特性、员工培训等因素会影响组织绩效,组织文化将影响组织成员能力发挥、行为举止及产出成果。企业文化与组织绩效显著相关,而且对于优秀的企业来说,其成功的关键不在于制度,而在于文化,也就是说企业文化才是企业成长的关键。据此,提出假设如下:

H1:员工慈善文化认同感对公益组织绩效产生显著正向影响。

H1a:员工慈善文化认同感对公益组织经济绩效产生显著正向影响。

H1b:员工慈善文化认同感对公益组织社会绩效产生显著正向影响。

2.个人绩效

个人绩效通常在员工个人特征与组织绩效间产生传导作用。组织绩效的实现应在个人绩效的基础上,但反过来,个人绩效的实现并不一定保证组织绩效。如果组织绩效被层层分解到每一个员工,只要每一个员工都达到了要求,组织绩效就可以实现。据此提出假设:

H2:个人绩效作为中介变量,传导了员工慈善文化认同感对公益组织绩效产生的正向影响。

3.发起背景

组织发起背景通常分为政府(事业单位)、企业(或企业家)、民间(个人或多方联合)发起三类。发起背景是分析公益组织绩效的关键变量,这与中国特殊环境有关。与西方的民间力量发起公益组织不同,由于对慈善文化理解的偏差,中国曾经的"大政府"在民生领域是习惯于一手包办的,将社会福利相关事务都作为自己的职责,这是基于国情和政治需要的选择。尽管环境已经有所改善,但在当前发展尚不充分的情况下,拥有政府背景与否还是很大程度决定了公益组织的公信力高低、政府资源倾向的多少、行业内话语权的大小;等等。

依据多元主体共同治理理论,社会治理的主体是多元,而非一元,各主体相对独立且彼此之间相互联系,在一定范围内共同承担公共事务治理的职责。实质上是构建政府、市场、社会共同参与的"多元共治"模式,因此,发起背景本应包括多个维度。企业发起的公益组织通常是企业家自身或者财团的资本溢出,所以成立公益组织以履行社会责任,这些公益组织的资金稳定度高,通常不需要再借助外部资金力量,自创的项目领域针对性强,自由度高,创新能力突出。由于这类公益组织通常是一家企业或个人捐资而建,因此,他们的捐助领域往往体现捐助方的意志,稳定而有特殊性。

汶川地震以来,民间也产生了发展公益组织的需求。公民个人参与社会治理的热情和合法性也逐步高涨,民间组织的创新和活跃也给公益生态带来了鲜活的力量。个人发起的公益组织往往有着更"接地气"的敏锐度,他们发现和解决的是真困难、真问题、真需求,也是真实的慈善文化认同在驱动组织发展。在与诸多更有竞争力的公益组织切磋过程中,他们深入挖掘当下社会的真正"痛点",更容易调动起基层社会的积极性,更切合实际地弥补社会治理的短板。

基于三类组织的区别,本研究提出假设如下:

H3a:政府背景发起的公益组织中,员工慈善文化认同感对公益组织绩效产生的正向影响更高。

H3b:企业背景发起的公益组织中,员工慈善文化认同感对公益组织绩效产生的正向影响更高。

H3c:民间发起的公益组织中,员工慈善文化认同感对公益组织绩效产生的正向影响更高。

(二)数据及变量设计

1.数据来源

本研究采用问卷调研形式收集数据,共分为以下三个阶段:

第一阶段,通过访谈法在问卷发放前对问卷进行了效度检验,最终确定了问卷内容以及计量分析中的变量选取。访谈对象包括 7 名专家学者、19 名来自 14 家不同公益组织的从业人员,以及 2 名民政相关部门的政府职员和部分志愿者等。

第二阶段,调研课题组针对慈善文化认同感对组织绩效影响这一主题在 2018 年 9 月的深圳慈展会上进行了试调查,回收问卷 35 份,并同时在被试者完成问卷后对其进行了访谈。针对被试者的反馈,笔者又对问卷内容进行了改进,最终形成了一份科学有效的问卷。

第三阶段,正式问卷调查。问卷样本来源于中国基金会研究基础数据库(RICF) 2015 年的基础数据表,共有数据 4896 个,其中 3984 个数据包含邮箱信息,笔者对 3984 家机构的公开联系邮箱发送了问卷链接,共收到问卷结果 134 个,回收率为 3.36%①,其中有效样本为 127 个,有效率为 3.19%。

2. 变量设计

本研究所采用的测量工具是通过文献探讨整理而得,是目前符合中国慈善事业发展背景下的调查量表。为确保实证问卷设计的有效性,问卷设计采用了国内相关研究中比较常用的测量量表和项目,根据国内各类型组织的语境进行修正,本研究对慈善文化认同感、组织绩效的测量采用了李克特(Likert)五点量表的语意差别量表法。各变量的定义详述如下。

(1)因变量:组织绩效

本研究将组织绩效划分为三个维度:综合绩效、经济绩效、社会绩效,三者平均即为组织绩效。其中,综合绩效是指组织的规模、框架、人力资源水平等基本特征情况;经济绩效主要是指组织通过一定的商业运营方法,产生的自我造血能力;社会绩效可以是资金、服务、理论等各种形式,主要是指承担公益组织的"公益性"使命的能力。

在测量组织绩效方面,本研究主要基于社会投资回报法(social return on investment,SROI)编制而成。本量表共有 9 个题目,主要是用来对组织绩效程度进行测量。利用李克特(Likert)五点量表进行计分,所有题目均为正向题,1~5 分分别表示"不同意"到"非常同意",如果最后得分较高,则表明组织绩效程度也较好。每个维度及与其相关的问题详见表 3-4。

---

① 注:由于是在 2018 年 10 月对 2015 年年报数据中的机构邮箱发送邮件,约有一半的邮箱出现了投递失败的问题。失败原因有网易邮箱超过 180 天不使用自动注销、机构邮箱变动、机构注销,等等,因此初始投递成功率仅约 50%。

表 3-4　组织绩效调查问卷内容设计

测量维度	具体问题
综合绩效	过去一年,本组织的组织架构合理性优于同类其他组织
	过去一年,本组织的组织规模大于同类其他组织
	过去一年,本组织的能力建设水平优于同类其他组织
	过去一年,本组织的人力资源状况优于同类其他组织
经济绩效	过去一年,本组织的资金筹集能力优于同类其他组织
	过去一年,本组织的资金使用合理性优于同类其他组织
	过去一年,本组织的资金投放效果优于同类其他组织
社会绩效	过去一年,本组织的社会满意度优于同类其他组织
	过去一年,本组织的服务能力优于同类其他组织
	过去一年,本组织的信息公开水平优于同类其他组织

（2）自变量:慈善文化认同感

本研究将慈善文化认同定义为:员工接受并认可慈善文化的程度,以及对慈善的价值体系与行为规范从外到内不断进行内化的程度。共涉及认知、情感、行为、内化四个层面。本节选用的是一套以四因素模型为基础的文化认同测量量表,主要测量公益组织员工对慈善文化的认同情况。采用李克特(Likert)五点量表对每题进行计分,除第 3 题以外其他均是正向题,1～5 分分别代表"不同意"到"非常同意"。第 3 题采用反向计分,得分越高,则说明对慈善文化的认同感越高。具体问题与对应的维度详见表 3-5。

表 3-5　慈善文化认同感调查问卷内容设计

测量维度	具体问题
认知层面	我清楚了解慈善文化的内涵
	我清楚了解中国传统慈善文化的优点和特色
	我有时会怀疑是否真的存在慈善文化
	我可以清楚地说出本组织所提倡的慈善文化价值观
	我可以清楚地说出慈善文化对我的影响
情感层面	我非常欣赏本组织的慈善文化价值观
	我认为本组织的慈善文化价值观正好也是我的做事准则
	我很赞赏"助人为乐"的人
	我觉得以慈善为名义进行的活动更容易开展
	我很赞赏本组织的核心工作以及整体形象

续　表

测量维度	具体问题
行为层面	无论我的经济条件如何,我都要做慈善
	我对外主动宣传慈善文化的理念
	我活跃地为本组织及社会中的公益慈善活动出谋划策
	我非常热衷于参加公益慈善活动
	当别人对慈善事业及理念提出与我不同的看法时,我会主动维护
内化层面	我认为自己和慈善事业是命运共同体,只有慈善事业获得发展,我才能变得更好
	我认为自己与本组织有共同的目标,共同成长
	我把公益组织当作自己的第二个"家"
	我在日常生活中也尽可能"平等互助"
	我严格要求自己的言谈举止像一个"公益人"

（3）控制变量

控制变量主要包括性别、受教育水平、本组织的任职时间、对工作的满意度、机构年限等,这部分以直接在问卷上填答和选择的方式进行测量。问卷情况如下：

性别:男、女,其中,男＝1,女＝0；

受教育水平:高中及以下、大专、本科、硕士、博士；

本组织的任职时间:填写具体数字；

对工作的满意度:不满意、一般、满意；

组织成立时间:问卷填写成立年份和月份,笔者再基于2018年11月计算组织已成立的时间(单位:年)。

（4）中介变量:个人绩效

中介变量主要由任务绩效量表和关系绩效量表组成(见表3-6)。本节所采用的任务绩效量表是在咨询专家意见的基础上,综合课题组讨论观点而形成的。

表 3-6　个人绩效调查问卷内容设计表

测量维度	具体问题
任务绩效	我的任务完成质量非常高
	我能很好地承担我工作中应该承担的责任
	我为了保证工作按时完成可以无偿利用休息时间
	我能够主动解决工作中遇到的问题
关系绩效	我能够在同事遇到个人困难时给予他们支持或鼓励
	我只谈论对同事或团队有益的事情

（5）调节变量：组织发起背景

根据前文分析，公益组织发起背景分为政府、企业、民间三个层面。

（三）实证结果与分析

1.回归分析结果

回归结果如表 3-7 所示。慈善文化认同感对组织绩效产生了正向影响，且结果在 1% 的水平上显著。每增加 1 单位的文化认同感，将增加 0.597 个单位的组织绩效。组织经济绩效和组织社会绩效层面上也显示了相似的结果，慈善文化认同感对两者也在 1% 的水平上产生了显著的正向影响。每增加 1 单位的慈善文化认同感，将分别增加 0.373 个单位的经济绩效和 0.674 个单位的社会绩效。结果显示，慈善文化认同感对社会绩效的影响比对经济绩效的影响更敏感。

表 3-7　OLS 回归结果

测量维度	H1 组织绩效	H1a 组织经济绩效	H1b 组织社会绩效
文化认同	0.597*** (0.144)	0.373*** (0.134)	0.674*** (0.122)
性别	−0.214* (0.121)	−0.137 (0.113)	−0.0392 (0.103)
受教育程度	−0.214* (0.124)	−0.0857 (0.116)	−0.227** (0.105)
本组织内任职时间	0.0151 (0.0220)	0.00113 (0.0206)	0.00466 (0.0187)
对该工作的满意程度	0.433*** (0.149)	0.383*** (0.140)	0.115 (0.127)
机构年限	0.0132** (0.00509)	0.0138*** (0.00477)	0.00553 (0.00432)
Constant	0.175 (0.591)	1.232** (0.554)	1.365*** (0.502)
Observations	127	127	127
R^2	0.402	0.295	0.336
Adj R^2	0.372	0.260	0.302

注：括号内均为标准差，*** 表示 $p<0.01$，** 表示 $p<0.05$，* 表示 $p<0.1$，下同。

性别、受教育程度、工作满意度、机构年限等变量也在不同程度、不同方面对组织绩效产生了影响。在性别方面，女性比男性对组织整体绩效的影响更大，但这一结果并未在经济绩效和社会绩效层面表现。通常研究认为，受教育程度越高，组织绩效越好，但本研究中这一维度表现出了相反的结果。笔者重新分析了原始数据，发现导致这一结果的原因是样本中的硕士及博士学历过少，样本在本科学历处产生了堆积，占比超过了70%，因此，再针对受教育程度进行平方处理后，也未得到对应前人文献中的结论。是否在公益组织中，受教育程度对绩效的影响显示出了与其他类型组织不同的结果，尚待探索。此外，员工的工作满意度对组织绩效和组织经济绩效都在1%的水平上表现出了显著的正向影响，但社会绩效层面没有体现这一结果。机构年限同样如此，机构存在时间每增加1年，组织绩效在5%的显著水平上增加0.0132个单位，组织经济绩效在1%的显著水平上增加0.0138个单位。

2.中介效应分析

本节首先以组织绩效为因变量，然后让慈善文化认同进入到回归模型中，并查看其回归系数是否显著；其次，以个人绩效为因变量，检验文化认同的作用；最后，将个人绩效纳入文化认同对于组织绩效作用的回归模型当中，从而进行系数比较，进而确定是否存在中介效应。

中介效应结果如表3-8所示。首先，通过OLS回归分析可知，自变量慈善文化认同感对因变量组织绩效产生的影响，证明了每增加1个单位的文化认同，将增加0.597个单位的组织绩效，结果显著。其次，以个人绩效为因变量，结果显示，每增加1个单位的慈善文化认同感，将增加0.627个单位的个人绩效，正向影响显著。最后，将组织绩效作为因变量，将个人绩效放入回归模型，结果显示，每增加1个单位的个人绩效，将增加0.507个单位的组织绩效，正向影响显著。并且，文化认同对组织绩效的影响不再显著，从而验证了个人绩效在文化认同与组织绩效中间起到了显著的中介作用。

表3-8　个人绩效中介效应结果

测量维度	(1)组织绩效	(2)个人绩效	(3)(H2)组织绩效
个人绩效			0.507*** (0.161)
文化认同	0.597*** (0.144)	0.627*** (0.0784)	0.279 (0.172)
性别	−0.214* (0.121)	−0.0113 (0.0660)	−0.208* (0.117)
受教育水平	−0.214* (0.124)	0.0713 (0.0675)	−0.250** (0.120)
本组织的任职时间	0.0151 (0.0220)	0.0305** (0.0120)	−0.000404 (0.0218)
对该工作的满意程度	0.433*** (0.149)	0.0790 (0.0814)	0.393*** (0.144)

续　表

测量维度	（1） 组织绩效	（2） 个人绩效	（3）（H2） 组织绩效
机构年限	0.0132*** (0.00509)	0.000129 (0.00278)	0.0131***　. (0.00491)
Constant	0.175 (0.691)	1.025*** (0.323)	−0.345 (0.594)
Observations	127	127	127
R^2	0.402	0.499	0.448
Adjusted R^2	0.371	0.474	0.415
F	13.43***	19.94***	13.77***
Prob$>F$	0.000	0.000	0.000

3.调节效应分析

本节对调节效应的检验通过分组回归展开。检验调节效应需要考虑调节变量的数据类型,若调节变量与自变量都是连续变量,检验的方法是将自变量与调节变量均值中心化以后构造两者的乘积项来进入回归模型中,检验其系数是否显著来判断。而如果调节变量是类别变量,而自变量是连续变量,则一般会采取两种办法,一是分组回归,然后检测组间系数差异是否显著来判断调节效应是否显著;二是将调节变量虚拟化然后视其为连续变量,再按照连续变量来进行处理。由于组织发起背景为类别变量,因此选用分组回归的方法。

分组回归结果如表 3-9 所示。政府发起的公益组织中,每提高 1 个单位的慈善文化认同感,即增加 0.549 个单位的组织绩效,慈善文化认同感对组织绩效具有显著正向影响。企业发起的公益组织中,每提高 1 个单位的慈善文化认同感,即增加 1.101 个单位的组织绩效,慈善文化认同感对组织绩效具有显著正向影响,而这一效应在民间发起的公益组织中并不显著。

表 3-9　组织发起背景调节效应结果

组织绩效	（1） 总回归	（2） 政府	（3）（H3a） 政府	（4） 企业	（5）（H3b） 企业	（6） 民间	（7）（H3c） 民间
文化认同	0.597*** (0.144)		0.549*** (0.196)		1.101*** (0.296)		0.360 (0.313)
性别	−0.214* (0.121)	−0.0399 (0.231)	0.0238 (0.213)	−0.258 (0.261)	−0.432* (0.229)	−0.271 (0.223)	−0.244 (0.223)
受教育水平	−0.214* (0.124)	−0.625*** (0.226)	−0.626*** (0.207)	−0.351 (0.237)	−0.469** (0.206)	0.287 (0.184)	0.176 (0.207)

续　表

组织绩效	(1) 总回归	(2) 政府	(3)(H3a) 政府	(4) 企业	(5)(H3b) 企业	(6) 民间	(7)(H3c) 民间
本组织的任职时间	0.0151 (0.0220)	0.0380 (0.0404)	0.0471 (0.0372)	0.0117 (0.0461)	−0.0500 (0.0429)	0.0300 (0.0411)	0.0251 (0.0412)
对该工作的满意程度	0.433** (0.149)	0.665*** (0.220)	0.314 (0.238)	0.759** (0.307)	0.253 (0.296)	0.796*** (0.226)	0.612** (0.277)
机构成立年限	0.0132** (0.00509)	0.00474 (0.00657)	0.00451 (0.00602)	0.0136 (0.0172)	0.0132 (0.0147)	0.0258 (0.0211)	0.0316 (0.0216)
Constant	0.175 (0.591)	3.441*** (0.987)	2.124** (1.020)	2.474* (1.243)	−0.00095 (1.257)	0.0777 (0.961)	−0.593 (1.121)
Observations	127	42	42	42	42	43	43
R^2	0.402	0.406	0.514	0.362	0.543	0.357	0.380
Adjusted R^2	0.372	0.323	0.430	0.273	0.464	0.271	0.277
F	13.43***	4.92**	6.17***	4.08**	6.92***	4.11**	3.68**
Prob>F	0.0000	0.0016	0.0002	0.0049	0.0001	0.0045	0.0059

分析认为,政府和企业发起公益组织时,大多数是基于政策的引导、企业社会责任的履行、个人财富的再利用,可能在招聘员工时,员工更多的是依赖制度保障或经济利益而选择加入该组织。而民间发起的公益组织缺少政府的体制保障和企业的经济保障,组织内员工更多是因为共同的使命凝聚在一起。因此,政府背景和企业背景的公益组织中,提升文化认同感对绩效的影响更为显著。

根据上述的实证检验结果,文中的大部分假设都得到了支持,具体详见表3-10。

表 3-10　假设检验结果

假设	内容	结果
H1	员工慈善文化认同感对公益组织绩效产生显著正向影响	支持
H1a	员工慈善文化认同感对公益组织经济绩效产生显著正向影响	支持
H1b	员工慈善文化认同感对公益组织社会绩效产生显著正向影响	支持
H2	个人绩效作为中介变量,传导了员工慈善文化认同感对公益组织绩效产生的正向影响	支持
H3a	政府背景发起的公益组织中,员工慈善文化认同感对公益组织绩效产生的正向影响更高	支持
H3b	企业背景发起的公益组织中,员工慈善文化认同感对公益组织绩效产生的正向影响更高	支持
H3c	民间发起的公益组织中,员工慈善文化认同感对公益组织绩效产生的正向影响更高	不支持

(四)小结

本节通过问卷调研法归纳总结了公益组织及其员工眼中的慈善文化内涵,再从认知层面等四个维度度量了慈善文化认同感,选用社会投资回报法从三个维度度量了公益组织绩效,通过对个人绩效中介效应以及组织发起背景调节效应的检验,实证分析了慈善文化认同感对公益组织绩效的影响(见图3-11)。

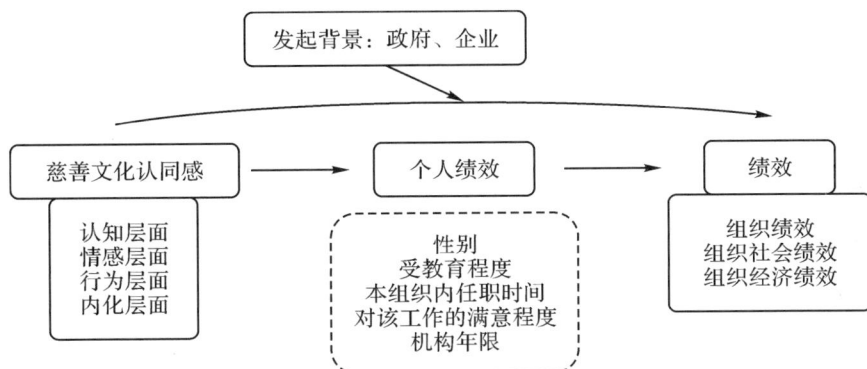

图 3-11 假设验证

基于慈善文化视角对公益组织发展的影响的定量研究目前基本处于空白状态,本研究有助于更加深入全面地探析慈善文化对公益组织发展的影响。基于慈善文化的视角,将公益组织内部员工的慈善文化认同感对公益组织绩效的影响进行实证研究,也为中国公益组织未来发展机制改革的方向提供了依据。据此提出政策建议如下:

第一,宣传慈善文化,加强文化认同。要孕育培养出慈善文化认同,本质上就是自身人性向善的历程,即自觉地把慈善文化转化为个体内在特质。这就要让个体善的一面能够持续地得以培养,方能领会到这种善文化的深层含义,进一步地达到精神上的升华。慈善的内涵伴随着时代的发展也日益丰富充实,所以对于慈善的理解也应在继承优秀传统文化的基础上,继续拓宽自身视野,在思想上开放认知慈善文化的内在本质,培养完善的善恶观,方能在慈善实践中避恶扬善,多施善举,丰富精神生活。所以,多层次的普及传统慈善文化应该作为全民教育中的终身教育内容之一。提升全民对慈善道德的认知,宣传渲染慈善氛围,才能铸就现代慈善文化的培养基石。

第二,提高从业人员文化修养。从业人员是慈善事业发展的一线工作者,是慈善文化宣传的一线实践者,是慈善理念推动的一线践行者。提高从业人员对慈善文化的认同是慈善事业稳步前行的基础。慈善是个体良知的美好体现,是人的品性持续向善的需求。以社会需求和人的尊严为出发点,方能使慈善情感深入社会的同时也不断完善自己。这样,才能引导全部社会成员向善,促使社会有序健康发展,也才能使得个体与社会的价值取向趋同,符合社会的价值规范。

第三，倡导慈善文化驱动慈善事业。传统慈善文化的优秀品质首先需要传承，在传承中才能创新，国家的崛起需要有自身的民族文化精神和价值观。在正确的善恶观形成后，还需对德性涵养进行提升，加深对慈善价值的认同，确信和融入慈善的内在价值和理性精神，唤醒和引导社会成员理性慈善，使其自觉自主地投身慈善实践当中。从"善念"出发的"善举"，更容易走在行善的轨道上，更能结出对社会发展有益的"善果"，由此才能驱动慈善事业发展，形成现代慈善的范式，迎来人人向善的春天。

三、公益组织激励

近年来，地方清除"僵尸型"公益组织之报道屡见不鲜。部分公益组织在享受税收优惠和承接政府转移职能后销声匿迹，甚而不年检、不开展活动、不换届。"僵尸型"公益组织有两个特征：第一，服务项目持续性差；第二，借用公益组织的身份，空有组织却无人出力。"僵尸型"公益组织的出现反映了公益组织在发展过程中的僵化现象。

公益组织僵化乃至消亡往往产生更大的消极外部性，这一点有别于企业组织的消亡。这是因为公益组织在起步阶段往往受惠于政府资金和场地支持，同时承载了社会公众的期待。它们一旦消亡意味着付诸东流的可能是纳税人的期待，而不仅仅是少数负责人的自有资产。越来越多的证据表明，大多数公益组织的消亡并不在于初心不正，而是难以持续保有激情。客观上是因为公益组织存在制度约束，无法分配利润，员工收入占服务收入的比重有明确限定。主观上则是长期缺乏行之有效的管理策略。组织裂变的首次引入，正是在这样的背景下应运而生的。

裂变式创业（entrepreneurial spin-offs）被认为是以企业为代表的各类组织在绩效不佳、遭遇生存危机时的一种有效变革手段。通过裂变，组织内部员工成为事业的领导者，这一身份转变促使其工作热情受到激发，工作专业化程度、效率水平和服务意识自觉提升。因此，借鉴裂变式创业的原理可帮助公益组织摆脱僵化，重现活力。

基于上述背景，本节聚焦公益组织激励机制，试图回答以下两个研究问题：①公益组织如何通过组织裂变的手段实现从僵化到活力重现的转变？②这一裂变过程中组织内部产生何种动力机制？

（一）公益组织裂变的新机制

1. 三维激励模型

组织活力是组织中的每个个体活力的总集。僵局中的公益组织如何才能"激活每个人"？本节使用由梅耶（Meyer）提出的三维激励模型，全面剖析"激活全员"环节的机制。该模型理论构建完备，在组织激励的相关研究中被广泛使用。在该模型中，组织激励被划分为三个激励维度（见图 3-12），即外在激励、内在激励和社会激励，三种激励的不同水平构成了不同的长方体,其体积越大,意味着组织激励整体水平越高,对全员的激活效果越好。

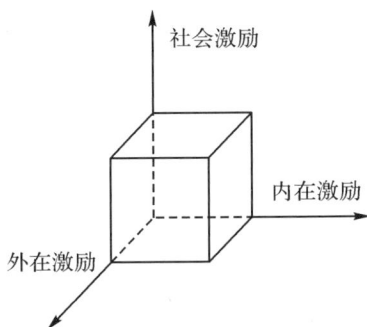

图 3-12　外在激励、内在激励与社会激励三维模型

（1）外在激励

外在激励是指雇佣关系中有形的物质收益,如薪酬、绩效工资、食宿补贴、医疗保险、员工福利等。在一个物质激励充分的组织里,员工的收益与努力程度挂钩,多劳多得,而非平均分配、吃大锅饭。既然一分付出就有一分收获,员工有充实的获得感,便会自然而然地提高工作效率,对组织更有归属感。

（2）内在激励

内在激励是指工作本身的特质带给员工自主性、正向反馈和专业化技能。良好的内在激励让员工工作成果与雇主期望紧密对接,使得员工心里更踏实,免去焦虑与挫败感。如果一份工作给予每个员工明确的角色定位,让其明白在恰当的位置应该做什么,员工便能正确理解并认同工作价值,自主决定工作方法,自发锻炼工作所需要的专业化技能,业务水平趋于精湛。

（3）社会激励

社会激励是指对工作中人与人之间和谐关系产生的激励作用。同事之间、上下级之间、员工和客户之间的互相支持构筑了牢固的情感纽带,使得身处其中的员工对组织产生情感上的依赖。这种情感归宿有助于激发工作热情,焕发更饱满的服务意识和奉献精神,激励员工以更好的态度服务客户。

2. 裂变情景下的"激励—行为"新机制

本节试图以公益组织为背景,将裂变理论引入对公益组织管理创新的分析中,并借鉴三维激励模型,构建组织裂变情景下的"激励—行为"新机制,从三个激励维度考察公益组织裂变"激活全员",从而促进组织活力提升的内部机制（见图 3-13）。

（1）机制一:外在激励形成效率行为

公益组织的资金使用受到非营利性的限制,组织内通常以吃大锅饭的形式分配收入,缺乏绩效考核制度和内部监控制度。当组织发展到一定规模,锅小筷子多,筹资所

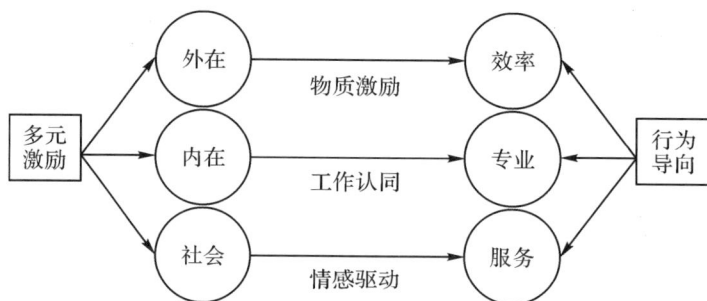

图 3-13 裂变情景下的公益组织"激励—行为"新机制

得不足以让每个员工都吃饱饭,使得员工薪酬、福利停滞不升,外在激励难以实现。组织裂变带来利益的下沉,员工能自主创办新组织,同时自负盈亏。新组织的发展依靠原组织的资源,但盈余归于创业者个人。此时,员工能够切实地预测自己的收益水平,便会自发地提升工作效率,力求将新组织发展壮大,获得更多的物质收益。因此,公益组织裂变通过外在激励,以提升物质激励的形式带来员工效率行为。

(2)机制二:内在激励形成专业行为

公益组织通常采用自上而下的、较为集中的组织架构,组织领导者对组织的发展起着相当重要的作用。但随着规模的增大,架构逐渐臃肿,员工会从事与组织使命不甚相关的琐碎事务,逐渐丧失认同感,使得内在激励难以实现。组织裂变使得组织结构扁平化,工作目标、工作经验等信息的传递更为流畅。员工更容易感知到自身的角色定位和工作目标,更容易感受到工作所产生的价值,于是倾向于提升工作的专业化水平以取得更多工作成果。因此,公益组织裂变通过内在激励,以提升工作认同的形式带来员工的专业行为。

(3)机制三:社会激励形成服务行为

公益组织立足于服务社会的使命,员工自然需要围绕组织使命与服务对象建立支持性关系。但随着组织的发展,组织使命不断泛化,员工难以与之共鸣,从而与服务对象之间产生疏离,使得社会激励难以实现。组织裂变产生新组织,新组织中的员工更容易融入组织细分使命,而非原本高高在上的整体使命。员工能更近距离、更直接、更自主地接触服务对象,与服务对象之间频繁互动后积累情感,这种情感体验和情义关系又驱使他们继续服务。因此,公益组织裂变通过社会激励,以增强情感驱动的形式引发更多的服务行为。

(二)案例选择与数据收集

1.研究案例选择

根据典型性原则和理论抽样准则,案例选择应该重视其独特性,并出于理论发展的需要,选择符合发展理论所需的组织样本。据此,本节选取恩次方社会创新联合机构(简称"恩次方")为单案例研究对象。

首先,恩次方于2013年作为一家社区公益组织诞生,社区公益组织是基层领域中非常重要的公益组织形式,有着居民广泛参与的特性。恩次方在发展遇到规模瓶颈时,启动平台化战略,不断裂变、扁平化、微小化,激发员工动机,为公益组织突破困境提供了一个解决办法,非常具有典型性。其次,当下公益组织的发展进入快速阶段,政府体制改革给公益组织发展释放了更多空间,但很多的公益组织平台需要再提升,很多公益组织孵化器是为了孵化而孵化,往往陷入组织独立生存发展的困境。如何脱离困境,恩次方的实践为其他公益组织服务平台提供了启示和可复制样本。最后,恩次方的发展经历了鲜明的两个阶段,阶段的划分以其组织内部实行的裂变为标志,有助于对比分析组织在裂变前后的组织激励和组织绩效变化情况,与本节的研究问题高度契合。

2.数据收集

自 2016 年起,本节作者及研究团队对恩次方社会创新联合机构进行了 8 次实地调研,在调研过程中对组织负责人及工作人员进行面对面访谈。同时,本团队 2 次与公益组织行业专家交流,包括浙江禾晨信用管理有限公司和 Enable 社会创新平台的专家。每次访谈、交流的平均时长为 2 小时,为保证访谈结果的有效性,在访谈结束的 12 小时内,整理、编排访谈内容。在访谈中,我们主要采用半结构化的形式,预先拟定访谈提纲和细目,另在访谈过程中就每个问题进行扩展,以获得尽可能多的信息。除了实地调研、正式访谈和专家交流,本研究另借助其他渠道收集该组织的二手资料,主要包括实地观察、内部资料、互联网媒体报道等。

(三)案例描述

恩次方社会创新联合机构是以社区基金(会)为核心驱动的区域性公益组织创新发展平台。作为公益组织,其扎根基层社区,提供社会工作,力图成为社区领袖。它的业务架构包括明德公益事业发展中心、亲民社会工作服务中心、至善公益组织评估中心、公益组织服务中心、尚基会、社区发展学院,均为独立法人主体。截至 2017 年 12 月,组织跨越 4 个城市,培训超过 3000 人,评估项目资金近 2000 万元,推出"滨江公益坊""谁来一起午餐""创客 60"等百余个公益品牌,已经建立常态化的行业资源交流对接平台。

(一)创立摸索阶段(2013—2015 年)

2013 年,恩次方正式在杭州市上城区落地。早期仅有明德公益事业发展中心一个机构,资源力量较为薄弱,分散在杭州各个区,人手不足,其创始人阎某遂集中所有资源于一处。在 2013 年年初,恩次方秉持"得社区者得天下,服务社会一定要落到社区"的理念,选择对城市社区建设最为重视的杭州市上城区作为切入口,开展公益组织服务平台建设。

为优化上城区公益组织发展环境,推动更多的公益组织落地,恩次方于 2013 年 5

月3日联合上城区委员会推动出台"2＋5系列"文件。在2014年,恩次方首次在杭州地区开展社区公益创投,带动多个区县效仿,并推动杭州首家社区基金会成立,搭建杭州首个公益组织发展资源平台(资本相亲会),被列入2014年中国社区十大创新成果。2015年1月23日,恩次方首创并在杭州上城区实践的公益组织成长的"三社"模式,获第三届中国社会创新奖优胜奖。可见在发展初期,恩次方的资源获取基本依赖上城区政府,借助政府平台成功获取影响力。

但是如组织内部管理负责人徐某所言:"组织发展到2015年开始产生一个困惑,我们到底是谁?仅有明德公益事业发展中心一个品牌,但是又当运动员、裁判员,又做创投又做评估,又在做事又在运营。"员工普遍存在和领导交流不畅的问题,甚至觉得"领导和同事之间存在代沟"(恩次方员工),而且受限于传统的自上而下的组织框架,组织领导者阎某在组织中的影响力大,底下的人很难得到发展空间,内心焦虑。同时,组织在不断发展壮大的过程中也遭遇了筹资压力和管理水平的双重瓶颈,其绩效并未如表面上的数据成就那般喜人,持续发展成为一大难题。因为组织发展过于依赖政府资源,资金使用束手束脚,员工工资存在天花板,做的事却逐渐增多,逐渐产生员工与组织使命感的背离,"员工不知道应该为了什么而工作"(负责人徐某)。资金的进口有问题,资金池的管理也不够专业,因组织内没有专业化的财务部门,资金面临投资不善的窘境。

在2013—2015年,恩次方以杭州市上城区为落脚点,有序扩张业务,但也面临着发展瓶颈。这一阶段的访谈引用语举例及编码结果如表3-11所示。编码结果显示,在创立摸索阶段,低物质激励伴随着外在激励的缺失,恩次方内部员工的工作认同感不高,情感驱动不足,从而带来了较弱的专业性水平、较低的工作效率和较弱的服务意识。从组织层面看,组织持续发展受限,存在弱资源利用问题。

表3-11　恩次方创立摸索阶段访谈引用语举例及编码结果①

构念	测度变量	引用语举例	关键词	编码结果
外在激励	物质激励	做到后来只能领一份工资,却要管很多事 F2 努力或不努力,吃到的肉是一样的 F3	低工资激励 低回报	低物质激励
内在激励	工作认同	领导者和同事之间存在代沟 F1 又当运动员又当裁判员,身份上难以认同 F1 上面的人不走,下面的人上不去,机会有限 F2 改变世界不知如何下手,内心很焦虑 F1	工作氛围 工作价值 员工发展 工作获得感	工作认同 需提高

---

① 对于实地访谈和专家面谈中得到的一手资料,将通过恩次方创始人和高层管理人员获得的资料编码为F1,将通过恩次方中层管理人员获得的资料编码为F2,将通过员工获得的资料编码为F3。同时,在编码过程中注重条目的独立性,合并累赘的表述。对于二手资料,将组织内部获得的资料编码为S1,将文献、媒体报道获得的资料编码为S2。将所有资料经过数据来源编码后共得到165个条目。

构念	测度变量	引用语举例	关键词	编码结果
社会激励	情感驱动	我不要拯救地球,我只需要一份工作 F3 琐碎的事情太多,没空和服务对象建立关系 F3	弱组织共情 弱服务共情	情感驱动不足
行为导向	专业导向	员工基本什么都要做,但没办法专精 F2 很缺专业性人才 F1	业务专精 专业人才少	弱专业性
	效率导向	各种项目只有一个机构包揽,分配上混乱 F1 自上而下的指令传达受限 F2	管理低效 沟通低效	低效率
	服务导向	应付工作就很忙了,没空好声好气地去服务 F3	服务缺失	弱服务意识
组织绩效	可持续发展	公益组织不能参与利益分配,限定了工资额度 S2 遇到人员瓶颈,管理成本太高 F1	发展限制 发展瓶颈	持续发展受限
	资源优化利用	不擅长投资,组织的钱只能放到银行赚利息 F1 初到杭州,可利用的资源少,发展难度很大 F1 资源来自政府的占 80% S1	投资决策 资源获取少 资源依赖	弱资源利用

(二)裂变发展阶段(2015—2018 年)

2015 年年初,为打破困局,恩次方举办第一届理事会第四次会议,讨论决定将业务进行梳理,改革现有的自上而下的管理模式,实行内部裂变式创业制度。在讨论会议结束后,恩次方有序进行内部变革,由 7 位负责人领头成立业务板块,形成一个以社区基金会为核心驱动的区域性公益组织——创新发展平台,该平台包括社会工作服务中心、社会工作协会、公益组织评估中心、公益组织服务平台、公益事业发展中心和社区发展学院。员工则在 2015 年 3 月 31 日集体下岗,4 月 1 日集体上岗,自由选择业务板块。

具体而言,恩次方裂变后形成的七大业务板块均有负责人,但负责人仅统筹全局,员工能自由组建团队、成立组织、承接项目。各个新成立的组织各自产生了组织使命,但总体不能脱离恩次方的组织使命,其优势在于员工不再觉得使命虚无缥缈,而是切实可实现的。于是员工积极性被调动,恩次方自裂变后招收的员工自带事业合伙人属性,内部氛围积极但允许犯错,组织鼓励员工进行内部创业,并提供启动资金,这种充分的自由不仅使员工更有归属感,也使得个体能追求自我价值,提升专业化水平。与此同时,随着绩效考核体系的施行,内部裂变式创业也倒逼员工更加努力、做出成果。一旦创业失败,仍有兜底机制,在每年年底的总结会议上,优势部门会给予弱势部门一定的资金援助。

裂变后的两年是发展最为迅速的时期,从 2015 年年初至 2016 年年底,恩次方员工人数从 17 人增加至 52 人,筹集资金从 446 万元增加至 950 万元。其发展的动力源泉来自裂变带来的组织活力,筹措到的资金不再是自上而下的管控分配,分配方式变得多元化，与各部门绩效挂钩，呈现蜂窝状特点。在资金的管理上有专职的基金会人员负责，内部实施财务规划。又因为内部进行了裂变，组织的品牌整体风险分散、减弱，只要品牌仍在，内部的创业项目可以不断再生。这些创业团队的视角是多元的、发散的，它们在各地落地开花，形成集群，使得组织就像多功能插头，可以与多方资源链接。得益于此，恩次方不仅仅是帮政府做事，还可通过公益事业发展中心推动社区微公益创投，通过公益组织评估中心帮助评估公益组织等。就如能力建设项目负责人所言："最近几年没有出去找业务，都是别人找我们。"

这一阶段的访谈引用语举例及编码结果如表 3-12 所示。编码结果显示，在恩次方的裂变发展阶段，员工获得的物质激励增强，组织内员工的工作认同感提升，情感驱动强化，从而带来较高的工作效率、较强的专业性和较强的服务意识。从组织层面看，组织发展更为可持续，资源利用增强。

表 3-12　恩次方裂变发展阶段访谈引用语举例及编码结果

构念	测度变量	引用语举例	关键词	编码结果
外在激励	物质激励	实行 KPI 绩效考核体系、项目内部监控机制 S1 60 万元的项目，直接给下面的业务部门做 F1 各部门没钱了其他部门会财务支援 F2	绩效考核 高回报 资金支持	物质激励增强
内在激励	工作认同	允许同事犯错，员工感觉在机构里不会担心 F1 根据同事所在地，为其量身定做创业模式 F1 组织的项目让我们觉得自己做的是有价值的 F3 "打的天下分给诸侯"，希望培育一批年轻人 F1	工作氛围 组织氛围 工作价值 员工发展	工作认同提升
社会激励	情感驱动	在新的部门里，感觉与服务对象的联系多了 F3 我能够坚持做下去的动力，就是大家温暖的笑容 F3	服务共情 情感动力	情感驱动强化
行为导向	专业导向	模块化管理，每个模块有专精的业务 F1 实现品牌多元化，提升了各部门的专业化能力 F2	业务专精 专业化	专业性提升
	效率导向	自己管自己的业务，大家都更有动力了 F2 各部门绩效公示，产生组织内的竞争心态 S1	工作高效 高效竞争	高效率
	服务导向	每个下面的机构都有自己的使命，但更能坚持 S1 新成立的组织能更近距离地接触服务对象 F2	使命坚持 服务触达	服务意识增强
组织绩效	可持续发展	不再将资金投到单一的组织，而是多元发展 F1 有专职的基金会负责资金运作，实行财务规划 F1 品牌整体风险减弱，再生能力增强 S2	多元发展 发展动力 发展前景	发展可持续
	资源优化利用	组织像一个多功能插头，链接多方资源 F1 机构在各地落地开花，形成集群 S1	多方资源 渠道多	资源利用增强

（四）案例分析

在组织层面,恩次方通过组织裂变实现了激活全员,获得裂变绩效,使得组织发展更进一步。下面将分析在裂变过程中"激活全员"的内部机制,探明恩次方实现员工外在激励、内在激励、社会激励的突破,从而带动员工效率导向、专业导向和服务导向行为的过程。

1.外在激励到效率行为的形成机制

公益组织在发展壮大的过程中,囿于非营利的特性,在资金上相当受限。"往往在人员规模达到 30 人时遇到瓶颈,因为再大的锅也很难供那么多人吃上饭"(恩次方创始人阎某)。对一个组织而言,面临瓶颈意味着业务规模受组织架构的限制,在筹资能力没有质变时将入不敷出,于是员工获得的外部激励因素同样面临瓶颈。组织在逐渐做大,经手的事务变多,但因为架构没有变,大家还在一个锅里吃饭,个人收入难以提高。没有物质激励,员工缺乏工作热情与冲劲。组织裂变则是破局的关键,裂变后的组织不再是集中式的架构,而是多元分散的形态,筹资渠道多元化,资金利用分散化,以未分配的资金带动新组织的发展,最终突破瓶颈,提升组织业务能力和筹资能力。对于公益组织而言,创业的门槛是极低的,在恩次方内部尤其如此。组织会给予创业员工注册资金,之后便让员工自己给自己发工资。可见裂变后员工收入直接与新组织的绩效挂钩,辅以绩效考核制度,激活外在激励,大大提升了员工工作的积极性,带动了高效的工作行为。

2.内在激励到专业行为的形成机制

"公益组织往往存在交接棒问题,一旦组织规模大了,给到下面同事的机会便不多,上面的人不走,下面的人上不去"(恩次方创始人阎某)。当个人得不到成长的机会,感觉不到组织与自身职业发展的路径契合时,员工将丧失归属感,对工作缺乏认同,自然会出现流动。组织裂变则给整个组织注入了不安分的创业能量,让每个人都有机会成为新组织的领导者,都有机会获得成功。于是,员工会发现自己的价值在这个组织构架下是有机会实现的,对于自己努力打造的事业自然更有归属感。这就离不开专业化能力的提高,只有在一些专业项目上做小做精才有机会做出口碑,这倒逼每个人在业务能力上拿出"绝活"(社会创业专家)。例如,恩次方裂变出了七大部门,每个部门下面均有很多创业小组织,其领导人都是之前的员工。就如创始人阎某所言:"目前员工 90 多人,流动人数一年不超过 10 个,密码就在于这个机构不是我的。"组织裂变让员工认同工作,激活事业心,鞭策员工自动自发地提升专业水平。

3.社会激励到服务行为的形成机制

公益组织的使命在壮大的过程中,可能存在不接地气,难有员工共鸣的问题,"你讲什么改变世界,他说想要更好的工作环境;你讲什么改善社区,他说要一份谋生的工作"

(恩次方创始人阎某)。在中心化的组织架构下,员工觉得是在为老板打工,与领导者之间产生距离,也与组织的服务对象疏离,组织内的情感激励不足。而组织裂变以后,员工获得了更多的空间和更自由的状态,能够充分发挥能动性,"当你真正去做的时候,才明白你做的事情多有价值"(恩次方上城区员工)。在恩次方,裂变后的各组织能够更贴近服务对象,譬如社区发展学院旨在培训社区服务专业人才,员工通过频繁地与培训人员、参与人员接触,构建良好的互动关系,与服务对象建立了深厚的情感,这一过程会驱使员工不断思考亲和力在服务中的作用,让服务关系变得更加长久而紧密。因此,组织裂变使得组织中的每个人与服务对象之间的关系发生了质的改变,形成了人的社会情感激励,强化了服务意识。

(五)小结

组织裂变是一种管理变革,由此引发了包括分配机制在内的人力资源管理体系的变革,通过激活公益组织全员,产生了一系列服务创新,摆脱了组织僵化的现象。

本节聚焦裂变情景下的公益组织"激励—行为"机制,通过对恩次方社会创新联合机构 2013—2018 年组织裂变过程的纵向案例分析,对公益组织裂变的过程和内部机制进行了分析和总结,得出以下主要结论:公益组织从僵局到裂变,进而提升组织绩效的过程中,内含对员工外在激励、内在激励和社会激励的激活,从而带来效率导向、专业导向和服务导向的行为,使得组织由内而外重现活力(见图 3-14)。

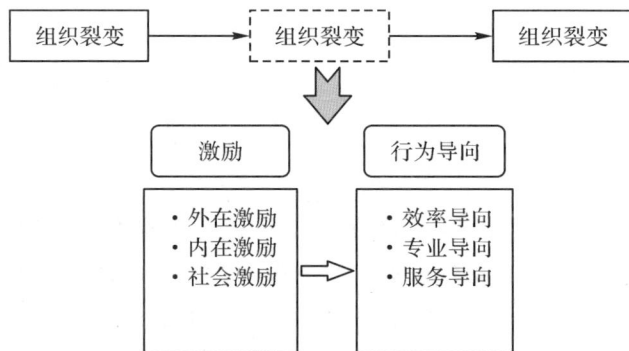

图 3-14　公益组织裂变的过程与内部机制模型

毋庸置疑,公益组织裂变的适用限度是存在的。首先,公益组织提供的服务应当符合社会治理现代化的总目标,紧扣社会公众在环境、民生、健康等领域主要矛盾。其次,公益组织处在一个适合成长的外部环境之中,比如一个开放的地方政府治理框架,持续支持公益组织发展的政府采购项目等。再次,公益组织负责人有强烈的使命感,对壮大公益组织执着探索,勇于尝试管理变革。本节提出对策建议,以期提升公益组织内部治理水平。

第一,合理设计公益组织激励制度。公益组织应当合理设计激励制度,使员工形成效率、专业和服务导向的行为。公益组织扎根社会,服务社会,其服务的提供者是组织员工,员工不力,则组织不兴。公益组织制度建设中,不能拘泥于第三部门的角色,可以引入组织裂变理论和激励理论,激活团队,激励员工,提升组织效能,形成推动组织发展的内部驱动力。

第二,促使公益组织结构下沉。公益组织授权于员工,使组织结构下沉,可助其摆脱僵局。很多公益组织如行业协会、商业协会采取的是自上而下的组织形式,与自上而下的行政体系沿袭相承。但政府主导的公益组织培育机制必然出现资源依赖、组织同型、无迭代能力等问题。陷入僵局的公益组织可以试图采取组织裂变的方式,将做大转向做小,使发展呈现多元化和集群化,组织结构下沉化,充分发挥员工的主观能动性,形成组织升级。

第三,杜绝公益组织圈养式输血。政府应强化公益组织内部创新动力建设。目前我国公益组织发展进入法治阶段,但是其中仍频现"僵尸公益组织"。究其原因,既有内部专业性不足等问题,也存在外部资源依赖等严重问题。公益组织作为第三部门,在参与政府购买服务的过程中,易滋生依赖倾向,被动形成"圈养式输血"。因此,政府应关注公益组织内部能力建设,激发公益组织创新发展的内生动力。

第四章　公益志愿者

　　从 1979 年第一批联合国特派志愿者进入中国偏远山区进行志愿服务以来，经过 40 余年的发展，志愿服务这一活动已经变得家喻户晓并融入公众日常生活中。截至 2017 年年底，全国志愿服务信息系统中实名注册志愿者已达 5000 万人（据全国志愿服务网统计），据《志愿蓝皮书：中国志愿服务报告（2017）》指出，志愿服务已经成为部分人群的生活方式，平均每月 1～3 次是大部分志愿者参加志愿服务的频率。随着志愿服务事业的推进，2017 年 12 月，国务院出台并开始实施《志愿服务条例》，以确保志愿服务的规范化建设。

　　纵观全球，一个国家或社会的志愿服务水平往往代表其社会文明程度和发展水平，相较于 20 世纪末志愿服务在中国的起步与摸索阶段，当下社会对志愿服务投入更多的关注，志愿服务也有其独特的现实意义：首先，社会贫富差距问题突显社会弱势群体和困难群众亟须扶助，更多志愿者需要加入扶贫扶困和救灾队伍中来，参加诸如山区支教和地震救灾等志愿活动；其次，志愿服务有助于促进社会资源的合理分配。例如，大型赛事中的志愿者可以提高活动效率并节省成本，一些专业人才还可以在志愿服务的过程中创造额外的社会价值，例如由心理咨询师担任自闭症孤儿的志愿妈妈等。

　　志愿服务是人文精神传承与利他心表达的重要方式，有助于唤醒人们的社会责任意识和人文关怀情感。党的十九大报告中指出，要"推进诚信建设和志愿服务制度化，强化社会责任意识、规则意识、奉献意识"。关注志愿服务，不仅有助于解决社会问题，也对社会发展和精神文明建设有独特意义。

一、志愿服务动机

　　严格说起来，19 世纪末从西方宗教事业起源而生的"志愿服务"，对于中国而言，是一种舶来品，相较于西方对志愿服务已经进行了较长时间和较为完整的研究，国内对于志愿服务的研究则十分稀缺。整理与借鉴国外志愿服务研究成果，不仅可以帮助我们对志愿服务有更深的了解和认识，也可以此作为经验参照，对国内未来开展志愿服务的相关分析研究和实际操作提供更多指导。从理论意义上讲,这一方面有助于填补国内志愿服务相关研究领域的空白,另一方面也是对公益慈善学术领域研究的一大补充。

基于此,本节通过对志愿服务相关研究文献进行系统梳理,明确志愿服务的概念并介绍中外志愿服务的发展历程和发展趋势,聚焦志愿服务的动机研究,并对现有研究进行归纳和展望。

(一)相关理论梳理

早在 2000 多年前,被某些学者称为"志愿者理论"创立者的古罗马著名政治家和哲学家西塞罗(Cicero),已然观察到罗马共和国的志愿行为,他在慈善方式的选择理论中,初次涉猎志愿服务研究理论的文献。他第一次区分了捐助和志愿行为,区别在于"捐钱"和"提供服务",两者都是在表达善心,虽然财务施舍容易操作,但取之有尽,容易让慷慨的泉源枯竭,而付出精力为他人提供帮助的志愿行为,更加高位,并且对那些坚韧而优秀的人才来说能提供一些益处:比如培养他们助人为乐的品德习惯的同时,他们思考问题和服务群众的手段也将更加周到和熟稔,同时在全社会也能形成"赠人玫瑰、手留余香"的爱心循环。但是西塞罗的研究主要是针对古罗马原始的民间助人行为。在志愿服务随着时代发展具有了新的特征后,美国社会学家 Smith(1987)撰写了关于志愿服务参与研究的现代文献,自此以后,对志愿服务的学术研究开始逐渐复杂化与深入化。

随着志愿服务现实事业的展开和规范化进程的加快,西方学者对志愿服务的学术研究,越来越倾向于跨界展开的方式,而志愿服务的研究理论也更多来源于跨学科的交汇运用。对于志愿服务的具体学术研究多数会受到学者的研究背景的影响。同时,由于中外文化渊源不同,对于志愿服务的理论运用也不尽相同。我国已经形成了中国特色的志愿服务理论,并且理论有四个源头:中华传统美德、学雷锋精神、外国公益慈善的影响以及我国的改革创新之路。总结有关志愿服务的文献和跨界研究的成果,本节整合了志愿服务研究中广泛使用的多领域理论。

1.市场失灵与政府失灵

市场作为一只"看不见的手",具有提高资源配置效率的作用,也使得经济发展繁荣,但是在公共物品领域,由于非排他性,常常会产生"搭便车"的拥挤现象,"市场失灵"会导致公共物品供给的低效不足等问题。美国经济学家萨缪尔森(Samuelson)认为,不管市场多有效率,都会产生极大的不平等,针对市场失灵问题的解决途径一般是"政府干预"。但是政府是按照按多数人的意愿与需要在运作的,不可能完全准确地提供每个公民所需要的公共产品,某些边缘群体的偏好始终无法得到满足,而通过自自主提供的志愿服务,能在一定程度上弥补政府失灵,也能在一定程度上能实现对政府机制的替代。

2.志愿服务功能理论

志愿服务功能理论从志愿服务的需求、动机以及实施的连续动态角度,认为个体实施志愿服务行为,必然出于满足其某类动机,而志愿服务的诸多功能中,存在某一特定的功能,可以满足个体的某一动机,那么他倾向于从事志愿服务的可能性就大。个体的原始动机如果依靠志愿服务得到了最大限度的满足,那么个体对于这段志愿服务的经历就会感到十分满意,从而个体愿意提供水平越高、时间越久的志愿服务。研究中认为志愿服务有六大功能,包括体现自我价值、提升个人价值、丰富职业技能、减轻负罪感、扩展人脉以及履行公民义务。通过"服务前,服务中,服务后"这三个标签,可将志愿服务分为三个有序的阶段,具体可以从个人、关系、组织和社会这四类角度展开每个阶段的研究。"服务前"主要关注的是志愿服务参与的动机、参与者的人格和所处的环境,它们是具体行为展开与否的预测因素;"服务中"主要关注的是个体心理和行为的维持表现及个体人际关系的维持;"服务后"主要关注的是志愿服务施加在志愿者的心态、经验技能、后续行为变化的影响上。随后,志愿服务功能理论也在志愿服务与公民参与策略的研究运用中得到了验证。

3.利他主义与理性人

亚当·斯密提出"理性人",认为个人的行为是符合个人利益的,但是利他主义者则认为,志愿主义是人们为了关心和同情弱势群体而产生的通过花费时间、精力去帮助别人的行为。两者存在某种程度上的矛盾,但人们参与志愿服务的动机并不是完全单一的,而是利己与利他的复合结果。为此,有学者提出了净产出理论。净产出是指与志愿服务相关的私人和公开收益减去成本(比如时间、金钱、机会方面),如果越高代表个人的收益很低而相关产出很高,志愿服务越纯粹。

4.马斯洛的需求层次理论

按照马斯洛的需求层次理论,个体拥有从低到高的五类需求,分别是满足生理层次的需求、安全的需求、社交的需求、被人尊重的需求和自我实现的需求这五种类型。马斯洛的需求层次理论是人本主义科学理论之一,不仅被运用在动机理论的探究中,同时也是对人性的探讨。人们在参与志愿服务时,体现出个体对自我实现的追求,属于马斯洛需求层次中的高级层次,志愿服务是个体道德行为的表现。

5.亲社会人格特质与依恋理论

人们参与助人行为或者其他的亲社会化行为,其背后存在某种心理机制。例如,一般人格特质中的宜人性对志愿服务行为能产生显著的积极影响,而外向性在亲社会价值动机对志愿者行为产生影响的路径上起着中介作用。根据依恋理论,人类与生俱来具有依恋他人和照顾他人的本能行为,比如孩子依附父母、主动照顾伤者等,从中获取适应感。而且这类照顾天生具有无私性。对依恋安全感的重视也会增强个体对于他人疾苦的同情心。此类依恋、照顾他人的本能,也会促进志愿服务行为的产生,而安全感缺乏型的依恋则对个体志愿者行为有负面的作用。然而,人格特质理论并不能单独作为预测志愿服务行为可能性的依据,而其中的依恋理论一般只作为志愿服务行为的具体影响因素之一。

(二)志愿服务动机

由于志愿服务具有自愿性和无偿性,志愿者往往并不能从志愿服务中收获很多钱财,那么是什么因素能让志愿者心甘情愿地加入志愿服务? 对此问题,探究志愿服务的参与动机显得尤为重要。鉴于志愿者身份的多样性,我们无法探究所有志愿者从事志愿服务的动机,不同的人往往会为了不同的目的参与志愿活动。有研究表明,接近三分之一的志愿者都是为了填补空余时间才参加志愿活动,但是充实生活并不是全部的理由。人们参与的动机是会随着志愿服务的进行而发生变化的。西方学者曾对志愿动机进行过多次分类尝试,笔者整理了国外关于志愿服务动机分类的研究,并总结如表 4-1 所示。

表 4-1　志愿动机分类整合汇总

学者	志愿动机分类
Mueller,1975	利他动机、家庭集体利益的原因、"选择性诱因"(比如名望)、人力资本的提升
Farrell 等,1998	研发"特殊事件志愿动机量表"(SEVMS):①做有用的事情并贡献社会;②扩充社交网络、社会互动;③与家庭传统有关;④提升个人技能和满足个人期待
Clary 等,1998	①价值观动机(表达无私、利他等价值观);②理解力动机(学习并将所学知识、技巧运用到实践中);③社交动机(获得交友的机会或重要对象的好评);④职业动机(丰富履历);⑤防御性动机(减少金钱的负罪感等自我保护);⑥提升动机(自我成长和发展需要)
Yeung,2004	利他心、社会沟通、个人利益、情感需要
Hamzah 等,2016	青少年志愿动机:①"获益"(包括学会担当、拓展兴趣、培养友谊、建立团队精神和鼓励社会化等收益);②"需求"(包括释放领导潜能、提升沟通技巧等锻炼机会的需求);③"理由"(包括充实课余生活、丰富阅历、提升自信心和自尊心、了解现实生活等理由)

上述分类有其相似性,笔者经过梳理与辨别,对志愿服务动机的研究,大致可归纳为利他动机和利己动机两大类。利他心即个人为了社会利益而放弃自我利益,利己心则是个人为达成自己的目的而参与行动。作为自然人和理性人,人们参与志愿服务,既有利他心的作用,也有利己心的作用。志愿服务虽然体现出无私奉献的传统美德,但是

在现实中,志愿服务的动机却呈现出利己心与利他心交互的结果。亦有研究证实,对不同个体来说,志愿动机是大不相同的,且很可能受到周围人的影响。

1.利他动机

利他动机是个人为了社会利益而放弃自我利益。相关研究认为,利他动机是志愿行为的主要动机,相比年轻人,老年志愿者更容易受此类动机的影响。西方最早的志愿活动是由宗教人士展开的,宗教中无私奉献的利他精神,正是部分群体希望通过志愿服务去向他人传递和宣扬的价值观。利他动机要能顺利转化为实际行为,必须存在某种催化剂,这类催化剂主要有三种:个人或群体的道德标准、个人的同情心、个人对社会通用法则的认同程度。可见,在提倡志愿服务时,需强化助人为乐、团结友善等社会法则,唤起人们的同情心与道德感,以便使他们的爱心顺利转化为实际的志愿行动。

2.利己动机

作为理性人,参与志愿活动,必然要满足一些自己的目的,有研究认为,虽然人们怀有强烈的利他动机去从事志愿服务,但主要动力却是满足自身的需求。需求主要分为社会需求和心理需求。比如,老年人从事志愿活动,最多的原因是找回自身的价值感和存在感;学生或者职员,参与志愿服务更多的是为学习一些技能;青少年参与志愿服务,可以学习团队精神、释放领导潜能、提升沟通技巧、丰富社会经验,种种益处使他们获得了未来成长和应聘的优势;职场人士也可以凭借志愿经历获得名望、社交、履历等职业发展优势。

(三)志愿服务的自我影响

大部分研究都认为志愿服务会给被服务对象乃至全社会带来一定程度的积极影响。有数据证实,30%的被服务对象,认为志愿行为让他们变得更幸福了,60%的受助者认同志愿服务对其家庭也存在帮助。志愿行为还有助于增加社会资本、巩固社会信任和社会准则。探究志愿服务对志愿者个体本身的影响,更易于让我们察觉志愿服务的本质,这也是西方研究关注的重点。归纳相关文献,可知志愿行为会对志愿者带来生理层面、心理层面和社会层面等多方面的影响,其中积极影响是比较突出的,但近年来也开始有研究关注消极影响,特别是一些相反声音的出现,比如志愿服务容易导致志愿者精疲力竭,以及在焦虑和抑郁双重消极情绪下最终导致亚健康状态。还有学者曾提出过"志愿者困境",并通过一系列理论和实验证明,志愿者付出的要远远大于所得的,这也对今天志愿服务的激励和管理工作提出了挑战。接下来本节从生理、心理和社会三个层面,具体探究志愿服务带来的结果影响。

1.生理层面影响

志愿服务活动会涉及很多运动行为,无形中提高了志愿者的运动强度,有助于志愿者的身体健康。有一项研究表明,一年超过100小时的志愿服务会令志愿者减少患高血压的可能。特别是对于老年人来说,参与适当的志愿服务,对其提升健康质量具有积极影响,但是参与志愿活动要量力而行,过度劳累以及在焦虑等消极情绪的影响下,志愿者可能最终会导致亚健康。

2.心理层面影响

相比于生理层面,心理层面的影响是主要的。参加志愿活动会增强志愿者的内在快乐感。年轻人参与志愿服务后的自尊感会得到提升,老年人参与志愿服务后的幸福感也会变强,并且对于老年人来说,参与志愿服务后对生活满意度的提升和由此产生的积极效益与年轻人相比更为突出。志愿服务对于老年人因低自尊引发的消极情绪可以起到一种缓冲作用。这背后是因为志愿行为给志愿者提供的两种"心理资源":一方面,增强他们的自尊或者自我效能感;另一方面,帮助他们管理消极情绪,抵抗抑郁、焦躁和压力。有研究证实,如果志愿者出于利他心从事志愿服务,获得的幸福感更为强烈。

但是志愿者也会面临志愿服务带来的情感压力,他们必须处理在志愿工作中遇到的情感互动要求,比如志愿者常常会因"移情过度"而产生困扰。在照顾患者时,志愿者容易感染到一些悲伤、抑郁等负面情绪;在地震等灾害救助中,志愿者也常常在情绪上饱受折磨。

3.社会层面影响

所谓助人为乐乃快乐之本,参与志愿服务不仅有助于让志愿者变得快乐,而且也能增强他们的社会价值。对职场人士而言,参与志愿活动可以提升他们在面对挑战和解决工作问题时的决心与毅力,从而不会轻言离职;对学生而言,志愿经验不仅提升了沟通等各方面能力,更有利于其端正学习动机和提升学习成绩。参与志愿活动也令老年人获得了宝贵的社交关系与社会支持,老年人由于退休、丧偶以及身体机能退化等原因,更易感到与社会脱节,参与志愿活动减少了他们的孤立状态。

然而,志愿服务可能会导致家庭与工作的冲突,即志愿工作可能会干扰到志愿者的其他生活。作为一项业余活动,大部分志愿者都有正式工作,一旦当志愿服务占据的时间过多,导致家庭或工作分配失衡时,极可能引发冲突,干扰志愿者的正常生活。

(四)小结

目前西方对于志愿行为的研究多从三个角度出发,即"为什么进行志愿服务""志愿服务是什么"和"如何进行志愿服务"。志愿服务的研究属于典型的跨学科多领域研究,本节归纳了国外志愿服务的相关文献,整理了西方学者的主要研究方向,具体如表4-2所示。

表 4-2　志愿服务主要研究问题归纳

研究层次	研究内容	主要框架和路径
定义研究	概念解析 要研究说明什么	• 定义什么是/不是志愿服务 • 不同社会情境下的志愿服务
跨学科研究	根源理论 为什么要研究这个问题	• 经济学:利他心与理性人 • 社会学:社会整合与社会福利 • 心理学:亲社会性 • 管理学:市场失灵
多维度研究	解释理论 • 为什么进行志愿服务 • 志愿服务的决定因素 • 志愿服务的利益	• 动机与影响 • 主导地位模型 • 资源依赖模型
	论述理论 • 怎样开展志愿服务 • 志愿服务的背景 • 志愿服务及社会变化	• 志愿服务的类型 • 志愿服务的过程 • 志愿服务的管理 • 志愿服务机构变化 • 跨国志愿多形态化
	启发理论 • 批判的观点 • 思考的观点 • 争议的观点	• 社会不平等话题 • 志愿行为的不良后果 • 隐藏的意识形态问题

虽然目前国外已有较为完整和详细的研究成果,但仍存在一些不足,笔者在此基础上提出如下关于未来研究的展望:

第一,志愿服务概念研究不够清晰,存在模棱两可的界定。"利他性"与"无偿性"的概念设定过于广泛,"志愿"定义缺乏明确的内涵和外延界定。而对于志愿者的动机研究,虽然有较多归纳分类性质的文献出现,但还未有统一的分类版本受到认可,对志愿者的影响研究也主要从身心健康和社会发展角度出发,而长期影响是需要进行追踪研究,不断深入探索的。鉴于志愿研究的多领域、多角度,对研究问题的理论化与概念化也是一大挑战。

第二,志愿服务研究的数据调查方法有待优化。首先,调查动机的结果容易受到社会倾向性的干扰,比如志愿者常常会掩饰他们真正的目的,而主要指出自己是为了无私奉献才加入志愿行为的,以此获取青睐。其次,如果是政府号召或企业单位组织的志愿行为,有时并不能完全保证参与者的自愿性质,此时调查数据的准确性也会受到一定干扰。最后,长期的志愿研究开展需要大量的数据支持,目前志愿服务研究的相关数据库尚未建立,调查数据的搜集呈现碎片化的特征。

第三,已有研究对于复杂情境下的志愿行为关注较少。志愿服务往往会涉及多方利益相关者,不仅与个人最初的多种动机有关,还与不同的政策引导和社会氛围紧密联系。随着企业社会责任意识的增强，员工通过企业项目参与志愿服务也成了志愿服务的重要新形式，员工志愿服务目前已成为拥有巨大研究潜力的领域。同时，对志愿服务的研究也必须考虑文化差异与多元背景的影响，应体现"助人为乐""仁义为怀"的思想。

二、银龄志愿服务

据社会服务发展统计公报，截至 2019 年年底，全国 60 岁及以上老年人口 25388 万人，占总人口的 18.1％，其中 65 岁及以上老年人口 17603 万人，占总人口的 12.6％。随着老龄人口比例的提高，有关老年人的问题日益受到社会关注，其中，老年人的心理健康逐渐成为研究重点。2015 年中国健康与养老追踪调查项目（CHARLS）显示，33.1％的受访老人有较高程度的抑郁症状。①

如何才能促进老年人的心理健康？国外研究开始关注社会参与，尤其是公益参与对老年人心理健康的影响。研究发现，公益参与有利于扩大老年人的社会支持网络，实现老年人的价值，促进其心理健康。美国劳工统计局调查数据显示，2015 年美国 55～64 岁的人群中志愿者占比 25.1％，65 岁以上的老年人口中志愿者占比 23.5％，虽然老年人口中的志愿者比例低于 35～44 岁年龄段（28.9％）和 45～54 岁年龄段（28.0％），但老年人年均志愿服务时间更长。② 在我国，鼓励老年人参与公益活动也日益受到重视，2016 年，《"十三五"国家老龄事业发展和养老体系建设规划》提出了"鼓励老年人参加志愿服务，到 2020 年老年志愿者注册人数达到老年人口总数的 12％"的目标。但由于社会及老年人自身等诸多因素的影响和制约，我国老年人还未形成广泛而有效的公益活动参与格局，国内学界亦鲜有公益参与对老年人心理健康影响的研究成果。

本节采用全国性调查数据，基于"公益参与能否促进老年人心理健康"和"公益参与对老年人心理健康的影响是否存在群体差异"这两个问题，试图突破公益志愿参与和心理健康关系的现有研究局限，为提高老年人的福祉提供新的思路。

（一）理论假设与分析模型

1. 理论假设

老年人积极参与公益活动，以志愿者这一社会角色来弥补职业角色丧失所带来的失落和不适，对保护老年人的心理健康具有积极作用。这种积极作用通过多种机制得

---

① 北京大学国家发展研究院 2015 年中国健康与养老追踪调查项目（CHARLS）研究报告［EB/OL］.（2016-10-20）［2021-11-05］. http://www.nsd.pku.edu.cnhomexinwen/2016/1020/27467.html.

② 美国劳工统计局. Volunteering in the United States News Release［EB/OL］.（2016-02-25）［2021-11-12］. https://www.bls.gov/news.release/volun.htm.

到发挥。老年人参与公益活动能够获得更多的社会支持，包括结交好友、身处困境时从社交圈中获取支持，进而提高自身的健康水平。参与公益活动还能获得自我满足，展现自我价值。由于公益活动种类丰富、涉及面广，老年人有很大的弹性去尝试以往未曾尝试的工作，从而扩展眼界、增加积极的自我评价。此外，参与公益活动还可以提升老年人的成就感，通过服务他人，感受到对社会的贡献，重拾生活的意义。由此推测，参与公益活动会对老年人的心理健康产生重要影响。因此，本节提出以下假设：

H1：公益参与对老年人心理健康具有促进作用。与未参与公益活动的老年人相比，参与公益活动的老年人心理健康水平更高。

尽管公益参与可以弥补老年人已经丧失的社会角色，并且通过增加社会支持、实现老年人自我价值等途径促进其心理健康，但对心理健康的影响在不同的老年群体间存在差异。我们推断，相对弱势的老年人参与公益活动，其心理健康水平能够得到更有效的提高，即社会补偿效应。这是因为相对弱势的老年人往往具有较少的社会资源，社会认可度较低，社会支持网络不足；但在参与公益活动后，他们可以获得之前少有的社会认可，也可以从中得到自己急需的社会支持网络，逐渐形成较高的自我价值感。因此，相较于社会经济地位较高的老年人，他们实际上从参与公益活动中获取的综合效用更大。参与公益活动对他们而言不仅仅是奉献，也是他们自身资源和信心增加的过程，进而促进他们的心理健康。因此，本节提出以下假设：

H2：公益参与对相对弱势的老年人具有社会补偿作用。相对弱势的老年群体参与公益活动，其心理健康水平提高程度更为显著。

为了衡量老年人是否处于弱势，本节选择健康、收入和教育三个指标，具体的研究假设如下：

H2a：与健康状况好的老年人相比，健康状况差的老年人参与公益活动，其心理健康水平能够得到更为显著的提高。

H2b：与收入高的老年人相比，收入低的老年人参与公益活动，其心理健康水平能够得到更为显著的提高。

H2c：与受教育程度高的老年人相比，受教育程度低的老年人参与公益活动，其心理健康水平能够得到更为显著的提高。

老年人参与公益活动对心理健康影响的理论模型如图4-1所示。

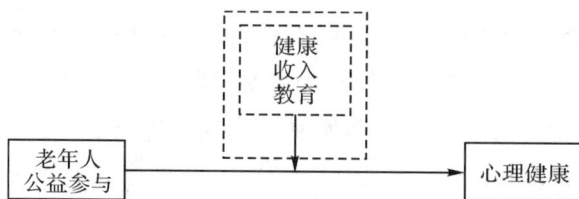

图4-1 老年人参与公益活动对心理健康影响的理论模型

2. 实证模型

老年人是否参与公益活动是一种自我选择行为,是对个体经济状况、身体状况以及其他诸多因素的一种适应性反应。换言之,老年人参与公益活动与否并非随机行为,可能遵循了某些选择机制,例如在现实生活中经济条件较好、身体健康的老年人可能更倾向于参与公益活动,因此,老年人参与公益活动这个变量应当是内生的。如果采用简单回归分析的普通最小二乘法(OLS)进行估计,那么估计系数将是有偏且非一致的,此时采用干预效应模型(treatment-effect model)是一种恰当的选择。本研究采用能够控制和消除样本选择偏差的干预效应模型来分析老年人公益参与对心理健康的影响。

具体而言,干预效应模型可表达为如下两个方程:

回归方程:$y_i = X_i\beta + V_i\delta + \varepsilon_i$　(1)

选择方程:$V_i^* = Z_i\lambda + \mu_i$,如果 $V_i^* > 0$,则 $V_i = 1$,否则 $V_i = 0$　(2)

$$P(V_i = 1 \mid Z) = \Phi(Z_i\lambda), P(V_i = 0 \mid Z) = 1 - \Phi(Z_i\lambda)$$

考虑到样本选择问题,评估的任务就是在控制由不可忽略的干预分配所引起的选择偏差的条件下,使用观察到的变量去估计回归系数 δ。其中,在回归方程中,y 表示老年人的心理健康;X 表示影响老年人心理健康的一系列解释变量,如人口特征、健康、收入等;β 为参数向量;V 表示老年人是否参与公益活动;δ 为待估参数;ε 表示误差项。在选择方程中,V 表示老年人是否参与公益活动;Z 表示影响老年人参与公益活动的一系列解释变量;λ 为参数向量;μ 表示误差项。

为了探究公益参与对老年人心理健康的影响在不同老年群体间的差异,考察公益参与对相对弱势的老年群体是否存在社会补偿作用,本研究采用带有交互项的干预效应模型进行检验。老年人是否弱势主要通过健康、收入和受教育程度三类个体异质性指标进行衡量。我们在回归方程(1)中增加个体异质性和是否参与公益活动的交互项,此时回归方程变为(3)的形式,选择方程保持不变。在方程(3)中,$V \times health$ 为个体自评健康变量与是否参与公益活动变量的交互,通过捕捉其前面的系数 γ 来分析个体不同的健康状况是否对老年人公益参与和心理健康之间的关系产生影响。同时,为了分析不同收入状况和不同受教育程度的影响,本节也将方程(3)中的健康变量替换成收入状况和受教育程度变量。通过使用带有交互项的干预效应模型,我们可以对假设 H2、H2a、H2b 和 H2c 进行验证。

回归方程:$y_i = X_i\beta + health_i + \delta V_i + \gamma V_i \times health_i + \varepsilon_i$　(3)

选择方程:$V_i^* = Z_i\lambda + \mu_i$,如果 $V_i^* > 0$,则 $V_i = 1$,否则 $V_i = 0$　(4)

$$P(V_i = 1 \mid Z) = \Phi(Z_i\lambda), P(V_i = 0 \mid Z) = 1 - \Phi(Z_i\lambda)$$

(二)数据及变量设计

1.数据来源

本研究所使用的数据来自中国综合社会调查(CGSS)2005年度数据中的老年人(年龄在60岁及以上)部分。2005年中国综合社会调查利用中国第五次人口普查1%抽样调查的抽样框,采用分层的四阶段不等概率抽样方法(PPS),有效样本共10372个。该数据是迄今为止唯一对参与公益活动和心理健康均有详尽调查的数据库,对实现本研究的目的而言非常理想。在筛选出老年群体,删除不合理值和缺失值之后,进入分析过程的样本数为1765个。

2.变量定义

本节研究的是老年人参与公益活动对其心理健康的影响,因此,被解释变量为老年人心理健康。通过详细阅读中国综合社会调查2005年的问卷,对于心理健康,通过询问"在上个月内,您是否因为一些情绪问题(例如焦虑、抑郁或易怒的感受)而感到困扰"进行测量,选项采用李克特(Likert)五点量表,分数越高表明心理困扰越多,心理健康水平越差。

本节的核心解释变量为是否参与公益活动,问卷询问"在业余时间里,您有没有参加由您工作单位以外的社团组织安排/进行的公益/义务活动(如扶贫、社会救济、赈灾、扫盲、环保等)",并提供了"一周几次""一周一次""一月一次""一年几次"和"从不"五个选项。由于我国公益活动参与尚未形成良好的社会氛围,"一周几次"和"一周一次"的样本较少,本节将变量重新归为参与(一周几次、一周一次、一月一次和一年几次)和不参与两类。

另外,国内外相关研究表明,人口学特征、社会经济特征、健康状况以及社会支持等诸多因素均会影响老年人的心理健康。因此,本节将年龄、性别、婚姻状态、城乡地区、受教育程度、收入、健康、社会支持等变量作为控制变量。

(三)实证分析与结果

1.老年人参与公益活动的影响因素分析

对于老年人参与公益活动的影响因素分析,本节借鉴了国内外相关文献。Wilson和Musick(1997)采用社会学视角构建了公益行为模型,运用人口学变量以及不同方面的资本变量对公益行为进行预测。资本变量主要包括人力资本(受教育水平、收入和健康状况)、社会资本(子女的数量和社交模式)以及文化资本(宗教和帮助的价值)。本节通过影响因素分析借鉴该模型,同时考虑到我国老年人社会参与表现出极强的"官方依赖"情结,对政府、街道和社区组织开展的活动,老年人参与的积极性更高,本节增加了组织因素(党员身份和对居委会或村委会的关注程度)。最终选取了人口学特征、人力资本、文化资本、社会资本和组织因素五个方面。表 4-3 是 Probit 回归分析的结果。

通过表 4-3 可以发现,年龄对是否参与公益活动有显著影响,高龄老年人参与公益活动的可能性降低;居住在城市地区的老年人参与公益活动的可能性高于居住在农村地区的老年人;受教育程度越高的老年人越有可能参与公益活动;健康状况越好和收入越高的老年人越有可能参与公益活动;身为党员的老年人参与公益活动的可能性高于非党员人群,同时,老年人对社区居委会或村委会的关注程度越高,参与公益活动的可能性也越大。

表 4-3 老年人参与公益活动影响因素的 Probit 回归分析

变量名称	回归系数	边际效应	z 值
人口学特征			
高龄	-0.273^*	-0.058	-2.38
男性	-0.143	-0.034	-1.67
已婚	0.190	0.042	1.78
城市	0.923^{***}	0.190	7.25
中部地区	-0.130	-0.030	-1.37
西部地区	-0.0538	-0.013	-0.53
人力资本			
小学	0.0899	0.021	0.78
初中	0.432^{**}	0.117	3.27
高中、职高及中专	0.541^{***}	0.153	3.87
大专及以上	0.701^{***}	0.213	4.27
个人年收入	0.115^*	0.027	2.11
自评社会经济地位(中层)	0.0549	0.013	0.64
自评社会经济地位(上层)	0.269	0.071	1.87
自评健康	-0.106	-0.025	-1.16
生理健康	-0.0498^*	-0.012	-2.22
文化资本			
宗教活动	0.598^{***}	0.177	4.22
社会资本			
家庭人口数	0.0158	0.004	1.07
与亲朋密切程度	-0.0440	-0.010	-0.86

续　表

变量名称	回归系数	边际效应	z 值
组织因素			
党员	0.365***	0.950	4.02
对居委会或村委会的关注程度（中等）	0.394**	0.080	2.82
对居委会或村委会的关注程度（非常）	0.069**	0.192	3.05
常量	−2.961***		−5.84
Pseudo R^2	0.2057		

注：*** 表示 $p<0.001$，** 表示 $p<0.01$，* 表示 $p<0.05$，下同。

2.公益参与对老年人心理健康的影响分析

根据上述分析，老年人参与公益活动与否是内生的，受到年龄、地区、受教育程度、健康和收入等诸多因素的影响，此时，采用简单回归分析的普通最小二乘法（OLS）估计老年人参与公益活动对心理健康的影响就会导致系数有偏且非一致，因此，我们采用干预效应模型克服这种潜在的内生性问题。依据老年人参与公益活动的影响因素分析结果，我们选择年龄、城乡地区、受教育程度、个人年收入、生理健康、党员身份和对居委会或村委会的关注程度等变量进入选择方程。进入回归方程的变量包括人口学特征、自评健康、收入状况、家庭因素和社区因素等。表 4-4 为使用干预效应模型估计的回归方程结果。

表 4-4　使用干预效应模型估计的回归方程结果

变量	回归方程	
	回归系数	z 值
公益参与	−1.162***	−11.28
高龄	0.075	1.06
男性	0.019	0.39
已婚	0.007	0.12
城市	0.278***	3.89
中部地区	0.081	1.54
西部地区	0.193**	3.46
小学	−0.096	−1.48
初中	−0.021	−0.26
高中、高职及中专	−0.022	−0.24
大专及以上	0.154	1.31

续　表

变量	回归方程	
	回归系数	z 值
个人年收入	−0.072**	−2.37
自评社会经济地位（中层）	−0.229***	−4.72
自评社会经济地位（上层）	−0.324***	−3.80
自评健康	−0.765***	−15.49
宗教活动	0.059	0.67
娱乐活动	−0.029	−0.44
家庭人口数	−0.013	−1.60
与亲朋密切程度	−0.081***	−2.73
党员	0.035	0.54
社区居民熟悉程度	0.009	0.32
社区居民互助程度	0.008	0.37
常量	3.648***	13.72
rho	0.720	
sigma	1.020	
Lambda	0.0734	
$\rho=0$ 的 LR 检验	56.48***	
χ^2	744.17***	

在模型设定方面，干预效应模型输出了四个可供参考的统计值：rho、sigma、lambda和对 $\rho=0$ 的似然比检验。其中，rho 是选择方程和回归方程误差项之间的相关系数，sigma 是回归方程误差项的方差，lambda 统计量是逆米尔斯比值或非选择风险。因为干预效应模型假定选择方程和回归方程的两个误差项之间的相关为非零，如果违背该假定会导致估计偏差。如果 ρ 显著不等于 0，则表明采用干预效应模式是合适的。由表 4-4 可知，$\rho=0$ 的似然比检验卡方值为 56.48（$p<0.001$），因此可以在 0.1% 的显著水平上拒绝原假设，采用干预效应模型在本研究中是合适的。

老年人参与公益活动与心理健康关系显著，即参与公益活动有助于减少老年人的心理困扰，促进老年人的心理健康，假设 H1 得到了验证。虽然在研究中，由于数据的限制我们没有办法量化参与公益活动的时间，但通过目前的研究结果，我们可以确认，适当地参与公益活动对老年人利大于弊。因此，社会和政府应当转变思想，鼓励老年人参与公益活动，通过"老有所为"实现"老有所乐"，这将有益于全社会在日益加速的老龄化趋势下获得长寿红利。

3.老年人是否弱势对公益参与和心理健康关系的影响

以下将以自评健康、个人年收入和受教育程度三个指标衡量老年人是否相对弱势，研究老年人弱势与否是否会造成公益参与对心理健康的不同影响，从而验证社会补偿假设是否存在。本节使用的估计模型来源于方程（3）和（4），通过捕捉个体异质性与是否参与公益活动的交互项前面的系数γ，来考察老年人是否弱势对公益参与和心理健康关系的影响。表4-5汇报了回归结果。

表4-5 弱势属性对公益参与和老年人心理健康关系的影响

变量	模型1		模型2		模型3	
	系数	z值	系数	z值	系数	z值
公益参与	−1.390***	−12.61	−2.166***	−4.09	−1.275***	−10.61
自评健康	−0.866***	−16.07				
自评健康×公益参与	0.441***	4.43				
个人年收入			−0.084**	−2.71		
个人年收入×公益参与			0.110+	1.93		
受教育程度					0.021	0.32
受教育程度×公益参与					0.200+	1.92
rho	0.747		0.728		0.723	
Sigma	1.027		1.024		1.022	
Lambda	0.768		0.745		0.739	
$\rho=0$ 的 LR 检验	65.08***		60.19***		58.77***	
χ^2	765.26***		753.86***		746.06***	

注：+ 表示 $p<0.1$。

模型1为增加自评健康与公益参与的交互项后，以心理健康为被解释变量的回归结果。可以看到，交互项在0.1%的显著水平上统计显著，且系数（0.441）为正。这表明，与自评健康状况较差的老年人相比，自评健康状况较好的老年人参与公益活动后心理困扰降低得更少，也就是说自评健康状况较差的老年人参与公益活动更能有效促进心理健康。因此，假设H2a得到验证。

模型2为增加个人年收入变量和公益参与的交互项后，以心理健康为被解释变量的回归结果。可以看到，交互项在10%的显著水平上统计显著，且系数（0.110）为正。这表明，与收入水平较低的老年人相比，收入水平较高的老年人参与公益活动后心理困扰降低得更少，也就是说收入水平较低的老年人参与公益活动更能有效促进心理健康，因此，假设H2b得到验证。这与国外的研究发现是一致的，证明在我国也存在社会经济地位弱势的老年人参与公益活动受益更多的现象。

为了考察不同受教育程度的影响,我们将受教育程度变量重新处理为二值变量,从未上过学和小学文化水平编码为 0,初中及以上文化水平编码为 1,其中受教育程度在初中及以上的老年人占全部样本的 36.6%。模型 3 为增加受教育程度变量和公益参与的交互项后,以心理健康为被解释变量的回归结果。交互项在 10% 的显著水平上统计显著,且系数(0.200)为正。这表明,与受教育程度较低的老年人相比,受教育程度较高的老年人参与公益活动后心理困扰降低得更少,也就是说受教育程度较低的老年人参与公益活动后更能有效促进心理健康,假设 H2c 得到验证。

根据上述回归结果,健康状况较差、收入水平较低和受教育程度较低的老年人参与公益活动,其心理健康水平能够得到更明显的提高,这三类人群在参与公益活动中受益更多。这有力地验证了社会补偿假设。不可否认,吸纳弱势老年人参与公益活动存在一定的挑战,但对整个社会而言,弱势老年人的心理健康问题更应值得注意,忽视这一人群会产生强者愈强、弱者愈弱的马太效应。

(四)小结

公益参与能够促进老年人的心理健康,这种促进作用对相对弱势的老年人更为明显。对此,本节提出以下两方面建议:

第一,改变陈旧的养老观念,营造公益参与氛围。长期形成的老年即人生谢幕的理解是片面的,这种错误定位阻碍了老年人参与公益活动和服务他人的积极性。因此,社会需要提高对老年人参与公益活动的认同:在老有所养的前提下,倡导老有所为,对老年人参与公益活动给予政策、经济等方面的支持;社会媒体应重视老年人参与公益活动的宣传,营造浓厚的支持氛围。当然,老年人个人也需要增强社会参与的信心与动力,以公益行动展示老年人的健康形象和自我价值。

第二,增强差别引导,吸纳弱势人群开展公益实践。我国目前也在鼓励扩大老年人社会参与、发展老年志愿服务,但重点在老专家、老知识分子等社会经济地位较高的老年人群。而本节的研究表明,相对弱势的老年人群(如健康状况差、收入水平低和受教育程度低的老年人)才是公益活动的最大受益者,因此,社会各界应格外关注相对弱势老年人的公益参与。公益组织在设计公益活动项目时,要考量弱势群体参加的可能性,设计一些可以吸纳弱势群体参与的公益活动项目。社区对弱势群体和被边缘化的群体应重点关注,引导其参与公益活动,并大力宣传其中的典型。

三、女性志愿服务

在中国取得抗击新冠肺炎疫情胜利的逆行者中,有一群人是默默无闻的奉献者,他们自发形成,自愿参与,响应号召,不留姓名,他们就是——志愿者。2020 年 2 月 23 日,习近平总书记在统筹推进新冠肺炎疫情防控和经济社会发展工作部署会议上指出:"要发挥社会工作的专业优势,支持广大社工、义工和志愿者开展心理疏导、情绪支持、保障支持等服务。"①这一重要讲话,是对广大志愿者积极参与疫情防控的充分肯定。志愿者群体在抗击新冠肺炎疫情中发挥了很大的作用,在新冠肺炎疫情暴发的早期和中期,即有一大批志愿服务组织自动自发形成社群力量,策划、组织和推进了多种疫情防控项目,并且志愿服务组织还发挥了自身的引领性和创新性作用,与地方各级政府紧密合作,形成抗击疫情的联合机制。

我们不禁思考,是什么推动着志愿者在抗击新冠肺炎疫情的紧要关头,顶着重重危机挺身而出? 现有研究中,我们知道了大学生群体参加志愿服务的动机主要是服务社会、锻炼能力、拓宽社交;老年社工群体参加志愿服务的主要动机来源于文化、政治和经济等方面的需求;企业员工参与志愿服务的主要动机为满足自我需求、自我完善和增强对组织的归属感。但是这些能不能解释志愿者群体在抗击新冠肺炎疫情中的动机呢? 对此我们不得而知。

志愿者也是人,他们的血肉之躯是否会有倦怠感呢? 据新闻报道,四川省珙县珙泉镇南城社区抗击新冠肺炎疫情志愿者曾玉萍,因抗击疫情,长时间参与志愿工作缺乏休息,过于劳累而突发心肌梗死,抢救无效,不幸去世。目前关于志愿者的倦怠感,已有针对特定行业志愿者的倦怠研究,例如教师志愿者、基层工作志愿者等,但是在新冠肺炎疫情这种危机情景中,志愿者面临的风险更具有不确定性,工作性质更加复杂,因此在危机处境中表现出来的倦怠特性也会有所不同,我们并不知道在这样的处境中,志愿者是否会倦怠。

如果说我们对于志愿者在抗击新冠肺炎疫情中的动机和倦怠了解不多,那么我们对于女性志愿者的探索就少之又少了。有的研究关注女性志愿服务的可持续发展问题,致力于解决女性志愿活动中存在的问题和面临的困难,有的关注社区女性志愿者的贡献,认为在目前男性劳动力、青壮年大量流失的背景下,女性能够承担起农村社区精神文明建设的重任。但对于女性志愿者本身的动机与倦怠感知之甚少,那么在志愿服务动机和志愿工作倦怠感方面,女性志愿者又有什么特性呢? 女性志愿者与男性志愿者有没有区别呢? 本节通过浙江省"志愿汇"平台提供的数据,对1641名志愿者进行了研究,试图对比女性志愿者与男性志愿者在志愿服务动机与倦怠感方面的差异。

(一)理论基础

1.志愿服务动机理论

志愿服务动机是志愿者为什么要从事志愿服务的原因。志愿服务动机早期在 Okun 等(1998)的研究中已经提出,但还未形成完整的理论框架。目前应用较广的是 Clary

---

① 习近平在统筹推进新冠肺炎疫情防控和经济社会发展工作部署会议上的讲话[N].人民日报,2020-02-24(02).

等(1998)提出的志愿者功能量表理论,他们采用了一种功能性方法来理解志愿服务的动机,原本利他主义才是志愿服务的本意,但是Clary等发现,除了利他主义这一维度,志愿服务动机还存在其他五个维度,分别是利他主义、自我发掘、社交需求、阴影驱散、能力提升、职业促进。具体分析如下:

(1)利他主义,顾名思义是为他人奉献的精神和出于人道主义价值观的激励;

(2)自我发掘,是指了解自己,发掘自己的各种潜质;

(3)社交需求,是指加强人际关系和社会关系;

(4)阴影驱散,是指保护自己的心理免受责难的一种自我救赎;

(5)能力提升,是指帮助自我提升能力,推动成长与发展;

(6)职业促进,是指改善职业前景,在就业市场上获得更多机会。

时至今日,该理论已经在多个领域应用并得到验证,并且具有广泛的应用空间,如孝亲敬老志愿者的动机研究、青年社区工作者志愿行为研究等。

2.倦怠理论

倦怠是指在长期工作或者工作重压下产生的身心疲劳与耗竭的心理综合症状,是一个心理学的抽象概念。一方面,倦怠会导致个体对工作丧失热情,情绪烦躁,产生放弃与逃避的念头,在以人为服务对象的情况下,还会导致服务过程中失去耐心甚至态度恶劣等情况;另一方面,倦怠又可以作为指标,用来代表职工对其当下工作的厌倦程度。长期而严重的倦怠甚至能让职工做出离开自己工作岗位的决定。相关研究已指出,利用调查问卷等方式,可以及时对职工的倦怠程度进行评估。

关于倦怠程度的测量方法,目前已有较多成果。其中,最早被提出并得到广泛应用的是美国社会心理学家设计的工作倦怠量表(Maslach Burnout Inventory,MBI)。但是,MBI的应用具有一定的局限性,Kristensen(2005)在批判MBI的基础上,编制了哥本哈根倦怠量表(Copenhagen Burnout Inventory,CBI)。CBI具有很高的内部一致性信度和良好的效度,目前已经在多个国家及研究领域广泛应用。因此,本节以适用性更为广泛的CBI倦怠量表为基础,研究新冠肺炎疫情期间女性志愿者的倦怠程度。

(二)数据及变量设计

1.数据来源

本研究所用的数据,依托浙江省"志愿汇"平台发布的问卷——"志愿汇"与浙江大学社会治理研究院开展的公益性学术调查问卷。随着数字化社交平台的普及,"志愿汇"等智能APP为志愿群体参与社会治理提供了可能,它收录了与志愿者相关的一系列数据,是技术赋能社会治理的典型案例。该问卷面向浙江省下辖的11个地级市、20个县级市、37个市辖区以及30多个县的志愿者进行随机抽样调查,并根据本研究目的，筛选出疫情防控期间参加志愿活动的志愿者问卷样本，剔除或处理信息缺失的样本后，得到有效样本量为1641个。

2.变量设计

本研究的被解释变量分为志愿服务动机和志愿服务倦怠度两大类。志愿服务动机方面设置了六个被解释变量，分别是利他主义、自我发掘、社交需求、阴影驱散、能力提升、职业促进；志愿服务倦怠方面设置了一个被解释变量，即倦怠程度。

解释变量为性别，即研究女性志愿者在六大志愿服务动机与志愿服务倦怠度方面与男性志愿者相比是否有显著差异，其中男性为1，女性为0。

控制变量共四个，考虑到志愿者在年龄、志愿时长、教育程度、职业等方面的差异会影响他们的动机和倦怠程度，故设置志愿服务时长、年龄段、职业、受教育水平为控制变量。

本节主要研究性别对志愿服务动机和倦怠感的影响，以检验不同性别的志愿者在志愿服务动机分数和倦怠分数方面是否有显著差异为目的，故采用协方差分析。将线性回归与方差分析结合起来，调整各组平均数和F检验的实验误差项，检验两个或多个调整平均数之间有无显著差异，以便控制其他影响被解释变量但是无法人为控制的协变量（与因变量有密切回归关系的变量）在方差分析中的影响。

（三）实证分析与结果

1.协方差分析

本研究对核心变量进行了协方差分析，以性别为解释变量，以利他主义、自我发掘、社交需求、阴影驱散、能力提升、职业促进、倦怠程度为被解释变量，以志愿时长、年龄段、职业、受教育水平为控制变量，分析结果详见表4-6。

表4-6　性别与志愿服务动机、倦怠感协方差分析

变量		女性/分（平均值±标准差）	男性/分（平均值±标准差）	F	p
动机	利他主义	4.79±0.39	4.81±0.42	0.564	0.453
	自我发掘	4.61±0.63	4.70±0.58	7.953	0.005**
	社交需求	3.29±1.41	3.64±1.37	23.871	0.000***
	阴影驱散	3.10±1.42	3.39±1.43	13.503	0.000***
	能力提升	4.29±0.94	4.43±0.86	9.422	0.002**
	职业促进	3.91±1.21	4.14±1.09	14.287	0.000***
倦怠	倦怠程度	1.60±0.92	1.77±1.09	8.953	0.003**

　　在利他主义的协方差分析中,女性志愿者的平均分值为 4.79 分,与男性志愿者平均分值 4.81 分较接近,p 值 0.453,表明男性志愿者与女性志愿者在利他主义分值上的差异不显著。

　　在自我发掘的协方差分析中,女性志愿者的平均分值是 4.61 分,男性志愿者的平均分值是 4.70 分,从小于 0.01 的 p 值可以看出,女性志愿者在自我发掘动机上的平均分值显著低于男性志愿者。

　　在社交需求的协方差分析中,女性志愿者的平均分值是 3.29 分,男性志愿者的平均分值是 3.64 分,从小于 0.001 的 p 值可以看出,女性志愿者的社交需求动机上的平均分值也显著低于男性志愿者。

　　在阴影驱散的协方差分析中,女性志愿者的平均分值是 3.10 分,男性志愿者的平均分值是 3.39 分,从小于 0.001 的 p 值可以看出,女性志愿者在阴影驱散动机上的平均分值同样显著低于男性志愿者。

　　在能力提升的协方差分析中,女性志愿者的平均分值是 4.29 分,男性志愿者的平均分值是 4.43 分,从小于 0.01 的 p 值可以看出,女性志愿者在能力提升动机上的平均分值亦显著低于男性志愿者。

　　在职业促进的协方差分析中,女性志愿者的平均分值是 3.91 分,男性志愿者的平均分值是 4.14 分,从小于 0.001 的 p 值可以看出,女性志愿者在职业促进动机上的平均分值仍然显著低于男性志愿者。

　　倦怠的协方差分析结果:从倦怠程度的平均分值来看,女性志愿者倦怠程度的平均分值是 1.60 分,男性志愿者倦怠程度的平均分值是 1.77 分,p 值为 0.003,说明女性志愿者在倦怠程度方面的平均分值显著低于男性志愿者。

2.补充性分析

　　人们不禁会问,倦怠可能与工作量有关。即男性志愿者可能工作时间上长于女性志愿者,自然倦怠感会更高。为了检验志愿者倦怠在性别上的差异是否是工作总时长上存在的差异造成的,本节又开展了一次调查,得到的样本量为 309 个。本节调查了他们的每次平均志愿服务时长与每周平均志愿服务次数,两个变量的乘积即为每周志愿服务总时长。

　　表 4-7 为性别与志愿服务时长的协方差分析。分析结果显示,女性志愿者与男性志愿者每次平均志愿服务时长、每周平均志愿服务次数和每周志愿服务总时长的 p 值分别为 0.475、0.382 和 0.621,均大于 0.05,即女性志愿者与男性志愿者在每次平均志愿服务时长、每周平均志愿服务次数、每周志愿服务总时长方面均无显著差异。由此可得,男性志愿者与女性志愿者在工作总时长上不存在差异,排除了工作总时长的差异对倦怠分析的影响,对女性志愿者与男性志愿者在倦怠上的显著差异进行了进一步验证。

至此，我们可以大胆地推测女性志愿者倦怠感更低真的或许并不是工作量少，而是因为她们的耐受性更高，在危急关头面前显示出更强的韧性。

表 4-7　性别与志愿时长协方差分析

志愿时长	女性/分 （平均值±标准差）	男性/分 （平均值±标准差）	F	p
每次平均志愿服务时长	3.74±2.55	4.12±2.82	0.512	0.475
每周平均志愿服务次数	2.38±2.58	2.71±2.73	0.765	0.382
每周志愿服务总时长	13.49±21.80	11.50±21.48	0.244	0.621

（四）小结

女性志愿者研究值得关注，传统观点对于这一群体的理解是值得同情的"弱者"，需要保护和帮助，需求提供各方面的支持，但她们真的仅仅是"弱者"吗？在特殊的危机情况前，她们又会有怎样的行动呢？本研究颠覆了过去对于女性志愿者的刻板印象。在具有高风险、高不确定性的疫情危机面前，她们心怀大爱，坚守在志愿岗位上。

通过以上对于疫情防控志愿动机的统计分析可知，志愿者参与志愿服务的主导动机是利他主义，即推动志愿者进行志愿服务行为的主要驱动力还是对他人的奉献和人道主义价值观的激励。利他主义的协方差分析也显示性别在利他主义均值上没有显著差异，这也恰好证实了无论是男性还是女性，志愿者参与志愿活动都主要受到利他主义的推动，都是为了帮助他人，行善奉献。

然而在其他五个利己维度的协方差分析中，女性志愿者得分则与男性志愿者有显著的不同。在自我发掘、社交需求、阴影驱散、能力提升、职业促进这五个动机的得分上，女性志愿者得分都显著低于男性志愿者。

对此，本节分析如下：在自我发掘方面，相较于女性，男性志愿者更加倾向于在志愿服务活动中获取知识、技能、能力等，而女性志愿者则并未表现出对发现自我潜能的偏好；在社交需求方面，男性志愿者的志愿行为受人际关系和社会关系影响较大，他们会更倾向于抱着发展和加强自己人际关系与社会关系的目的来参与志愿服务，而女性志愿者则受社会环境影响较小；在阴影驱散（指通过志愿服务转移注意力、获得环境及心理上的支撑）方面，女性志愿者相较于男性志愿者，更加不受环境及心理上的支持的吸引，说明她们更专注于单纯的奉献与付出；在能力提升方面，相较于男性志愿者，女性志愿者并不倾向于为了提升自己的能力，学习到更多的东西而参与志愿服务，说明她们的志愿行为受自我成长和发展影响较小；在职业促进方面，男性志愿者较倾向于将志愿服务视为一种改善职业前景的方法，而女性志愿者则未表现出此类偏好。

综合以上六个维度，本节发现女性志愿者较男性志愿者更为纯粹。男性志愿者会受到自我发掘、社交需求、阴影驱散、能力提升、职业促进这些动机的多重推动,为了改善自己的职业前景,加强人际关系或社会关系,获取知识和技能,帮助自我成长,保护自我心理免受责难而参与志愿服务活动;女性志愿者只与男性志愿者在利他主义动机上没有显著差异,即她们参与志愿服务更多的是为了帮助他人,奉献自己。

另通过以上对于志愿者倦怠的统计分析可知,整个志愿群体的倦怠分数偏低,但女性志愿者的耐受度仍显著高于男性志愿者。即总体而言,疫情防控志愿者的耐受度都较高。但相较于男性,女性在志愿服务中具有更低的倦怠感和更高的耐受度,也就是说,女性志愿者在面对挫折和困难时更加坚强,有更加强大的内心和耐性:在面对情感资源的消耗时,不丧失对公益的热爱;在面对服务对象抗拒时,不表示冷淡疏远;在面对个体胜任感和工作成就下降时,正视枯燥感并继续坚持。

第五章　公益社会企业

　　根据西方发达国家的经验,社会组织在发展过程中容易出现"志愿失灵"问题。从外部来看,社会组织的资源主要来自于社会捐赠和政府购买,在捐赠文化并不发达或是政府财政紧张的地区,社会组织往往难以从外部获得资源;从内部来看,社会组织难以提供有吸引力的薪资,其工作主要由有爱心的志愿人士自愿承担,这导致社会组织自身运作效率不高,容易造成对慈善资源的浪费。"社会企业"——一种采用商业手段解决社会问题的新型混合组织则轰然出现,相较于同样以解决社会问题为目标的社会组织,它们具有更强的可持续发展能力。

　　自尤努斯获诺贝尔和平奖以来,"社会企业(social enterprise)"这一舶来概念在中国广为推崇。它发轫于欧美,植根于第三部门,近年来为国内学者、从业人士乐道。格莱珉银行珠玉在前,中和农信、残友集团效仿在后。社会企业并非纯粹的公益机构或者商业企业,通常整合商业和公益元素,从而处于一种富有成效的平衡状态。这种以企业手段实现社会使命的运作模式,发端于社会痛点,通过建立精巧商业模式来修复痛点,还原美好社会的本来面目。

一、社会组织转型社会企业

　　为了摆脱资源匮乏的困境,解决志愿失灵的问题,中国也出现了社会组织转型成为社会企业的现象。根据《中国社会企业和社会投资调研报告》显示,国内有 32.4% 的社会企业是运用市场化手段运作的民间社会组织。经过第三方机构(如社创星社会企业发展促进中心)或政府部门(如成都市工商局)的认证,我国已然出现了一批由社会组织转化而来的社会企业,它们将市场机制和商业方法引入传统的社会组织,为中国的社会组织发展探索了一条新的道路,它们的转型经验十分宝贵,亟待学者们的发掘和总结。

　　根据初步分类,转型为社会企业的社会组织的主要来自于扶贫、教育、养老和助残领域,其服务对象覆盖妇女、儿童、老人、残疾人等弱势群体。本节运用分层抽样方式,从不同类型的社会企业中共提取出 4 个案例作为重点研究对象。具体而言,本节搜集了来自童萌教育、慧灵托养、墨尔朵刺绣和朗力养老在转型前后的各类信息,包括其战略目标以及围绕战略目标的业务内容、用人策略和资产配置策略,本节将这些信息进行案例内的前后对照及案例间的归纳总结,从而概括出社会组织转型社会企业的方式。

(一)案例简介

1. 童萌教育

成都童萌社会工作服务中心成立于 2016 年,主要为中、低等收入家庭提供 0～3 岁儿童亲子早教服务。成都童萌社会工作服务中心在 2018 年选择向社会企业转型,转型后的名称为"成都童萌早启教育科技有限公司"(简称"童萌教育")。为了摆脱对捐赠资金的依赖,尝试走一条自力更生、自我造血的道路,童萌从社会组织转型成为社会企业,转型前的童萌,75% 的收入来自于"三一基金会"的资助,除此之外,童萌想要进一步扩大覆盖人群的数量,但现有的模式不能满足,这也是导致童萌转型的主要原因。转型后的两个实体各有分工,民办非企业单位负责行业倡导、教育产品研发及县乡地区早教业务,社会企业负责城市早教业务的推广和落地,相互支撑,形成闭环。2019 年,童萌已经可以达到盈亏平衡,童萌通过转型实现了可持续运营。

2. 慧灵托养

广州市慧灵托养中心(简称"慧灵托养")创办于 1990 年,1998 年正式注册为一家社会组织,是国内最早为心智障碍人士服务的非营利社会服务机构之一。2012 年,广州市慧灵托养中心全资注册成立广州市麦子烘焙食品有限公司。当面临着单纯的托养服务不能帮助心智障碍人士就业、融入社会以及存在托养场景单一化的问题时,慧灵逐渐将视线向社会企业聚焦。其开办的广州市麦子烘焙食品有限公司通过提供烘焙技能训练,帮助多名心智障碍人士实现社会化就业,同时将所得的盈利再投入到慧灵的社会服务中,形成了一个良性循环机制。

3. 墨尔朵公司

阿坝藏族羌族自治州藏族传统编织挑花刺绣协会成立于 2008 年,为了保护和传承在地震中有可能丢失的民族文化遗产,创始人杨华珍组织妇女成立了该协会。由于缺乏社会组织建设运营的经验和稳定的资金来源,协会在发展之初就面临着严重的资金短缺问题。为了解决协会生计问题,杨华珍和协会成员选择在 2009 年转型成立"成都杨华珍藏羌织绣文化传播有限公司",2017 年改名成"成都墨尔朵文化传播公司"(简称"墨尔朵公司")。转型后,协会和社会企业相辅相成,协会负责非物质文化遗产人才的培训,墨尔朵公司负责相关文创产品的开发,树立品牌,打开销路,保证传承发展事业的可持续性。

4. 朗力养老

成都市锦江区朗力养老服务中心成立于 2010 年，是一家专业致力于为老年人提供养老、护理、管理咨询、技能培训等服务的社会机构，它在 2012 转型成社会企业，转型后的名称为"成都朗力养老产业发展有限公司"（简称"朗力养老"）。其转型的主要原因是：①当朗力养老想要向其他地区推广时，发现社区养老的属地性非常强，跨地区发展存在较大的难度；②居家养老领域有很大的需求。转型后朗力养老提供传统社区养老服务，朗力养老则提供适老化改造。

（二）社会组织转型社会企业的原因

一般来说，组织运行一段时间后会进入"稳态"，即某种稳定的平衡状态；而组织变革意味着需要打破"稳态"，进入到失衡的状态。从前一种状态到后一种状态的过程，往往意味着巨大的"阵痛"和风险。从社会组织到社会企业，究竟是何种原因让社会组织甘冒风险，甘愿忍受转型的阵痛呢？本节试图结合案例，从主动和被动两方面予以解答。

1. 被动转型——面临生存困境

所谓"困则思变，变则通达"，社会组织为了摆脱困境，会激发出强烈的转型动力。社会组织面临哪些生存困境呢？本节认为其面临着由于经营方式导致的"资金短缺"和"人才流失"的双重困境。

社会组织的资金主要来源于政府、基金会及个人的资助，然而这种外部"输血"并不稳定，常常导致社会组织患上"贫血综合征"。首先，政府购买社会机构服务的模式在发达地区较为流行，但是在落后的中西部地区还未普遍实行；其次，我国的基金会数量有限，无法满足众多社会组织的发展需要；最后，个人的捐助往往数量有限，不具有可持续性。以阿坝藏族羌族自治州藏族传统编织挑花刺绣协会为例，在发展之初是由个人出资，没有向政府申请资助，也没有求助于基金会或者开展其他的筹资活动，因此面临着资金短缺的问题。

2. 主动转型——发现创业机会

市场空白是发现创业机会的外部机遇，而自身资源是内部基石。发现蓝海市场是促进不少社会组织主动转型成社会企业的主要原因。因这一原因而成功转型为社会企业的如朗力养老。朗力养老发现了居家养老领域的广阔需求，而目前的养老供给还匹配不了这一蓝海市场，于是将其前身朗力社区养老中心的多年一线养老服务经验转化到适老宜居的业务板块中，以合理的价格提供给家庭适老化的评估和定制方案，形成以"评估＋产品＋服务"的商业模式面向全国复制推广。转型后的朗力养老在 2013 年就已经能够保证收支平衡并逐渐盈利，2015 年启动新三板挂牌计划，2016 年营业额近 3000 万元。

(三)社会组织转型社会企业的方式

1. 调整战略目标：由"传递价值"到"创造价值"

社会组织存在的本质是"将来自政府和社会的捐赠资源转化为具体的项目和服务，以妥善的方式传递给受助者，从而减轻他们的痛苦，帮助他们走出困境，并最终实现公共安全和社会和谐的目标"。从价值的全流程来看，这个过程就是将慈善资源转化为社会服务，同时存在必要的价值损耗——社会组织的运营管理费（见图5-1）。

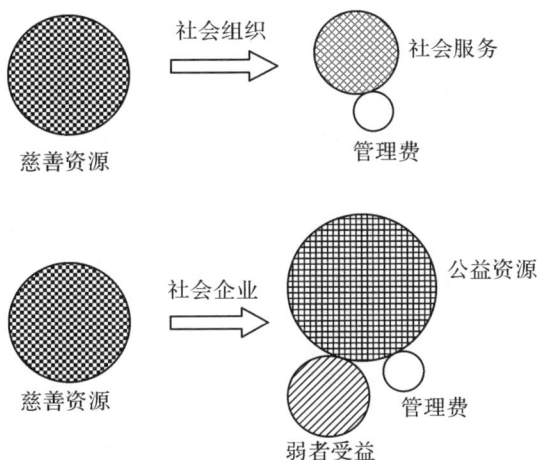

图 5-1　社会组织和社会企业的"价值裂变"图谱

而社会组织转型为社会企业之后，其战略目标发生了根本性的转变。社会企业不仅能够将公益资源传递给弱势群体，让他们获得受益，还能在这个过程中创造出更多的价值。以慧灵托养为例，它在接受社会捐赠之后，用一部分钱培养和资助残障人士创业——开设自己的烘焙店，残障人士在这个过程中获得了能力提升，也获得了自食其力的工资收入，减轻了社会的托养负担。可以说，社会企业将公益资源转化为能够创造财富的资本，帮助弱势群体发挥他们的潜能，最终创造出更大的公益价值。

2. 扩大业务范围：由"社会服务"到"市场销售"

一开始社会组织的业务主要是"To S"(to society)和"To G"(to government)，即筹集社会捐赠和接受政府的社会服务项目外包，最终表现为向社会提供服务。例如，童萌教育的主营业务是在公益基金会的支持下，为社区家庭提供早期教育服务，接受社会捐赠以获得生存；朗力养老的微型养老站，其主营业务是在政府的支持下在社区提供托底性质的养老服务，承接政府的养老服务购买以获得生存。总而言之，它们的主营业务在第三方支付模式下为社会提供公共服务（见图5-2）。

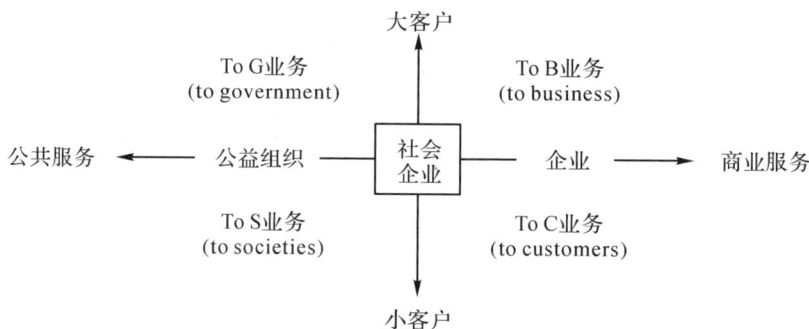

图 5-2　社会企业的"四线业务"

　　转型社会企业之后，社会组织的业务内容增加了"To C"（to customers）和"To B"（to business），即为弱势群体提供符合其消费能力的产品和服务。例如，童萌教育开发了普惠化的社区早教平台——童萌亲子园，让社区的中低收入家庭也能消费得起，为社会底层的客户提供了生活服务；朗力养老开发了智能化的养老系统，并将其销售给其他的养老机构，帮助更多的老人用更低的成本享受到便捷的"云上养老"服务。总而言之，社会组织转型社会企业后，通过社会创新服务被市场忽略的低收入人群，让弱势群体享受到了更廉价的个人服务。

　　3. 转变用人策略：由"受助对象"到"合作伙伴"

　　传统的社会组织的服务对象往往是单纯地接受帮助的"受助对象"，他们往往存在个人能力不足，或是身存环境不够优越，因此需要外界的帮助。社会组织往往本着帮助弱者的目的，为他们提供输血性的支持服务，包括物质支持、心理辅导及环境改善等。例如，阿坝藏族羌族自治州藏族传统编织挑花刺绣协会为藏族妇女们提供纺织原料，为他们提供地震后的心理疏导，让妇女们从危机中暂得解脱；慧灵托养为残障孩子提供日常的吃住服务，保障他们的生活所需，让残障孩子得以继续生存。在社会组织眼中，社会组织就像是弱势群体的"救生圈"，服务对象是需要被帮助的"溺水者"（见图 5-3）。

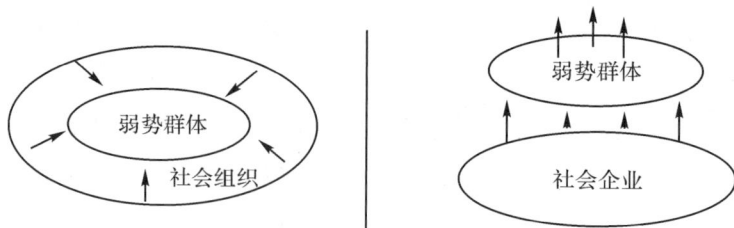

图 5-3　社会组织和社会企业客户关系的区别

　　转型为社会企业后，社会组织倾向于发掘弱势群体的潜能，并与之成为合作伙伴，共同创造价值。例如，墨尔朵公司发掘出藏族妇女织锦的能力，对其进行严格的专业培训，使其生产的产品能够满足进入市场的标准；慧灵托养帮助残障孩子创建了烘焙坊、农场、庇护工场等企业,发挥他们耐心、冷静、专注的特长,让他们从事契合他们的劳动能力的工作,能自食其力;童萌教育亲子园雇用的都是社区中低收入的妈妈,让她们在照顾自己孩子的同时也能赚到生活费用。总之,在社会企业眼中,弱势群体并非是毫无能力的弱者,而是有着潜在能力的人,社会企业为他们创造了良好的条件,可以与弱势群体实现共赢。

4.优化资产配置:由"慈善捐赠"到"公益反哺"

社会组织的资产主要来源于社会捐赠和政府资助(购买),社会组织本身的资源大部分需要转化成物品或服务捐赠给弱势群体,少部分用作扩展业务的资金。例如,朗力养老从政府部门获得公共服务项目,就需要按照合同规定完整地将项目资金转化为居民养老服务,部分资金用于平衡项目管理成本;阿坝藏族羌族自治州藏族传统编织挑花刺绣协会的资金来源于创始人和公益机构的捐赠,在将资金用于为低收入妇女购买纺织原材料及提供培训后变得所剩无几,资源单向地流入了弱势群体,使组织陷入困境。总之,社会组织的财务资金是单向流动的。

社会企业的资金主要来自于社会企业和弱势群体共同创造的价值,也接受来自政府和社会的捐赠,可以观察到,社会企业的资金不仅分配给弱势群体和社会企业员工,还有向反哺社会的部分。例如,朗力养老将其收入的20%以上用作社会公益目的,支持关于适老化改造的公益项目,将企业由于社会支持而获得的超额利润回赠给社会,实现了良性互动。社会企业内部的资金是双向流动的,既有流向弱势群体的部分,也有流向社会大众的部分,两者之间实现了良性互动。

社会组织和社会企业的价值流动过程见图5-4。

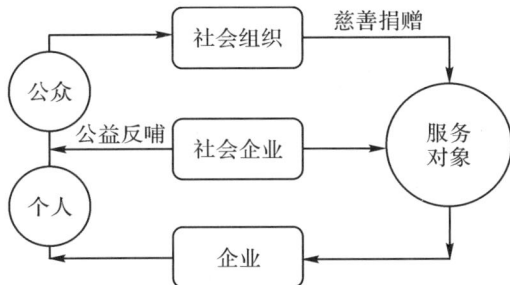

图 5-4　社会组织和社会企业的价值流动过程

(三)社会组织转型社会企业的效果

1.正面效果

第一,扩大正面社会效益。社会组织是扩大公共利益的组织,其受益对象是社会,而其转型成社会企业带来的社会效益可以从两个方面来看,分别是内容输出和价值输出。以慧灵托养为例,首先在内容输出上,其成立的广州市麦子烘焙有限公司,所提供的平台可以为心智障碍的人士提供社会化就业，这为其他托养机构提供了一个可复制、可参考的模式。其次在价值输出上，不仅鼓励了心智障碍人士自我价值的实现，还向公众传播了心智障碍人士也可以就业，增加了公众对心智障碍人士的认知，消除了对他们的误解。这些社会效益虽然是无形的，但是也不容忽视。

第二，实现可持续自我造血。转型后的社会企业通过商业化的方式获取资金，资金来源上多了选择，对外部的依赖也相对减弱，实现了可持续自我造血。2019年，转型后的童萌教育已经可以达到盈亏平衡进而降低第二年的筹款占比；2013年，转型后的朗力养老已经能够保证收支平衡并逐渐盈利；2017年，墨尔朵公司已经形成了协会—博物馆—社会企业三位一体的良性生态链。这些社会企业都以商业化的方式使自己有了稳定的资金来源，实现了自我造血，降低了过度依赖的系统性风险，从而获得可持续发展。

2. 负面效果

社会组织向社会企业转型带来正面效果的同时，负面效果也随之而来。社会组织转型社会企业的负面效果可以从三个角度来探讨，分别是公信力遭受质疑、使命面临漂移、经营遭遇风险。

第一，公信力遭受质疑。童萌教育早年以民办非企业单位运行以及在转型后以社会企业运行，先后都得到三一基金会的支持，转型后有公益人质问其基金会项目官郭琳："社会企业也是企业，企业你们也支持？"面对质疑，郭琳回应道："这场争论指向的问题之一是有偿的形式与公益的内核能否保持统一，大家尤其担心公益和商业'两条腿'走路，走着走着就偏离原来的轨道，出现'挂羊头卖狗肉'的问题，时时提醒自己是否还保持着公益的初心，也是每一个公益人都应该注意的。"当社会组织转型成带商业性质的社会企业时，其提供服务的形式也从免费/低收费变成付费，其目标群体当面临付费时，也许不再接受服务，社会大众也会因其收费而让原本就微弱的社会组织公信力雪上加霜。

第二，使命面临漂移。社会企业的目标在于兼顾社会价值和经济价值，但这两者之间的关系却仍不明确。在经济利益诱惑和生存压力催迫的双重作用下，许多社会企业容易在运行过程中逐渐丢失社会目标。对于许多有利润压力的社会企业而言，社会价值反而成为其沉重的"负担"，特别是近些年来，民间资本涌入影响力投资领域，资本容易迫使社会企业采取更多的逐利行为，从而发生"舍义而求利"的使命飘逸现象。

第三，经营遭遇风险。即使有些社会组织现在成功转型，但是在转型之初仍然面临着经营风险。首先，社会组织和社会企业的经营方式有所不同，是否具备运营能力或者执行团队能否切换成企业的运转模式尚不可知。以童萌教育为例，转型后的一年，仍处于入不敷出的财务状况。其次,有社会组织模仿转型成功的社会企业进行转型,但不是所有的社会组织都适合转型并且转型成功。

二、社会企业寻求合法性

义利关系是中国传统文化中的一个重要命题。其中,"义"反映了人们对社会公共道德的追求,而"利"强调的则是个人利益及需求的满足。这种矛盾的义利关系在现代组织中也极为常见,社会组织便是重义轻利的典型代表,它不以营利为目的,致力于提升公共利益。与之不同,商业企业体现的则是重利轻义,以实现利润最大化为最终目标。在这两种组织内部,义与利处于对立状态,无法兼容及调和,其结果是公益组织因缺少资金而影响了社会目标的有效实现,而商业企业则因缺少社会责任而受到公众的质疑。社会企业不同于传统社会组织,因为它主要通过自我创收来维持组织运营,而不是依靠捐赠和赞助。它也不同于传统商业企业,因为其根本目标在于解决社会问题,而不是追求利润最大化。一言以蔽之,社会企业是用企业的方法来做公益的组织。

社会企业在中国的实践及发展必须解决"义利并举"这一关键问题,因此,本节将关注的焦点放在以下两个问题上:第一,在中国情境下,社会企业是如何在获取经济利润的同时创造社会价值的? 这需要我们深入分析社会企业价值创造及实现的路径和过程。第二,何种理论工具可以用于解释社会企业价值实现的机理? 对于这一问题,本节认为可以从商业模式及合法性理论中寻找答案。

(一)社会企业价值实现路径

商业模式反映了一个组织价值实现的路径和逻辑。社会企业双重价值的实现也要以商业模式为依托。最近的研究强调了社会企业与商业企业在商业模式上的共通性,认为可以将一般企业的价值实现路径用于社会企业的商业模式分析。此外,为了实现双重价值,社会企业也需要对传统商业模式进行创新,以保证在实现财务可持续性的同时实现社会使命。基于这些共性及差异,本节一方面采用了一般商业模式分析中的价值创造、价值传递和价值获取三种机制,另一方面又兼顾了社会价值与经济价值两条路径,以及两者交互作用所产生的协同效应,具体如图5-5所示。

1.价值创造

价值创造说明了组织能为顾客创造什么价值,以及这些价值是如何生产出来的。对社会企业而言,经济价值创造主要是产品和服务的提供,而社会价值创造则是社会和环境问题在一个或多个方面的改善,包括健康、教育、社区发展,等等。其中,前者具有使用价值,能够通过市场交换来获取利润,而后者创造的多是非货币价值。

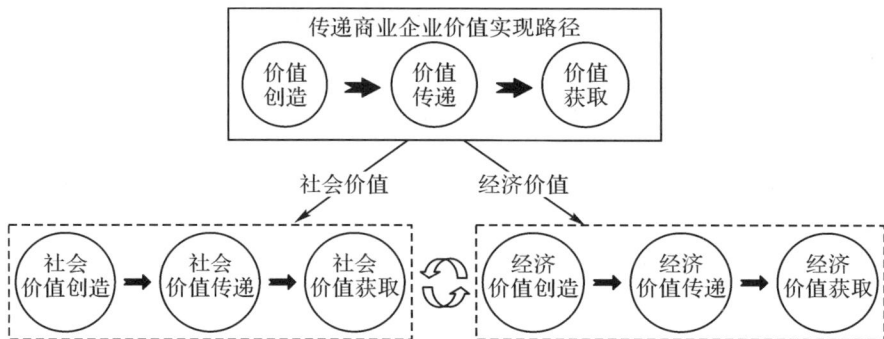

图5-5　社会企业价值实现的三个环节

2.价值传递

价值传递是价值创造的下一个环节，它主要是将社会企业创造的价值（产品、服务、信息等）通过合理的方式传递给消费者，即销售、营销和宣传渠道，既包括销售人员或互联网等直接渠道，也包括中间商等间接渠道。它衡量了社会企业能否将创造的价值有效传递给消费者的能力，同时也对社会企业最终的价值获取有重要影响。

3.价值获取

价值获取位于价值传递之后，它意味着交换价值的实现，是社会企业从总体产出的价值中所占有的份额。其中，经济价值的获取对社会企业的成功至关重要，只有获得收益，社会企业才能保持竞争优势。这里还需要注意社会企业在价值获取方面的独特性，即它强调和重视的不是利润最大化，而是产出最大化，也就是说，为了广大弱势群体及消费者的利益，社会企业在产品和服务定价上会低于一般商业企业。在经济价值的支持下，社会企业也会因社会使命的实现而获得非货币价值，如品牌、公信力、满意度等。获取的非货币价值越高，意味着社会企业解决社会问题的能力和效果也较高。

（二）案例简介

"老爸评测"成立于2015年1月7日，是一家专注于解决有毒有害产品问题的社会企业。通过跨界结合移动互联网、自媒体、众筹检测、合格产品团购电商等多方资源，"老爸评测"成功以创新的商业模式促进了社会问题的有效解决，并因此荣获2015年度"中国社创之星大赛"总决赛的冠军。

从价值创造的过程上看，"老爸评测"的发展经历了三个发展阶段（见表5-1），具体如下：

第一阶段（2015年1—12月）为社会价值创造阶段。"老爸评测"的创始人魏文锋先生，是一名有着17年实验室检测经验的家长。出于职业的敏感，他怀疑女儿使用的包书皮有毒，于是自费上万元到检测中心对市面上的问题书皮进行了检验，并自费10万

表 5-1 "老爸评测"义利并举的发展阶段

发展阶段	价值创造	活动开展	收入来源	经济状况
阶段一 2015 年 1—12 月	体现社会价值	检测有害产品	自费+众筹	入不敷出
阶段二 2016 年 1—12 月	创造经济价值	销售安全产品	销售	扭亏为盈
阶段三 2017 年 1 月至今	创造社会价值 创造经济价值	检测有害产品 销售安全产品	众筹+销售	盈利递增

元拍摄了一部检测全程的纪录片,联系媒体对该社会问题进行了曝光。之后,为了"让天下的孩子们远离有毒有害产品",他发起了"老爸评测"项目,建立了微信公众号,试图通过检测来公布有害产品的"黑名单",以此来保证孩子的健康。从成立之日起,"老爸评测"先后检测了包书皮、毒跑道、切菜板、魔术擦等产品,为家长们提供了安全和健康的产品信息。总体而言,该阶段"老爸评测"公益使命突出,但经济价值创造明显不足,运营主要依靠自费和众筹。到 2015 年年底,众筹获得的资金为 6 万多元,而检测费一共花费 9 万余元,可以说是入不敷出,资金不足成为制约组织可持续性及使命实现的短板。

第二阶段(2016 年 1—12 月)为经济价值创造阶段。为了解决组织的生存问题,把公益做大,"老爸评测"开始引入商业手段,建立了微商城"老爸商城"和淘宝会员店,销售通过检测合格的"白名单"产品,来获取收入,以更好地解决有毒有害产品这个社会问题。该阶段的创新之处在于采用了"良币驱逐劣币"的思路,通过做减法,所有物品都只推荐和销售一个品类的无毒可用产品,一方面满足家长对安全产品的需求,同时实现自我造血的可持续发展,另一方面推动厂商有动力自觉地生产优质、合格的产品,从而改变行业生态。通过该模式的建立和引入,"老爸评测"在财务方面实现了扭亏为盈。

第三阶段(2017 年 1 月至今)为双重价值创造阶段。"老爸评测"通过公益使命和商业手段分别实现了社会价值及经济价值创造,所以下一步便是充分发挥两者之间的相互融合及促进作用。具体来说,一方面,因为组织的公益性和社会使命,"老爸商城"的产品销售不断增加,其交易额也从每月 200 万元不断增长。另一方面,由于"老爸评测"将不少于 1/4 的利润用于产品检测,支持组织的社会使命,随着收入的增加,其产品检测的能力及范围也不断拓展。总结起来看,该阶段"老爸评测"的盈利持续增长,社会影响也不断扩大。

(三)案例分析

本部分对"老爸评测"的双重价值实现路径进行了分析和说明。如图 5-6 所示,根据前文的案例介绍和阶段划分,我们可以看出,首先,在阶段一,"老爸评测"的价值创造主要以社会价值为主，路线单一。其次，在阶段二，通过引入商业手段，"老爸评测"增加了经济价值创造路线。最后，在阶段三，"老爸评测"的价值创造路线成功拓展为两条，并且彼此之间的协同作用也更加突出。下文将对每条路线下的价值创造、传递和获取过程进行详细说明。

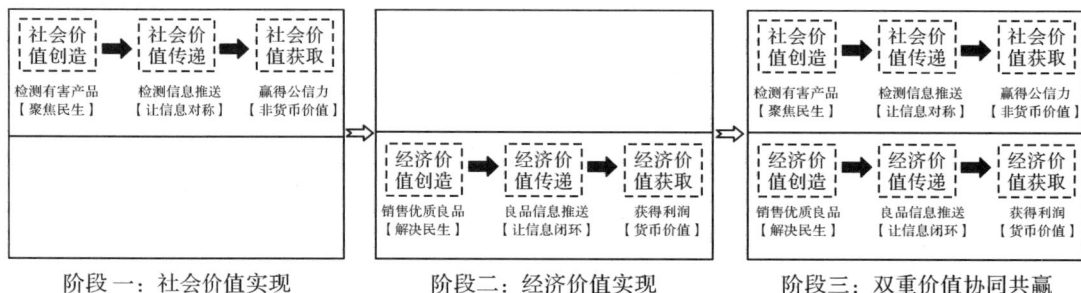

图 5-6　社会企业双重价值实现的三阶段模型

1. 阶段一：社会价值实现

"老爸评测"的使命是让孩子远离有毒有害产品。在社会价值创造阶段，"老爸评测"的价值创造主要围绕该使命展开，通过众筹检测发现有毒有害产品，然后向社会公布"黑名单"。在此过程中，"老爸评测"利用了自身的检测背景和能力，建立了一个专门为孩子、家长检测的实验室，采用高于国际的要求来建立检测标准，同时为家长提供甲醛检测仪、光谱检测仪、Tvoc 检测仪等精密、昂贵仪器的全国漂流检测活动。此外，考虑到大部分有毒有害产品的检测需要具有资质的专业机构和专业仪器，耗资巨大，所以"老爸评测"也与外部的专业实验室建立了合作关系，它们均是经过中国合格评定国家认可委员会（China National Accreditation Service for Conformity Assessment, CNAS）认可的第三方检测机构，可以保证评测的科学和公正。

在社会价值传递环节，"老爸评测"需要将检测信息通过合适的方式传递给消费者。为此，它在微信公众号、网站、新浪微博等多个平台公布检测结果，使家长们可以免费、迅捷地获得相关信息，该过程有效地解决了信息不对称问题。有毒有害产品的存在，一个主要原因便是消费者与生产者之间存在信息上的不对称，家长们往往只购买产品，而没有为产品的信息付出成本，因而在交易中处于比较不利的地位，而拥有较多信息的生产企业，为了获取更多利润，也缺少提供信息的动力。"老爸评测"通过发挥信息中介的作用，有效平衡了消费者与生产者之间的信息差异。

最后，在社会价值获取环节，"老爸评测"成功赢得了公信力，获得了来自家长的信任和支持，以及社会的认可。这主要源于组织自身的公益属性，及其聚焦民生、解决有害产品问题的社会使命。魏文锋对有毒包书皮进行曝光，相关微信贴在全国家长的朋友圈刷屏，阅读量上百万，相关视频点击量也达到 120 多万次，浙江卫视、杭州电视台、《解放日报》等多家媒体争相报道，这使他收获了一大批粉丝。目前，"老爸评测"微信公众号后台聚集着 40 多万粉丝。除此之外,"老爸评测"独立于生产企业、检测机构的第三方身份,也增强了检测结果的公平、公正,使得它成为一个民间认可的放心标志。

2. 阶段二:经济价值实现

在第二阶段,魏文锋发现用众筹的方式来支撑检测非常"烧钱",而且每一次众筹都是对粉丝热情的消耗,长此以往难以为继。此外,他也发现检测出问题产品并不能有效解决问题,因为有毒有害产品仍在市场上流通。所以,"老爸评测"必须引入商业途径,既实现自我造血,同时又能从根本上解决有毒有害产品这一问题。他考虑了几种方案,"要么 To B、要么 To C,要么广告"。如果 To B,向厂家收钱,给厂家的产品出报告,这样会丧失公信力;广告也一样,向商家付费,就会丧失独立性;而 To C,消费者花钱订阅检测信息和报告,相对难以实现。所以,"老爸评测"最后选择向消费者出售安全产品,该方式既可以盈利,同时也与其使命密切相关,可以通过"良币驱逐劣币"的策略从源头上解决有毒有害产品问题。

之后,在经济价值传递环节,"老爸评测"通过微信有赞商城和淘宝会员店等平台来进行产品的销售。在此过程中,"老爸评测"主要发挥了经纪人的作用,它从检测机构获得产品的检测信息,从厂商处获得安全产品,然后将这些信息和产品再提供给消费者。此外,为了进一步控制产品质量,"老爸评测"还建立了家长不定期滚动抽检系统,随机选择购买产品的家长,派单后由他们担任抽样及送检人,以确保工厂可持续稳定生产符合"老爸评测"标准的产品。通过检测、销售以及不定期的检查和反馈,"老爸评测"实现了信息闭环,既发现了问题,同时又解决了问题,并且还通过监督和反馈对各个环节进行了有效控制。

最后,在经济价值获取环节,"老爸评测"成功获得了经济利润,实现了财务上的可持续。但需要指出的是,"老爸评测"在价值获取方面与传统企业不同。一般商业企业追求利润最大化,即最大限度地获取收入。而"老爸评测"作为社会企业,为了使更多的家庭受益,它追求的是产出最大化,以使更多的消费者获得高质量的产品。为此,"老爸评测"拿出不少于 1/4 的利润用于产品检测,支持其社会使命。此外,为了迅速做大,使更多的家庭远离危害,"老爸评测"追求零利润卖货,"老爸良心推荐"店铺中的很多商品,卖的都是成本价,例如,检测合格的西梅,进价 10 元、包装费 2 元、人工费 3 元,一共15 元。这些特点都区别于传统商业企业。

3. 阶段三:双重价值协同共赢

通过在坚持社会使命的基础上引入商业手段,"老爸评测"最终实现了双重价值创造,既获得了经济利润,同时又实现了社会目标。而且这两条价值创造路径交互影响,产生了整体上的协同效应,达到了"1+1>2"的效果。具体而言,通过检测和公布有毒产品,"老爸评测"获得了较高的社会公信力,这促进了消费者的信任和支持,使其愿意购买它的产品,网店重复购买率达到 48%。"老爸良心推荐"店铺的销量也因此逐月上涨,而且消费者还愿意加价购买,额外支付赠款,支持其运营。反过来,利润增长又促进了"老爸评测"使命的实现,其检测的商品范围从学生用具到生活用品不断延伸,目前已检测了超过十大类、100 多种产品。同时它还成立了实验室,业务范围也不断拓展,更多家庭从中受益。

(四)双元合法性

双元合法性(dual legitimacy)可以有效揭示该过程的内在机理。目前对社会企业的研究及讨论大多关注社会企业双重底线的独特性,或者注重对其双重价值的评估及测量,也就是说,重心在于社会企业的目标与结果(见图 5-7),而对社会企业如何实现目标、获取结果的中间过程和机理缺乏深入讨论。本节通过"老爸评测"的案例分析发现,社会企业之所以采用"分步走"的发展战略,原因在于为了获得双元合法性。其中,社会企业优先实现社会价值是为了获得公众的接纳,建立道德合法性;而经济价值的实现则是为了在市场上实现交易的合法性。从优先序列上看,公众接纳是基础,处于优先地位;交易合法是途径,顺序次之。只有依次建立这两个合法性,社会企业才能最终实现双重价值。

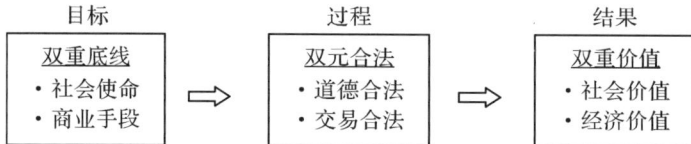

图 5-7　社会企业的双元合法性

因此,社会企业要实现双重价值创造,必须在发展过程中分别建立道德合法性与交易合法性。当然,最关键的是优先次序问题,考虑到公众的信任和支持是社会企业发展的根基,而且其对利润获取也具有重要的促进作用,所以,社会企业应首先获得公众接纳,实现社会价值创造,进而在此基础上引入商业手段,获得交易合法性,实现经济价值创造,并最终通过双重价值的协同共赢对社会产生积极影响。

三、社会企业参与社会治理

党的十九届四中全会提出,必须加强和创新社会治理,完善党委领导、政府负责、民主协商、社会协同、公众参与、法治保障、科技支撑的社会治理体系,建设社会治理共同体。由此,社会治理共同体建设成为国家治理的要点。为适应社会结构多元化、公共服务需求多样化的趋势,政府应完善向社会分权放权政策,动员、组织社会力量共同参与,实现政府治理和社会调节、居民自治良性互动。其中,政府向社会力量购买公共服务是政府与社会都高度认同的治理创新模式,可为民生问题提供解决思路。

当下"垃圾围城"警兆频传,垃圾分类已是城市环境治理中的关键瓶颈。当前垃圾处理通常采用"可回收垃圾、厨余垃圾、有毒有害垃圾和其他垃圾"四种分类方式,但即便政府大力宣传,居民参与度仍走低,执行效果不尽如人意。垃圾前端不分类,后端只能延续传统的"焚烧和填埋"手段,与"减量化"和"资源化"的初衷背道而驰。可以说,垃圾分类关乎大气污染和城市空间拮据等一系列社会问题。

社会创新和社会企业理论为化解社会困局提供了崭新的理论基础。社会企业往往参与民生问题的解决,同时也参与市场经济互动,在其间扮演民生经纪人的角色。在垃圾回收市场化改革后,政府通过宏观调控,购买第三方的垃圾回收、转运、处理服务,实现公共物品供给,以解决传统的政府主导模式下垃圾回收成本高筑的问题。此时,社会企业成为政府购买的一大选择:基于可持续的商业模式,社会企业将在远期实现自我造血,从而不依赖于政府资源以解决社会问题。但由于民生事业规模庞大,社会企业在参与垃圾分类治理的起步阶段,无力承担高额成本,因此需要政府通过购买手段,提供早期支持。

本节试图通过分析垃圾回收领域新近出现的企业案例——"虎哥回收"(浙江九仓再生资源开发有限公司),回答两个核心问题:一是社会企业在环境领域如何实现参与社会治理;二是政府如何通过购买服务,撬动社会治理创新。对此,本节构建了一个"政府购买—社会企业规模效应"的基本分析框架,创新性地探讨社会企业在垃圾回收领域起到的独特作用,并为政府购买公共服务提供了一个全新视角,有助于凸显社会企业在处理社会问题上的新价值,为社会企业参与社会治理体系构建提供理论支持。

(一)案例简介

"虎哥回收"是由浙江九仓再生资源开发有限公司自主打造的便民、高效的废旧物资回收平台。该公司于2015年7月成立,在起步阶段,它试图以两种方式促成垃圾前端分类,提升回收效率:一是在线上利用互联网平台扩大垃圾分类参与面;二是在线下完善垃圾物流体系。

基于此背景,"虎哥回收"平台于2015年11月上线。传统的垃圾回收基于线下的交互,往往以垃圾回收站为中转平台,其间没有分类激励机制,仅靠宣传推动和道德自律,居民参与主动性不高。而"虎哥回收"将其自有的小程序和应用推广到居民中,基于线上的便捷交互,使得居民足不出户便能参与垃圾分类回收。在这种"互联网＋"垃圾分类回收模式下,垃圾回收站实现了功能迭代,回收流程便捷亲民。公司现已拥有专用生活垃圾分类回收车200辆,资源化分选总仓3万余平方米,构建了一条从居民家庭到垃圾总仓的垃圾"分类、收集、运输、处置"路径。

"虎哥回收"这一结合线上平台与线下物流的商业模式,让其经济效益稳步攀升,经营规模逐步扩大。其垃圾分类体系脱胎自杭州市余杭区,也已推广应用至杭州市其他区(市、县)。截至2019年,"虎哥回收"服务居民达到20万户,服务居民垃圾分类参与率达到80%以上,生活垃圾减量达到户均0.9千克/天,回收垃圾资源化利用率达到98%,已基本实现盈亏平衡。其中,公司的收益主要分为两块,一是垃圾回收后可再生资源的产出;二是政府购买服务的资金支持。而随着覆盖面的扩大,回收量的增长,"虎哥回收"的服务居民数增加,自我造血能力也不断提高。目前,虎哥回收在政府的支持下正走在规模化的道路上。

(二)案例分析

"虎哥回收"已通过商业模式创新到达了盈亏平衡点,预期在未来可脱离政府资源,实现独立可持续发展,其模式为垃圾分类难题提供了一个有效的解决方案。那么"虎哥回收"是如何通过创新模式实现规模化发展并创造利润的呢?环境治理需多方参与,各尽其责,最终实现政社协同的高效局面。"虎哥回收"的模式创新正体现在与政府、居民和后端企业的高效协同上。

1. 与政府的协同

一是政府购买市场化。以杭州市余杭区为例,区政府通过财政、城管、物价等部门联合测算,结合第三方会计师事务所对"虎哥回收"的运营成本进行审核,最终形成了政府购买服务的市场化运作模式。余杭区政府在充分调研审核的基础上,不遗余力地给予"虎哥回收"前期发展支持。具体而言,区政府在2018年与"虎哥回收"签订了一揽子采购协议,其中采购标准为1.25元/户·日,并无偿提供"虎哥回收"需要的服务站用房(标准为60平方米/间),每年给予上限为100万元的有毒有害垃圾补助。关于政府购买的重要扶持作用,"虎哥回收"董事长唐伟忠说道:"虎哥回收的利润,政府购买占七到八成,剩下的才是垃圾送到后端处理过的产出。"

二是政府监管标准化。一方面,区政府制定明确的考核办法,按季度从项目进展、资源回收效率、居民参与度等维度考核"虎哥回收"的社会效益完成情况。考核方式包括线上与线下数据核查、工作小组暗访抽查、民意调查等。另一方面,"虎哥回收"主动向政府开放数据后台,加强政府监管标准化,使监管手段更加有效。因其线上智慧平台能够实现精准定位垃圾、车辆的功能,故政府部门能够实时查询整个回收网络的运作轨迹,"我们的数据很大,完全透明,定期会交给政府检查,不会有什么拿钱不干事的行为。"("虎哥回收"总经理胡少平)

2. 与居民的协同

一是创新分类方式。为便于居民操作,"虎哥回收"将垃圾分类方式简化,从原先较为复杂的四分类法改为干湿两分类法,将生活垃圾分为干垃圾和湿垃圾两大类。"虎哥回收"总经理胡少平说:"很多居民垃圾分类的意识是有的,但是标准太复杂,我们现在简单地分为两类,大家都愿意尝试。"以往居民可能因为垃圾分类的复杂性和相关知识的缺乏产生畏难情绪,这种分类方式在操作上激励居民参与垃圾分类,不再为分类名目的选择而费周章。

二是线上规范化平台。依托线上平台,"虎哥回收"将每户家庭投放的生活垃圾重量和种类通过二维码扫入系统,实现了生活垃圾从产生、清运到处置再利用的全过程数据链。居民在移动端选择废品种类,填写预约时间和地址,工作人员便会在1小时之内上门提供服务。在上门回收时,"虎哥回收"对废品进行质检并由系统计算回收价格,待确认后系统会线上支付,自动划账至用户的环保金账户。"下单之后半小时就到了,虎哥都是统一穿制服的,给垃圾估价也很专业,而且每个垃圾都给贴上二维码,不怕扔错东西。"(某用户)

三是形成激励机制。"虎哥回收"利用货币激励的手段调动居民垃圾分类的积极性。例如,提供给居民可回收垃圾专用袋,装满即可呼叫回收,由工作人员免费上门提供服务,并按每千克0.8元提供环保金。这种"你环保,我请客"的方式,让居民和社会企业都有利可图,真正地让居民的垃圾分类意识变被动为主动,激励其自愿积极参与。例如,某小区居民说道:"换来的这个环保金可以换日用品之类,我前几天就换了几斤鸡蛋。"

3. 与后端企业的协同

一是建立回收总仓。"虎哥回收"出资搭建区域回收总仓,将运送到总仓的干垃圾再度进行细分。目前在回收总仓中,干垃圾最终利用率达到98%,只有2%的垃圾因为有毒有害转入垃圾处理部门,进行焚烧或填埋处理。这种集约化总仓处理实现了垃圾回收利用的集中化运作,避免了在整个回收链条中个体户和各类企业鱼龙混杂、效率低下的局面,降低了社会运行成本。

二是构建后端产业群。"虎哥回收"与多家后端资源再生企业达成关联合作关系,依托整个后端产业群的规模优势实现大量垃圾的有效回收。不同的垃圾对接不同的后端企业,如电子废弃物对接浙江盛唐环保科技有限公司,废玻璃对接宁波乾纳新材料有限公司,废纺织物对接上海掌盛实业有限公司等。

4. 垃圾治理的社会企业新模式

基于"虎哥回收"的模式特征,本节总结了垃圾治理的社会企业新模式(见图5-8),以期实现该治理模式的复制化。

在此模式中,前端居民通过社会企业介入形成垃圾分类意识,将生活垃圾分为可回收垃圾和不可回收垃圾;中端的社会企业作为"民生经纪人",获得政府提供的必要财政支持,从而在企业内部形成回收、清运和处置的完整产业链,为垃圾分类回收的规模化打下基础；后端的回收企业通过接受社会企业集约处理后的可再生资源，进行二次生产利用，实现从垃圾到产品的路径。在这一模式下，虽然有极小部分垃圾依然要经过焚烧和填埋，但真正实现了将放错地方的资源再利用、将空气的污染最小化、将填埋的空间节约化。

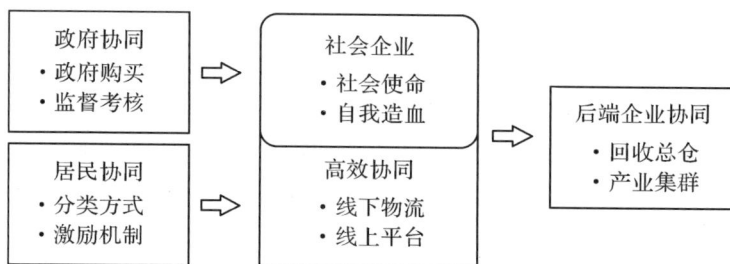

图 5-8　垃圾治理的社会企业新模式

（三）垃圾治理："政府购买—社会企业规模效应"框架

基于"虎哥回收"的发展模式和发展过程，本节以社会企业为政府购买垃圾分类服务为对象，构建了一个"政府购买—社会企业规模效应"的基本分析框架（见图 5-9）。当社会企业进入环境治理领域，因民生事业成本高企，前期发展需要政府扶持。本节主张在社会企业发展早期，政府应当将"远期社会成本"作为评价依据，即垃圾未能有效分类带来的后端成本，包括焚烧致使的空气污染成本、填埋致使的空间成本和购买时的组织服务带来的高额机会成本，同时以"可测量的"的手段购买社会企业服务，促使社会企业实现规模效应。

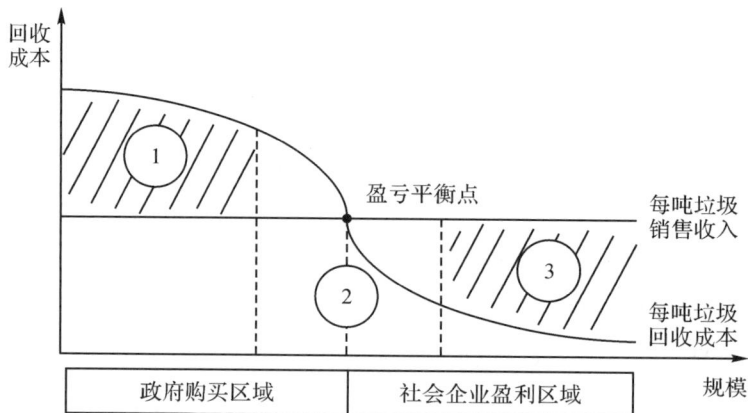

图 5-9　"政府购买—社会企业规模效应"框架

1.曲线基本描述

假定除回收成本和生产规模以外的其他要素不变，针对社会企业可绘制其收入曲线和成本曲线。纵坐标为垃圾回收成本，即回收所产生的单位费用，包括交通、人工、设

备、仓储等各种费用与垃圾吨数的比值,横坐标为规模,即垃圾分类回收的规模化程度。依据曲线的变化趋势可分为以下三个阶段:

在第一阶段,每吨垃圾回收成本居高不下。此时,社会企业处于起步期,经营规模受限,居民覆盖面较小,并且根基不深,难以在居民中取得广泛的认同感,导致垃圾回收量有限,每吨垃圾的回收成本处在高位。

在第二阶段,每吨垃圾的回收成本快速下降。此时,垃圾回收量随社会企业的规模化而增长,社会企业初期购置的运输工具、仓储设施、回收设备得到充分利用,运输、人工、仓储、设备在内的成本与回收吨数的比值下降,因此单位成本下降。

在第三阶段,每吨垃圾的回收成本稳定在低位。随着规模的逐渐扩大,回收量趋于饱和,垃圾回收成本降至低水平且趋于平缓。

2. 政府购买区域

在盈亏平衡点的左侧,每吨垃圾的回收成本始终高于每吨垃圾的销售收入,因此社会企业在规模达到该点之前始终处于亏损状态。由于社会企业在初期投入大量设备、运输、仓储等资源,使得每吨垃圾的回收成本处于高位。虽然单位成本会随着社会企业的规模化而降低,但规模效应仍不明显。在此区域时,需要政府以"远期的社会成本"为依据,购买社会企业服务,助推社会企业持续发展,使其形成一定的规模。同时,政府应当运用可测量的手段购买服务,精确跟进社会企业的利润状态,依据其盈利水平与规模水平逐步减少购买,直至其规模达到盈亏平衡点。

3. 盈亏平衡点

在盈亏平衡点,每吨垃圾的回收成本等于每吨垃圾的销售收入。随着垃圾回收规模的不断增大,社会企业已经实现规模效应,生产、管理效率提高,能够在未来产生利润。达到此点标志着社会企业已经能够实现收支相抵,独立发展,不再依赖于政府资源。对于盈亏平衡点的判断,政府可引入专业的第三方审计机构,定期对社会企业的经营情况和财务状况进行评估。如杭州市余杭区从2017年试点合作开始,由城管局就"虎哥回收"履约考核情况、减量成效考核情况、各镇街回收总量情况、大件垃圾回收情况依季度进行核算,并且每年聘请第三方审计机构对各项指标进行细致的审计,由此确定补贴的具体数额和方案。

4. 社会企业营利区域

在盈亏平衡点右侧,每吨垃圾的回收成本始终低于每吨垃圾的销售收入,因此社会企业在规模达到该点之后始终处于营利状态,自给自足。在此区域时,社会企业已能实现自我造血,可脱离政府支持,自身作为独立的单位参与到民生问题的解决中,完全发挥其"民生经纪人"的作用。这正是社会企业与社会组织不同的地方,很多社会组织难以与政府脱钩,容易产生支持依赖。而政府在对社会企业的购买服务中,仅仅起到催化剂的作用，为其提供短期的公信力支持和财务支持，最终目的是提供支点，撬动社会企业利用创新手段实现破解民生难题的能力。

四、社会企业担当民生经纪人

"劣币驱逐良币"之困源自信息不对称（asymmetric information）。所谓信息不对称，是指市场交易的各方所拥有的信息不对等，买者和卖者关于经营者能力的信息不对称。当产品的卖方拥有信息优势，劣品不可避免地驱逐良品，使市场充斥劣品，甚而产生失灵。传统的商业企业出于逐利的目的，必然会制造或者利用这种信息不对称来赚取利润，出现"劣币驱逐良币"（见图5-10）。

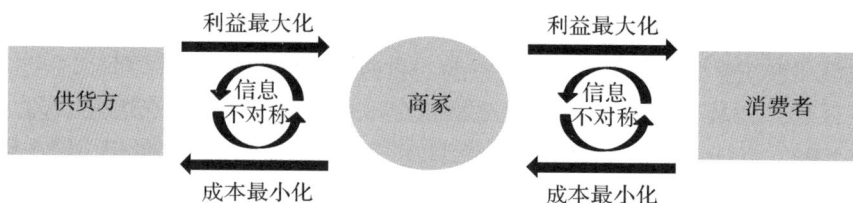

图5-10　商业企业供求三方关系

当政府、市场和社会组织在面对复杂社会问题时出现了政府失灵、市场失灵和志愿服务失灵时，社会企业能解决这一问题。依据其社会使命和经济利润的双重底线，本节对社会企业的双元身份进行区分（见图5-11）。

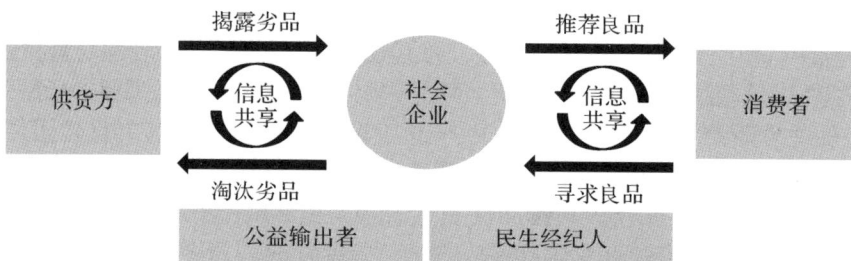

图5-11　商品交易环节社会企业双重身份及其作用机理

其一是公益输出者。社会企业的根在于对社会痛点的把握。它追求的不是股东和企业所有者的利益最大化，而是解决社会问题、环境问题，以提供公益性社会服务为主要目标。基于组织本身的社会使命，抓住社会痛点，社会企业在农村扶贫、就业、公共产品提供、环保与可持续发展、社区重建等领域产生了重要影响。当上游的供货方和中游的企业之间产生信息不对称时，社会企业可以用公益的手段提供信息共享的可能，使交易行为透明化，减少交易成本，从而在市场中区分出良币与劣币，还原良币的应有价值。因此，当社会企业代替传统商家，置身于三方的供需关系中时，扮演着公益输出者的角色。

其二是民生经纪人。社会企业的创办者力图以创业手段解决社会问题,缓解现有的社会矛盾,并实现组织自身的成长。这种成长脱不开自我造血,故社会企业发展中往往表现出经济性和经营性:经济性在组织运作上表现为按照市场需求,遵循竞争原则,获得资源,自负盈亏;而经营性则是指社会企业产出的产品和服务可以直面市场,以有偿收费的方式进行交换。此种经营行为并非在市场中随波逐流,社会企业商业化的同时受社会使命约束,它提供的产品和服务更是为培育有效市场,而且消费者希望能够买到市场中的良币,为破解信息不对称,社会企业则可以通过公布产品信息等方式实现信息共享,破解"劣币驱逐良币"之困局。因此,社会企业在市场中一改传统商家的利益经纪人角色,而扮演民生经纪人角色。

在理论分析的基础上,本节通过分析商业领域新近涌现的案例——"老爸评测"(见本章第二部分的案例介绍),试图回答两个核心问题:①社会企业如何发端于社会痛点,践行社会使命? ②社会企业如何实现信息共享,从而驱逐劣币,使良币焕发活力?

(一)案例分析

本部分对"老爸评测"双重身份的实现机制进行分析,并剖析贯穿其中的社会企业"抓痛点、育市场"的作用。根据前文的案例介绍和阶段划分,我们可以在图 5-12 中看出,在阶段一,"老爸评测"的身份主要是作为上游供货方的产品公益监督者,其公益输出表现在无偿检测有害产品,抓住并监督"有毒有害产品"这一社会痛点;在阶段二,实现自我造血后,"老爸评测"的身份在公益监督者的基础上增加了一项,即为民生经纪人,实现营销安全产品的商业模式,为培育有效市场做出贡献。下文对两个阶段下"老爸评测"的具体表现做出分析。

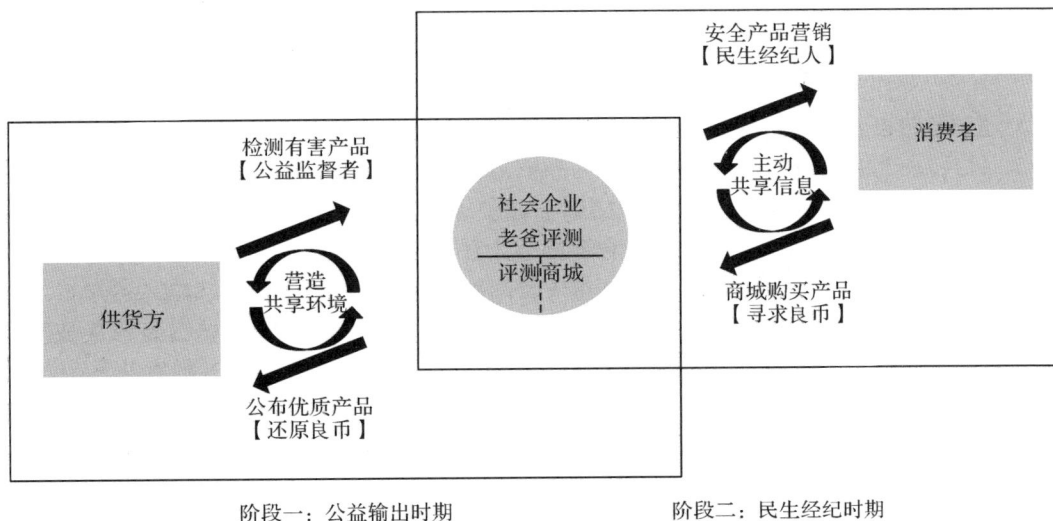

阶段一:公益输出时期　　　　　　　　　　阶段二:民生经纪时期

图 5-12　社会企业双重身份及其二阶段模型

1. 阶段一：公益输出时期

在还原良币的路径上，"老爸评测"作为社会企业，有着让孩子、社会远离有毒害产品的社会使命，通过收集检测意愿、众筹检测费用、实行专业检测、公布产品"黑名单"和"白名单"等步骤，有效区分市场中供应方提供的坏产品与好产品，还原良币价值。其团队成员共13人，分别来实验室、互联网和电商行业，他们的利益出发点是公共利益，在魏文锋的带领下也达到了预期目的。但是依然存在知识不完备、能力有限的缺陷，例如检测设备费用高昂、需依托其他专业机构等。

在公益输出的路径上，"老爸评测"的角色是公益监督者。首先体现的是社会价值的创造，其次才是经济效益的维持。"老爸评测"保证不会"收人钱财，替人说话"，以保证自身的独立性和公平性，不受上游供应方的挟持，坚守社会企业的底线。"老爸评测"坚决不收取任何企业以赞助费、广告费等形式的捐赠，站在中立的立场，和供货方保持距离。有供货企业主动"送样"，但是都被魏文锋拒绝了。"老爸评测"还建立了一个专门为孩子、家长检测的实验室，自建检测标准，采用高于国际标准的要求来选择产品与供应商。目前，与"老爸评测"合作的专业实验室有十几家，均是经过中国合格评定国家认可委员会（CNAS）认可的第三方检测机构，可以保证检测的科学和公正。

在信息共享的实现路径上，"老爸评测"营造了一种信息共享的环境。为解决信息不对称问题，魏文锋充分利用互联网的优势，建立了"老爸评测"众筹家长微信群，魏文锋会经常在微信群和家长们一起讨论生活中有毒有害物品的案例，以及如何避开这些危害。与此同时，魏文锋还会接受家长们的咨询，积极回应他们的问题，家长们希望检测什么，"老爸评测"就众筹资金，朝着这个产业的一系列产品进行检测，从而驱赶出部分有毒有害产品，有助于有效的产品市场的培育。

2. 阶段二：民生经纪时期

此阶段的"老爸评测"也经历了身份的转变，从公益监督者变为民生经纪人。所谓民生，指其根本的公益属性，为民谋利；所谓经纪人，指其通过发布安全产品的营销信息，获取收益继而维持发展。

在消费者寻求良币的路径上，"老爸评测"为进一步满足消费者对安全产品的需求，在发展模式上创新，其获取经济来源的途径更多样。为保有组织的公信力，"老爸评测"的发展模式为：向消费者发布检测信息和合格产品名单，并联系上游供货方生产，消费者有自主购买权。这样做既能盈利，也不失公益性质。一般商业企业追求企业利润最大化，而"老爸评测"因其社会企业的独特属性，追求社会价值最大化。"老爸商城"不通过差价赚钱，只收回产品的成本价、包装费和人工费，使更多的消费者能够通过有效途径获得更安全、经济的产品。"老爸评测"给消费者充分参与的自主权，用"良币驱逐劣币"，这种举措得到了家长们的信任。

在民生经纪人的实现路径上，"老爸评测"通过安全产品的营销策略，既实现了经济效益，又创造了社会效益。它有一套独特的质控系统，不定期滚动抽检，确保供货商可以持续生产符合"老爸评测"标准的产品。运作模式则是费用分摊，用户每购买一个"老爸评测"推荐的产品，其中一定比例用作众筹"老爸评测"质控检测系统的费用。在抽检进行中也有消费者参与，由系统随机选择购买产品的消费者，派单后由其担任抽样及送检人。因消费者的利益获取来自能够买到安全的产品，而产品安全与否的证明来自产品信息的披露，"老爸评测"正是在这中间关键一环中发挥了民生经纪人的作用。

总之，在第一阶段的基础上，"老爸评测"建立了信息不对称的解决机制，使得有效市场的运作更有生命力。在产品信息共享上，在"老爸商城"中会公布产品的系列检测报告，以及检测、上架经过，例如一款笔袋，会写明为何不用其他产品（如邻苯大量超标、重金属超标），并说明现在上架的产品用的材质和遵循的生产标准（如欧盟安全标准），以及"老爸评测"自己的送检结果，相当详尽。在财务信息共享上，魏文锋将众筹的数目、检测费用明细发票定时公布在网上，做到资金透明，同时每一次检测的结果也都以微信公众号推文或媒体报道的形式发布，做到项目信息透明。

（二）案例讨论

本节通过对"老爸评测"这一典型案例的详尽介绍，深入分析了社会企业所特有的双重身份和其解决信息不对称、实现有效市场的途径，刻画了社会企业带来"良币驱逐劣币"的路径。

1. 社会企业带来信息共享的可能

信息不对称在本节的研究框架中，是指市场交易的各方（供货方与商家、商家与消费者）所拥有的信息不对等，买卖双方所掌握的商品或服务的价格、质量等信息不相同。当产品的卖方占据了信息优势，对产品质量比买方有更多的信息时，低质量产品将会驱逐高质量产品，从而使市场上的产品质量下降，甚至导致市场失灵。根本原因一是在于信息不通畅，二是在于市场交易中的多方利益不一致。商家之间以及供货商和下游企业为寻求各自利益最大化，同样各尽其能，三方信息的差距无以弥合。但社会企业所求并非经济利益，而是以可持续的手段达成社会使命，天然有助于三方关系的改进。显然，在单方享有信息可能引发"劣币驱逐良币"的情况下，一方面，社会企业为上下游的商品互通提供充足的信息，以带来社会价值的最大化；另一方面，社会企业的立身之本也在于遵循其使命，实现充足的信息共享而建构社会信任。因此，社会企业这一新型组织形式带来了信息共享的可能。

2.社会企业在培育有效市场上大有作为

"老爸评测"通过"良币驱逐劣币"的战略，制定了相关产品检测标准，设立了质控系统，为上游供应商提供了生产优质、合格产品的规则及动力，成了相关行业的公益监督者。对供应商而言，如果产品不合格被曝光将会带来信任危机，如果产品合格则可加入产品"白名单"，从而提升销量，何乐而不为。这种通过信息共享倒逼供应商自愿生产安全产品的模式成效凸显，已有多家生产包书皮的企业改进了生产工艺，在外包装上标明检验检测报告，产品合格率明显提升。本节认为，社会企业通过营造"良币驱逐劣币"的良好氛围，改善行业生态，对市场失灵所造成的社会问题进行了有效应对，促进了市场的良性发展，培育了有效市场。

3.社会企业为应对政府失灵另辟蹊径

政府部门和公众之间往往存在信息不对称。一方面，政府部门对于公众信息了解得不够全面。公众的现实情况到达决策者手中时存在滞后，甚至在信息传输时受阻。另一方面，公众对于政府的各种信息不是很了解。政府拥有大量的公共资源，处于信息强势地位，而公众对政府信息的了解存在局限。双方的信息不对称带来政府决策的滞后，从而影响经济运作效率，此时便产生了政府失灵。

政府有自有的信息收集系统，公众也有各类诉求，但缺乏一个专业的传递信息的媒介，"老爸评测"就承担了这一角色，在处理政府和公众的信息不对称问题上发挥了极大的作用。"老爸评测"集公益监督者和民生经纪人于一身，体现了它作为社会企业在社会公众和政府之间起到的中介人作用。"老爸评测"不仅仅将有毒有害产品曝光，让家长们去了解这一情况，选购安全、放心的产品，还会将有毒有害产品告知政府，而政府有关部门也积极回应，加大监管，甚至由于"老爸评测"的出力，地方政府已着手更新文具的生产标准。

第六章　公益慈善项目管理

一、公益慈善项目有效性

政府可以撬动充沛的社会资源使困境人群获得更好的福利。例如,地方政府和社会力量可以通过公益创投等方式,为初创期具有扶贫济困功能的慈善组织提供支持。自 2009 年开始,上海率先开始尝试政府主导的公益创投,深圳、苏州、杭州、东莞、广州等地区也都相继推行,发展迅速。这些公益创投项目发挥了民间社会的力量,为完善政府与社会的协作机制提供了宝贵经验,但是这些项目到底为社会福利的改善做出了多少贡献仍是一个未知数,政府在项目考核时也缺乏客观完善的评价指标。因此,构建科学的评价体系对提升社会服务组织的能力和公信力十分重要。

本节主要研究了两个问题:①用什么样的方法测算社会投资回报,相比政府现有体系更为科学? ②作为公益创投项目,其社会投资回报究竟是多少? 本节选取典型项目进行详细介绍,并使用了社会投资回报方法对一个公益创投案例进行深入全面地测算。

(一)SROI 方法介绍

社会投资回报(SROI)还是一个新兴概念,其基本思想是衡量一个组织或一个项目产生的社会价值,显示每一元钱的投资所能产生的社会收益。它本质上是一种基于传统成本收益分析方法的管理工具,目的在于告知利益相关者一些数据信息,使管理人员做出对社会和组织都能达到效益最大化的决策。

结合我国公益创投项目发展的现状,SROI 是比较适合衡量公益创投项目绩效的分析方法。它较为全面地考虑了社会服务组织的各项利益,又能通过一定的方式将各项指标数量化,可以更直观地让政府评估公益创投项目绩效,让社会服务组织认识到自身的问题,更利于社会大众对其进行监督,促进社会服务组织持续发展。

1. SROI 模型

本节拟选用 SROI 法对公益创投项目绩效进行衡量，并对 SROI 进行了三点本土化的改进。第一，将原有的经济价值及其回报率，改为运营价值及其回报率，并将该系列指标简化为两部分：运作收入及经营成本。第二，对西方原有模型中的繁杂指标进行了整理合并，重点突出两个可量化的指标：社会公共收入增加额及公共成本节约额。第三，本节模型也同时强调了混合价值的作用，它能够整体性地衡量公益创投项目的绩效，符合公益创投"社会价值与运营价值共赢"的基本宗旨。具体的公益创投项目社会投资回报度量模型及指标见表 6-1。

表 6-1 公益创投项目社会投资回报度量模型及指标

绝对评价指标	相对评价指标
①运营价值：$V_E = \sum \dfrac{(R_t - C_t)}{(1+r)^t}$ 其中，R_t 为第 t 年的资金运作收入，C_t 为第 t 年的经营成本，r 为折现率	④运营目的回报率 $= \dfrac{\text{运营价值}}{\text{项目运营目的投资总额}}$
②社会价值：$V_S = \sum \dfrac{(f_{st} + g_{st})}{(1+r)^t}$ 其中，f_{st} 为第 t 年社会公共收入增加额，g_{st} 为第 t 年公共成本节约额，r 为折现率	⑤社会目的回报率 $= \dfrac{\text{社会价值}}{\text{项目社会目的投资总额}}$
③混合价值＝运营价值＋社会价值	⑥混合回报率 $= \dfrac{\text{混合价值}}{\text{投资总额}}$

其中：

(1)"运营价值"反映了公益创投项目所在组织自身资金运作而产生的经济价值。

(2)"社会价值"反映了公益创投项目所产生的社会效应的折现值。

(3)"混合价值"为"运营价值"与"社会价值"之和，反映该项目的整体运作情况。

(4)"运营目的回报率"是"运营价值"与"项目运营目的投资总额"之比，反映了该公益创投项目所在组织的自我造血能力。

(5)"社会目的回报率"是"社会价值"与"项目社会目的投资总额"之比，反映了该公益创投项目发挥公益属性的能力。

(6)"混合回报率"是"混合价值"与"投资总额"之比，其中"投资总额"为运营目的投资总额与社会目的投资总额之和。"混合回报率"反映了整个公益创投项目的运营情况，是 SROI 法评估绩效时最关键的指标。

2. SROI 流程

SROI 法遵循如下度量流程（见图 6-1）：

(1)明确公益创投度量社会投资回报及运营投资回报的目的，确定优先考虑的资源

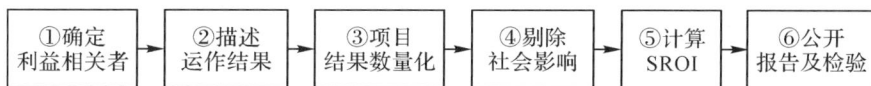

图 6-1 度量公益创投项目社会投资回报流程

和工作领域。由于利益相关者是对组织运行及其项目比较了解的人或组织，因此必须构建清晰的利益相关者清单。

（2）明确项目给利益相关者带来的变化，即在"投入—产出"价值链上的价值变化，再预测项目对利益相关者产生的影响。

（3）找出能衡量结果的指标，并对指标进行估值。有些情况下指标并不能直接取得，可以采用替代指标来衡量。

（4）社会影响价值的计量需要在结果价值基础上，扣除"载重效应"和"替代效应"。"载重效应"是指没有该项公益创投项目此项结果可能发生的概率，"替代效应"是指一项活动结果的产生可能导致另一项活动结果价值的降低率。两者会对最终结果产生显著作用，因此，影响＝成果－（载重效应，替代效应）。

（5）基于表 6-1 中的 6 项指标计算 SROI。

（6）与主要利益相关者及行业专家就现行的投资回报进行沟通，找出项目中存在的问题，以便为组织或项目的后续发展提供改善的可能。

（二）"帮教助学"项目评估

"帮教助学"组织是杭州市民政局首家中小学生托管辅导持证机构，也是以社区中小学生托管、学业辅导为主要内容的专业社会服务组织。该组织自 2012 年成立以来，在社区居委会的大力支持下，已经累计为周边社区托管中小学生 3000 多人次。开展冬令营、夏令营两次，累计参加的学生和家长近 200 人次。"帮教助学"项目作为一个公益创投项目，其主要利益相关者及该项目的"投入—活动—产出—结果"价值链描述如表 6-2 所示。

表 6-2 利益相关者及"投入—活动—产出—结果"描述

利益相关者	投入	活动	产出	结果
出资者、管理者（市政府）	福利彩票金	监管项目	节省的社会资源	减少了相关社会问题
实施方（社会服务组织）	1. 教师工资 2. 点心食品 3. 活动奖品 4. 交通成本	1. 课程作业辅导 2. 兴趣爱好辅导 3. 心理辅导讲座 4. 评选家庭教育正能量家长 5. 学生安全托管	1. 接受辅导的儿童数 2. 组织因更有公益心而扩大的招生数	1. 扩大自身招生人数 2. 节省了外来务工人员及特困家庭的相关支出

续　表

利益相关者	投入	活动	产出	结果
指导方、协助方（少年宫）	1.提供场地 2.利用组织影响力聘请更好的专家	1.聘请兴趣老师 2.进行心理辅导	因更有公益心而扩大的招生数	提高少年宫的影响力
直接受助者（参与项目的儿童）	时间与精力	1.接受学业、兴趣培训 2.接受心理辅导	1.成绩提高的分数 2.接受心理咨询的儿童数	1.提高学业成绩 2.增加兴趣类技能，增强自信 3.改善心理状况
间接受助者（参与项目的儿童家长）	时间与精力	接受心理辅导	1.接受心理咨询的家庭数 2.节省的培训费用	1.改善心理状况 2.更多时间工作
参与者 直接实施者（培训老师）	1.时间 2.知识与技术	1.接送学生 2.学业、兴趣辅导 3.心理疏导咨询	辅导的学生数	1.持续雇用 2.创造利润
潜在受益者（学校）	无	无	学生成绩提高减少的辅导成本	1.学生成绩更好 2.扩大学校影响力

根据对利益相关者的访谈以及"投入—活动—产出—结果"价值链的分析,本项目的 SROI 产出计量指标选取及前期基本社会投资回报计量过程如表 6-3 所示。

表 6-3　基本 SROI 计量过程

利益相关者	投入		结果	计量指标	数量	结果价值	载重效应	替代效应	社会影响价值
	描述	价值							
政府	资金资助	50000 元	减少相关社会问题	非量化指标					
社会服务组织	培训教师薪酬	48000 元	增强自身影响力	扩招人数	30 人	57560 元	10%	0	51804 元
受助者	时间与精力	0	增强自信	非量化指标					
			提高学业成绩	提高的分数	10 分/人	非价值指标			
受助者家庭			改善心理状况	节省心理咨询费用	10 个家庭	6000 元	10%	15%	4500 元
			更多工作时间及报酬	获得工资	10 人	95040 元	50%	15%	33264 元
培训老师			获得就业机会	减少失业救济	10 人	178560 元	90%	0	17856 元

1.确定投入产出

(1)政府。资金资助 50000 元,产出非量化指标。

(2)社会服务组织。投入为培训教师薪酬,中心共有教师 10 人,平均每人月工资 4000 元,中心共有学生约 100 人,公益名额共 10 个,故将教师薪酬按项目学生比例进行折算后为:4000×12×10÷100＝48000(元)。产出部分中,其正常"晚托"学费为每学期 4900 元,一年的成本约为 7400 元。其兴趣班的学费为 15 节课 1280 元,每周一节,成本为每人每年 3000 元。扩招的 30 人按照一半"晚托",一半兴趣班计算,最终的结果价值为[(4900×2－7400)＋(1280÷15×52－3000)]×15＝57560(元)。

(3)受助者。投入的时间与精力不参与计算,产出中增强的自信感非量化指标,提高的学业成绩有成绩单为证,数学和语文总分平均提高 10 分,效果显著,但是不能进行价值衡量。心理状况也改善明显,本节选用杭州市的心理咨询费用 600 元作为参考数值,因此 10 个家庭的产出值为 600×10＝6000(元)。

(4)受助者家庭。投入的时间与精力不参与计算,产出的节省心理咨询费用与受助者共享,另有产出为获得更多的工作时间及报酬。笔者对现有 10 个家庭分别询问,结果表明,10 个家庭一年内因此而多产生的工资或节省的早退费用共为 95040 元。

(5)培训教师。教师投入的时间与精力、知识与技术不参与计算,产出为政府因教师获得该工作而减少发放的失业救济金,选取标准为杭州市区的失业保险金标准,即 1488 元/月,因此,该部分总产出为 1488×12×10＝178560(元)。

2.确定社会影响价值

"载重效应"和"替代效应"分别指没有该项公益创投项目此项结果有可能发生的概率以及一项活动结果的产生可能导致另一项活动结果价值的降低率,相应估计结果见表 6-3。以受助者及其家庭"改善心理状况"为例,该项结果价值为 6000 元,"载重效应"及"替代效应"分别为 10% 和 15%,则其社会影响价值为 6000×(1－10%－15%)＝4500(元),依此类推。

3.投资总额在社会目的和运营目的之间的分配

根据投资的性质判断,社会目的投资额为政府投资的 50000 元,运营目的投资额为该社会服务组织投入的教师薪酬 48000 元。

4.SROI 绝对评价

根据产出结果的性质划分,社会价值的产出部分包括受助者及其家庭节省的心理咨询费用 4500 元、受助者家庭因此多获得的工资 33264 元以及因为培训教师的工作,政府减发的失业救济金 17856 元,共计 55620 元,去除成本后为 5620 元。运营价值为因该项目增强的社会影响力而扩招带来的收入 51804 元,去除成本后为 3804 元。

5. SROI 相对评价

最终 SROI 计量过程及结果如表 6-4 所示。"帮教助学"项目的混合回报率达到了 9.62%，接近于政府评估机构给出的 10% 的设想，基本完成了一个公益创投项目所应 达到的回报指标。其中，社会价值回报率达到了 11.24%，充分阐释了其社会影响所达 到的作用。另外，运营价值回报率也达到了 7.93%，实现了自身造血功能，也侧面反映 出这是一个成功的公益创投项目。

表 6-4　SROI 最终计量结果表

	投资	利益主体	金额	产出	利益主体	产出名称	金额
社会目的	投资额	政府	50000 元	社会价值	受助者及家庭	节省的心理辅导费	4500 元
					受助者家庭	更多工资	33264 元
					培训老师	减少失业救济金	17856 元
小计	50000 元			55620－50000＝5620(元)			
社会价值回报率＝社会价值÷社会目的投资额＝5620÷50000×100%＝11.24%							
运营目的	投资额	社会服务组织	48000 元	运营价值	社会服务组织	因扩招增加的收入	51804 元
小计	48000 元			51804－48000＝3804(元)			
运营价值回报率＝运营价值÷运营目的投资额＝3804÷48000×100%＝7.93%							
总计	98000 元			9424 元			
混合回报率＝混合价值÷投资总额＝9424÷98000×100%＝9.62%							

（三）小结

SROI 方法有利于补充及完善政府现有的绩效评估体系，有利于衡量公益创投项 目的可持续发展能力，帮助政府明确扶持目标及应该重点关注的扶持内容。此外，该方 法还有利于更加全面地了解公益创投项目，深度刻画利益相关者的相关指标及感受，政 府也可以通过绩效评估更加深入地了解弱势群体的实际需要，并因此对政府的其他相 关工作进行改进及完善。

本节也对未来的 SROI 相关研究提出了三点挑战，并浅谈对策如下：第一，指标庞 杂难以选取。这就需要全方位了解利益相关者的实际情况并加以辨析，度量核心且可 量化的指标。第二，综合数据量较大。此时，需经过分析挑选再进行针对性处理，必要 时可通过抽样调查方式获取数据。本节案例均采用全样本访谈法获取数据，但有些项 目受众面广，服务对象可达成百上千人次，全样本访谈难以为继，此时即可通过社会服 务组织获取受助对象信息，选取有代表性案例获取数据。值得注意的是，运用抽样调查法时需检验样本的代表性。第三，"载重效应"和"替代效应"的取值难以衡量。此时需要具体情况具体分析。同时拥有其他营利项目与公益创投项目的社会服务组织更需要精确度量公益创投项目产生的社会影响，全面地掌握各个项目的运行情况，有利于更加精准地判断两者的取值情况。

二、公益慈善项目资源整合

公益慈善项目是社会组织维持机构运转、实现机构目标与使命、促进组织发展与能力提升的重要手段，成为社会组织生存与发展中至关重要的一环。但是，我国社会组织在公益项目运作中仍然面临着机构能力不足、筹资能力较低、政策扶持力度不足、人力不足、资源匮乏、社会资源利用率较低、资源整合能力弱等问题，进而导致项目规模有限、项目效益不良、社会影响力不大，使得社会组织公益项目的功能发挥和持续开展面临巨大的局限，威胁着社会组织和公益项目的良性发展。那么，社会组织应该如何整合资源并在此基础上运作公益项目，以提升服务水平、有效地开展项目，使目标服务群体最大限度地受益，并提高公益项目的可持续性，促进组织发展与能力提升，这是值得且急需研究的问题。

已多次获得浙江省慈善奖的浙江省妇女儿童基金会，近年来主打"焕新乐园"公益项目。"焕新乐园"公益项目整合了政府、企业、社会组织、志愿者等多方资源进行运作，已荣获 2017 年度"杭州最具影响力网络公益项目提名奖"、2018 年度"浙江慈善爱心榜十大优秀慈善项目奖"，并在 2018 年提名中华慈善奖。该项目也受到浙江省民政厅、浙江省妇女联合会的大力支持和社会的多方认可，取得了极大的成功。时至今日，"焕新乐园"公益项目持续运作，覆盖范围从浙江省扩展到全国其他省区市。"焕新乐园"公益项目在运作中产生的成功经验是值得学习和借鉴的。该公益项目的运作过程是怎样的？项目如何进行资源整合，整合了哪些资源，有怎样的特点及产生了怎样的效益？在项目运作过程中还存在什么问题？对其他社会组织公益项目运作有何借鉴意义？本节将围绕这些问题进行典型案例介绍，以期为社会组织的公益慈善项目运作中的资源整合提供一些参考。

（一）案例简介

"焕新乐园"公益项目是由浙江省妇女儿童基金会主办，浙江省妇女联合会、浙江省民政厅共同指导，浙江省妇女儿童基金会和阿里巴巴集团旗下公益部门——阿里巴巴公益共同发起的低保家庭儿童帮扶项目。该项目通过公开募捐筹集运作资金，于 2016年 12 月在杭州市桐庐县开展试点工作，2016 年 12 月 26 日正式在浙江省全面启动。至今，项目持续运作、不断完善升级，逐步向全国推广。浙江省妇女儿童基金会发动各地市的社会组织展开项目合作,为低保家庭中的 6～16 周岁儿童进行家庭环境改造,改造的重点范围主要包括水、电、气的设施安全,为儿童塑造独立、安全且保护隐私的生活空间和学习环境,并在此基础上开展为期一年的结伴帮扶,培养孩子们良好的生活习惯和积极向上的生活态度。

"焕新乐园"公益项目广泛动员社会力量,以低保家庭儿童的居住环境改造为切入点,以提升低保家庭综合发展能力为目标,通过志愿者与孩子结对陪伴,促进孩子养成良好的生活习惯,引导其家庭追求健康的生活品质,实现物质帮扶和精神帮扶;同时浙江省妇女儿童基金会与其他社会组织开展项目合作,搭建社会组织交流与学习的平台,促进社会组织能力建设与发展,全面带动社会力量参与公益。

(二)多元化的资源获取

在项目运作中,社会组织内部能够提供的资源有限,需要从外部环境中吸收必要的资源才能保证生存和长久发展。以合法竞争方式得到的资源越多,社会组织的发展空间就越大,良好的发展环境和丰富的资源为组织的持续发展、项目的持续运作提供了基础。实现组织目标则更为关键,而组织目标又需要通过项目予以实现,因此资源整合的重要性显得尤为突出。

在"焕新乐园"公益项目运作中,浙江省妇女儿童基金会不断明晰"焕新乐园"公益项目的资源需求,协调机构内部资源,对机构外部的政府、企业及其他社会资源进行了最大限度的动员,从中识取项目所需的各类资源,形成项目资源识取体系(见图 6-2),为项目的顺利运行提供了有利的资源保障。

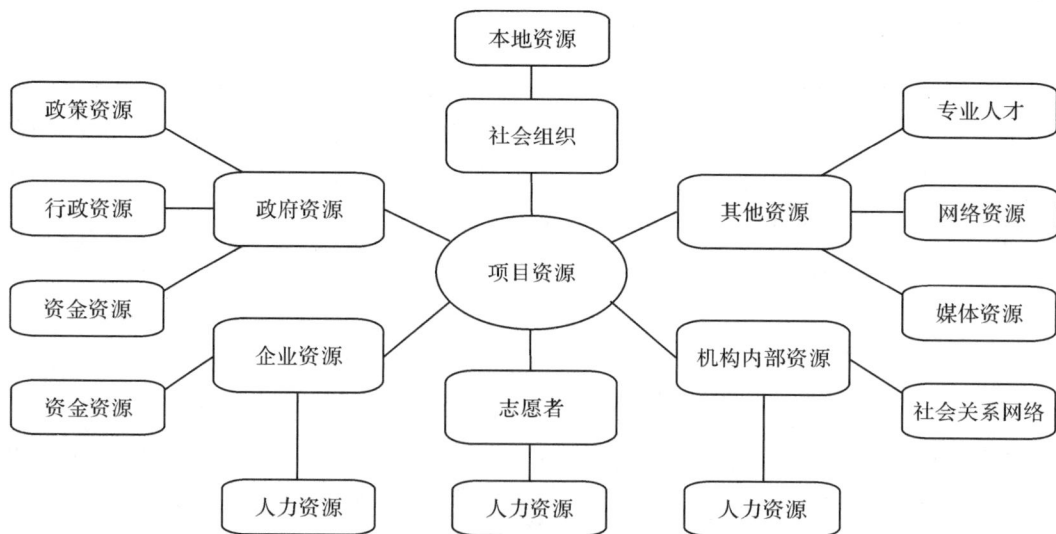

图 6-2　项目资源识取体系

1.协调机构内部资源

第一是调动组织内部的人力资源。浙江省妇女儿童基金会为"焕新乐园"公益项目成立了项目组,配备了11名核心团队成员,专门负责项目的设计筹备与运作管理等工作。项目组成员的专业性较强,均具有本科及以上学历,其中社会工作专业硕士研究生3人,社会工作师3人,还配备了2位专家定期督导项目有序开展。

第二是发掘组织拥有的社会关系网络。浙江省妇女儿童基金会与浙江省妇联拥有密切的关系,浙江省妇联是浙江省妇女儿童基金会的业务主管部门,指导和支持浙江省妇女儿童基金会的发展。浙江省妇女儿童基金会在妇女儿童领域开展各类公益服务,历年来与民政部门建立了良好的关系,在日常运作及各个公益项目开展中多次邀请省级或市级民政部门前来指导与交流,此外,民政部门的某些官员担任了浙江省妇女儿童基金会的理事会成员一职。同时,浙江省妇女儿童基金会内部有一批知名院校毕业且具有社会工作专业背景的员工可以为项目联络高校学者资源牵线搭桥。另外,浙江省妇女儿童基金会通过已有的公益活动发掘积累了一批优秀的社会组织和公益人才信息,为"焕新乐园"公益项目寻找智力与人才资源、组织资源提供了便捷。

2.撬动政府资源

政府在资源配置方面占据绝对优势,社会组织与政府的关系会对公益项目的顺利开展产生直接的影响。浙江省妇女儿童基金会在识取政府资源的过程中,深挖项目与国家政策、政府工作的关联;基于以往形成的互动关系,主动与政府建立联系,展现出项目对解决社会问题、满足社会需求的有效性;为争取资金支持,形成项目的可持续运作机制(见图6-3)。

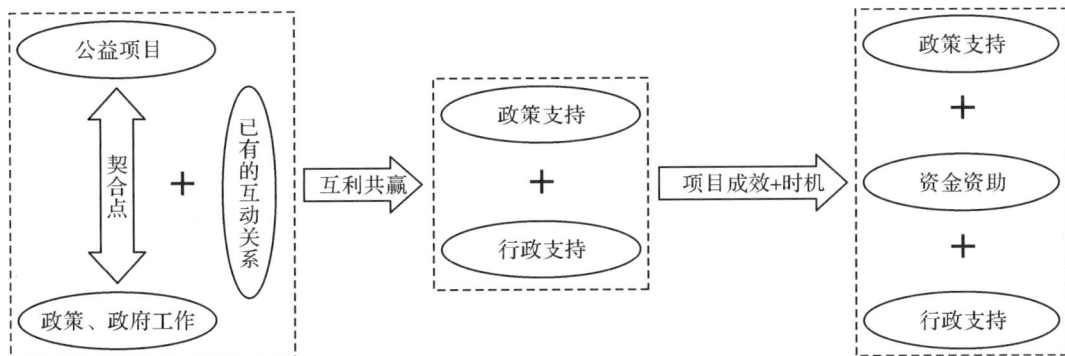

图6-3　政府资源的识取过程

第一是获取政策支持。"焕新乐园"公益项目对低保家庭及其儿童实施救助帮扶,并最终希望实现阻断贫困代际传递的目标,与政府的社会救助工作关联,也与精准扶贫理念相符。在项目设计之初以及项目运作过程中,浙江省妇女儿童基金会就不断挖掘该项目与国家政策之间的相关性,使项目与国家政策更好地融合,提升项目的合法性程度，为项目争取相应的政策支持。

第二是争取行政支持。"焕新乐园"公益项目是一个涉及社会救助、扶贫、儿童发展等领域的公益项目，能够成为政府开展社会救助与扶贫工作的补充，实现社会力量参与社会救助与扶贫。基于以往在机构运行与项目开展中与政府形成的互动关系，浙江省妇女儿童基金会积极主动地与省民政部门、省妇联联系，邀请省民政厅、省妇联成为项目指导单位，邀请两个部门的相关领导担任项目顾问，争取民政部门和省妇联对项目的支持。

第三是撬动资金资助。在"焕新乐园"公益项目开展的第一年，政府以政策支持和行政支持为主。在政府的政策支持与行政支持下，项目在这一年中取得了显著成效，联合了浙江省内 110 家优秀社会组织为省内 1000 多名儿童提供帮扶，获得了极大的社会反响。在项目开展的第二年政府开始给予项目资金方面的支持，为项目投入了 500 万元的资金资助。浙江省妇女儿童基金会也抓住时机，向政府寻求资金资源的支持，推动政府把对"焕新乐园"公益项目的资助纳入财政预算。

3. 获取企业资源

获取企业资源的过程中，浙江省妇女儿童基金会先做好了公益项目设计，再利用地域优势和组织关系网络，主动与本地的大型企业以及其他一些爱心企业接洽，寻求这些企业对项目的资助。在向企业寻求捐赠之前，浙江省妇女儿童基金会还对这些企业的发展战略进行深入分析，探索企业公益理念和公益规划中与"焕新乐园"公益项目的契合点，以互利共赢的思路说服企业提供资源支持，让企业了解项目的闪光点（见图 6-4）。这样做，一方面，企业认识到为项目提供支持能使自身的公益理念和公益规划在项目中得以实现；另一方面，与社会组织合作能实现企业和社会组织的多方共赢、互利互惠。从而使得项目筹资的成功概率大大增加。

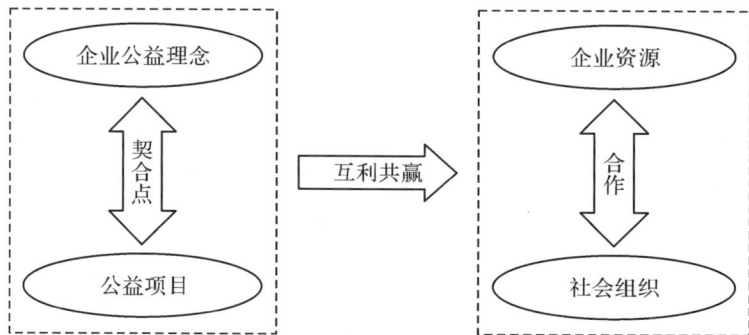

图 6-4 企业资源的识取过程

最终，浙江省妇女儿童基金会与大型互联网企业——阿里巴巴集团达成项目合作，阿里巴巴集团旗下的阿里巴巴公益成为项目的共同发起方并提供资金筹集渠道——阿里巴巴"公益宝贝"计划为"焕新乐园"公益项目募集资金，这成为项目的主要资金来源。

此外,浙江省妇女儿童基金会还与本地的多家爱心企业达成战略合作,为项目提供资金与物资。浙江省妇女儿童基金会通过企业资源的整合,截至 2018 年年底已经累计为"焕新乐园"公益项目筹集到约 4415 万元资金。

4.联动社会组织与志愿者资源

对社会组织资源,浙江省妇女儿童基金会从多个渠道进行整合(见图 6-5)。一方面,利用民政与妇联的号召力,在各地民政部门与妇联组织的推荐下获取了各地市的一批优秀社会组织名单,在评估筛选过后与各地市中符合项目要求的一些优秀社会组织达成项目合作。另一方面,浙江省妇女儿童基金会通过多种网络媒体平台发布招募公告,遴选符合项目要求的社会组织进行合作,并在这一过程中不断扩大项目的影响力与吸引力,吸引更多的社会组织加入项目合作。此外,浙江省妇女儿童基金会也对历年工作中结识的社会组织进行筛选,寻求此次项目合作。

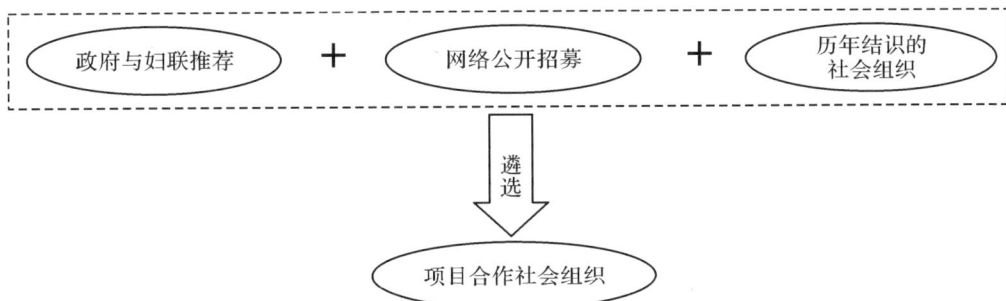

图 6-5　社会组织资源的识取过程

对于志愿者资源,浙江省妇女儿童基金会通过各地市的合作社会组织对项目进行宣传倡导,一方面利用合作社会组织已有的志愿者资源,另一方面,通过合作社会组织发动当地更多的居民成为志愿者加入项目服务,为项目招募了一大批志愿者(见图 6-6)。

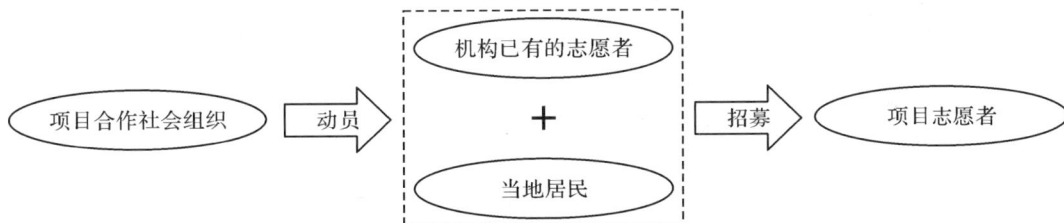

图 6-6　志愿者资源的识取过程

(三)合作式的资源配置

浙江省妇女儿童基金会促进多元主体参与项目合作,重视在合作过程中与多元主体间的互动交流和关系维护,通过构建项目合作分工体系,明确各个资源提供方在项目中的角色与定位，确保项目的有序开展，促进项目资源的合理配置。"焕新乐园"公益项目的资源主要由浙江省妇女儿童基金会、政府、企业、社会组织及志愿者等主体提供，这些资源提供主体间形成了项目合作关系，在项目中有明确的角色定位与合作分工（见图6-7）。

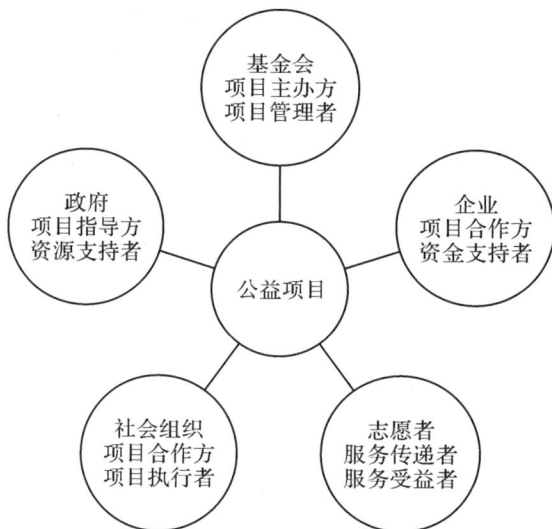

图6-7　项目合作分工体系

1.项目指导与资源支持

各级政府部门是项目指导方与资源支持者。省民政部门与省妇联和浙江省妇女儿童基金会直接对接，为浙江省妇女儿童基金会提供项目的总体指导，为项目提供相应的政策支持与方向引导及部分资金支持，也通过行政支持为浙江省妇女儿童基金会和各地市的民政部门与妇联组织牵线搭桥，促进项目在各地市的推广开展。各地市的民政部门和妇联组织在上级部门的领导下，与浙江省妇女儿童基金会和当地的"焕新乐园"公益项目合作社会组织对接，指导本区域范围内的"焕新乐园"公益项目，提供政策支持、方向引导及资金支持等。省级和各地市民政部门、妇联组织与浙江省妇女儿童基金会、合作社会组织一起共同推进"焕新乐园"公益项目在各地区的持续开展，营造公益氛围，推动地区儿童公益事业的发展。

政府不仅作为资源提供者向项目投入，也被邀请参与到项目研讨会、项目督导、项目调研等工作中，指导浙江省妇女儿童基金会与合作社会组织的项目开展，能够亲眼见证项目的开展与项目成效的实现，在这一过程中与社会组织产生了交流互动。社会组织获得政府资源开展公益项目，政府通过社会组织开展公益项目弥补了自身在公共服务供给方面的不足，达成互利共赢。

2. 项目合作与资金支持

项目的战略合作企业阿里巴巴集团是重要的资金支持者。阿里巴巴集团旗下的阿里公益作为"焕新乐园"公益项目的共同发起方,利用"公益宝贝"商城众筹资金,以物资采购的形式助力项目推进。此外,阿里公益出资为参与项目的众多社会组织提供专业培训,助力浙江省社会组织交流与合作平台的搭建,引领公益发展新高度。

合作企业为项目提供资金支持和技术支持外,同时也可以安排员工以志愿者身份参与项目服务活动,通过参与项目展现自身的公益愿景、实现公益目标与社会责任,塑造良好的企业社会形象;浙江省妇女儿童基金会也定期向企业反馈项目成果,邀请企业一起研讨项目发展,让企业有机会参与项目服务、见证服务效果,通过双向的互动交流增强企业的参与感、获得感、荣誉感,社会组织与企业间达成合作双赢。

3. 项目合作与项目执行

合作社会组织是项目合作方与项目执行者。各地市的合作社会组织负责项目在本地的执行,在当地宣传推广项目,策划开展专业服务活动,组织当地的志愿者参与项目活动,为属地内的低保家庭儿童实施具体的帮扶,争取当地的政府、企业等资源投入,为项目筹集物资与资金,充分发挥近邻帮扶的作用。合作社会组织要招募项目志愿者,并为志愿者提供必要的培训指导,也负责筛选合适的志愿者为目标家庭儿童提供结对帮扶,一般是1~2名志愿者匹配一位目标家庭的儿童。合作社会组织必须派专人负责"焕新乐园"公益项目并定期与浙江省妇女儿童基金会汇报项目进展、总结项目成效和不足。原则上,合作社会组织必须参加浙江省妇女儿童基金会统一安排的培训、交流、督导、审核评估、考核奖惩等项目活动。

在达到项目执行体系与标准的基础上,合作社会组织可以根据目标家庭及儿童的需要、机构特色,自行丰富项目方案中的服务活动内容与形式,也可以增加其他有益的服务活动,所有活动都要做好记录备案,为项目考核评估做好准备。合作社会组织执行项目,定期向浙江省妇女儿童基金会反馈项目情况,参与其组织的项目督导、培训、交流等活动,同时也能够得到浙江省妇女儿童基金会提供的多方面支持以获得能力提升与建设,双方在互动中进行项目交流、信息互通。

4. 服务传递与服务受益

志愿者是项目服务传递者与服务受益者。在合作社会组织的宣传动员下,当地的居民成为志愿者,加入项目志愿服务队伍,并在合作社会组织的安排下参与项目服务活动,服从合作社会组织与项目执行体系的管理规定。志愿者是项目服务活动环节的主要参与者,全面深入帮扶对象家庭,参与"改善焕新环境""陪伴焕心成长"以及合作社会组织自行开展的其他项目服务活动环节,直接面向服务对象。其中,结对志愿者除了在

"改善焕新环境"环节帮助目标家庭儿童改造居家环境外，还要全程参与"陪伴焕心成长"环节，为结对的目标家庭儿童提供为期一年、共计 12 次的陪伴服务。志愿者需要及时填写陪伴记录，并参与浙江省妇女儿童基金会与合作社会组织提供的各类培训、交流及督导活动，提升服务能力与陪伴质量。

（四）小结

基于对浙江省妇女儿童基金会在"焕新乐园"公益项目运作中资源整合特点的分析，我们可以发现，浙江省妇女儿童基金会以需求为导向开发和设计公益项目，再充分利用自身作为公募基金会与省级社会组织的平台优势并发挥机构内部资源的作用，主动出击为公益项目整合丰富的外部资源，在资源整合中加强与资源提供主体间的互动并建立良性的项目合作关系，对公益资源进行创造性的运用，项目取得了丰富的成果与良好的效益。最终，"焕新乐园"项目形成了由社会组织主导的公益项目资源整合机制。

在公益项目运作过程中，特别是大型公益项目运作中，作为主导的社会组织，最大限度地整合机构内部资源，整合政府、企业、社会组织、志愿者及本地多方资源等外部资源，为公益项目争取到较为充足的资源；构建政府、企业、社会组织及志愿者等多元主体参与的项目合作框架，利用多样的资源为服务对象提供物资与精神层面兼具的精准帮扶；同时开展社会组织能力提升，构建社会组织合作交流平台，最大化实现项目效益，进行项目资源共享与开发（见图 6-8）。作为主导的社会组织撬动政府资源，激发企业参与公益的热情，联合合作社会组织引领志愿者顺利地完成服务输送，提升社会组织的项目运作能力与资源整合能力，也扩展项目的服务与资源范围，形成了有效的"政—社—企"联动效应。

三、公益慈善项目创新设计

杭州市江干区弯湾托管中心（简称"弯湾托管中心"）的创办者徐琴曾获得"最美浙江人""CCTV 年度慈善人物""浙江省最美助残人"等多项荣誉，其助残经历开始于 10 年前。1992 年，徐琴的儿子弘毅从床上摔下头部重伤，成了重度智障。弯湾托管中心成立的初心完全是出自私心——想为儿子找伴。2009 年，徐琴将儿子和 6 名智力障碍的孩子聚在一起，开办了弯湾班——一个只有 7 个人的班级。10 多年过去了，一个又一个孩子来到这里，小小的弯湾班壮大成为弯湾托管中心，也是杭州市首家费用全免的民办残疾人康复机构。2014 年起徐琴自掏腰包开书窝、超市和洗车行，弯湾托管中心在她的细心呵护下，在政府的大力支持下，从早期的 7 名学员到现在已拥有 30 名学员、15 名全职辅导员，并先后支持 20 名学员就业，形成了一套"康复＋支持性就业＋托养"的服务体系（见图 6-9）。

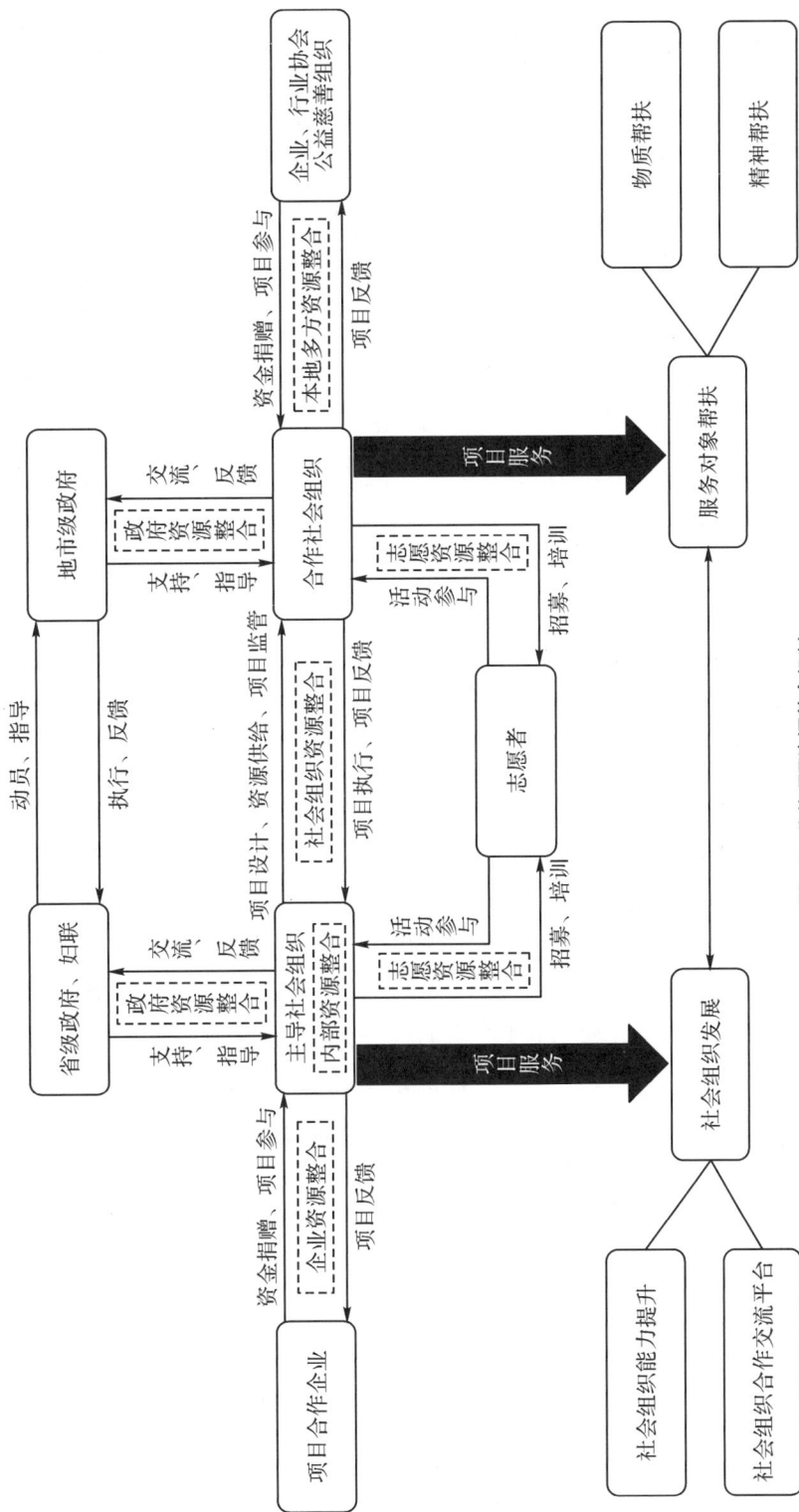

图6-8　公益项目资源整合机制

图6-9 弯湾托管中心学员正在工作

成立之初,弯湾托管中心每日活动安排如下:先是出早操,锻炼身体,然后坐在一起"说新闻",把看到的、听到的说出来,有的孩子开始只能说一个字、一个词,慢慢地能说一句完整的话。再由老师带他们出门购买一天所需的蔬菜、水果,给他们钱,指导他们与人沟通,学会买东西。回来后,有的孩子学做家务,有的孩子学会了做香喷喷的葱油饼。

2014年,徐琴在弯湾托管中心附近开了家"弯湾书窝",卖书的同时提供借阅还书服务。2015年,又开了一家"弯湾小超市",卖日用品。2016年,"弯湾洗车行"开业。实体店为智力障碍青年提供了就业的机会,提出"生活即教育"的理念,怎样生活就怎样康复。2019年,在国家电网的支持下,"驿电湾"自动洗车行与弯湾托管中心合作,学生在这里就业,完成洗车引导、登记管理、保洁等工作。

智障青年在不同的就业场所工作,每个人负责的工作内容相对固定,具体任务可拆分为书窝:整理图书、登记借还图书和提供茶歇服务;超市:清点和整理商品、送货上门、收银记账;洗车行:登记车牌、清洗车身、提供茶水;驿电湾:车辆引导、登记管理、办公室保洁。各就业场所工作流程如图6-10所示。自弯湾书窝开业以来,弯湾托管中心的支持性就业模式已运行了6年,就业岗位逐渐增多,智障青年家人对子女的进步赞不绝口,因此弯湾托管中心支持性就业的项目模式值得分析。

(一)基于个体适应力的支持性就业

弯湾托管中心开展的支持性就业项目,可分为基于智障青年个体适应力层面、基于智障青年家庭和同辈群体适应力层面以及基于社会适应力层面的支持性就业。笔者发现,弯湾托管中心的支持性就业模式不仅针对智障青年个体进行增能,也将智障青年的家庭、社会环境纳入增能范畴,形成由内向外、全方位的支持性就业体系。这一实践体系以弯湾托管中心为平台,以智障青年社会适应能力提升为目标,整合各方资源,不仅关注智障青年个体,也关注其所处的环境,实现了促进智障青年全面发展、走向社会的目标。

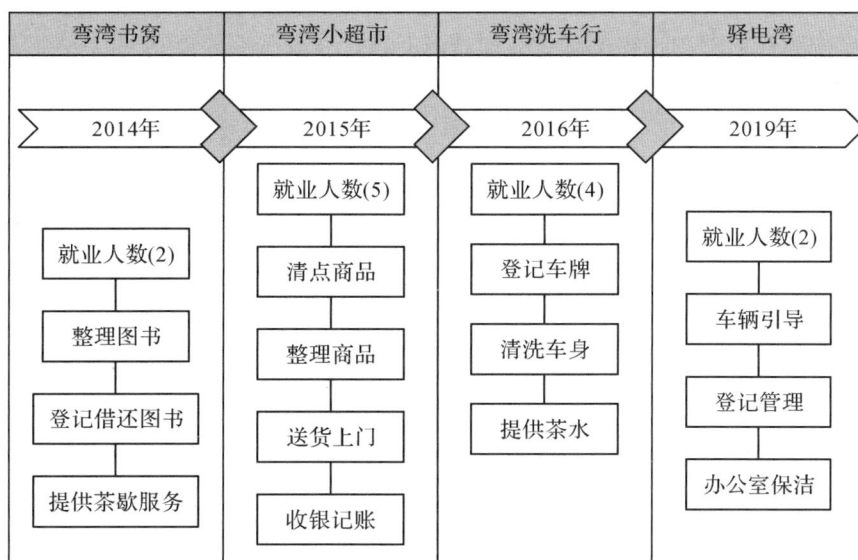

图 6-10　支持性就业工作内容

　　基于对弯湾托管中心开展的支持性就业模式的考察和深度观察,深入研究支持性就业对社会适应的影响机制,本节创新性地提出支持性就业的影响架构,该架构主要针对支持性就业模式如何促进智障青年社会适应进行说明(见图 6-11)。

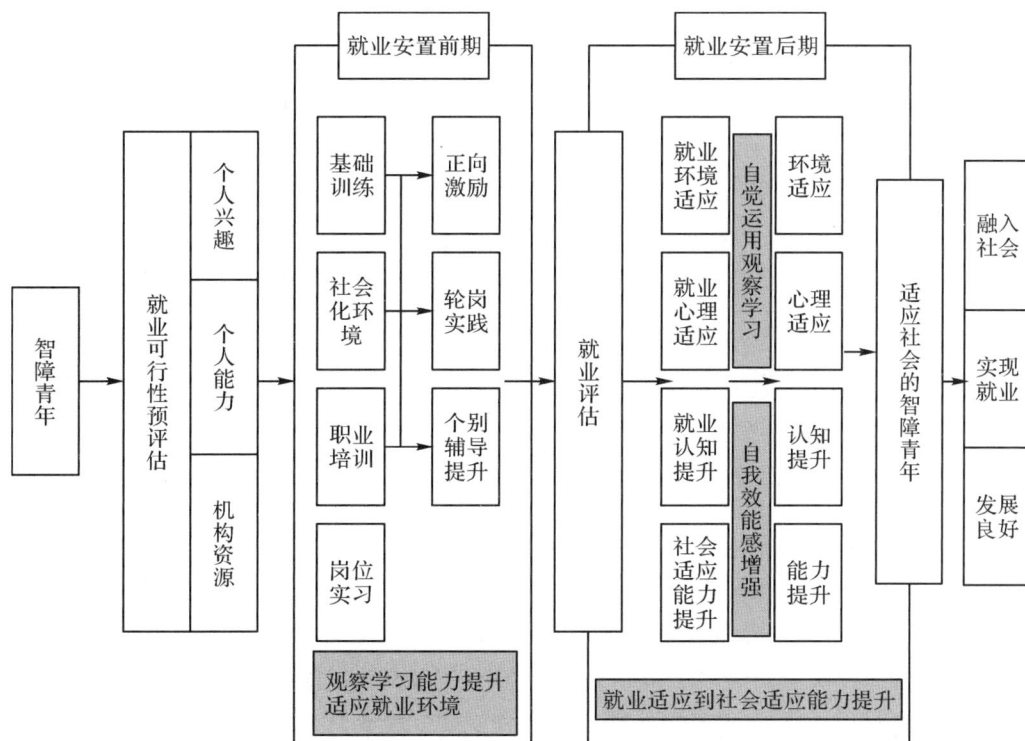

图 6-11　基于社会学习理论分析的支持性就业影响路径

1.营造"社会化"就业环境

在开展就业可行性预先评估之后,有能力且有意愿的智障青年成为预就业对象,弯湾托管中心为智障青年营造"社会化"就业环境,具体包括基础训练、社会化环境、职业培训、岗位实习。就业辅导员跟进整个过程,给予就业指导,帮助智障青年实现逐步就业,保障了残疾人的平等就业权利。

(1)基础训练是指预就业的智障青年需要先在弯湾托管中心接受时长不等的生活能力教育,如参与厨房组的活动;学会拿钱去超市购买商品,强化对金钱的认识,增强计算能力;参与语文课程,教导他们使用礼貌用语;参与体育课程,增强肢体灵活性和协调性等。促进智障青年各方面的正向发展。

(2)社会化环境是指机构经过考量,开设超市、书窝、洗车行等支持性就业岗位,在这些完全开放的就业场所中工作,能够保证智障青年具有与社会人和环境互动交往的机会,以上就业场所均位于人流量大的社区、街道,确保智障青年每日接触外界环境,全方位融入社区和社会,逐渐从自我封闭走向拥抱社会,促进智障青年由自然人向社会人的转变,增强智障青年的社区适应程度。

(3)职业培训是指每个智障青年上岗前,都要经过一系列培训,以弯湾洗车行为例,评估通过的学员统一前往杭州某专业洗车行进行为期一年的培训学习。正规的洗车行师傅对他们进行培训,教他们拉水枪、冲水、打泡沫,然后用毛巾擦车身、门框、内饰,用专业的职业知识对智障青年进行培训。职业培训遵循复杂性递增原则,通常采用两种方法,第一,将任务从易到难进行排序,弯湾小超市先从简单任务如数钱、摆放货物入手,熟练后开始进行上手结账、清货等复杂工作。弯湾洗车行从冲水、打泡沫入手,基本掌握后开始学习更为复杂的打蜡等工作;第二,在任务开始时就业辅导员是工作的主要承担者,随着培训的持续,就业辅导员逐渐退出参与,仅在一旁指导。

(4)岗位实习是指安排智障青年在洗车行和超市等就业场所进行实习实践,在实践中运用所学知识,也是不断重复学习和加深印象的过程,提升了智障青年的肢体协调性,帮助其由各项事务家长包办到自我动手能力不断提升。这样的岗位实习符合生态化原则,对于中、重度智障青年,对其进行就业教育时将其置身于真实情境中,遵循"知识在哪里用就在哪里学"的生态化原则,经过岗位实习,智障青年提前熟悉就业环境,及时发现正式就业中可能出现的问题并予以提前解决。

2.观察学习促进社会适应

弯湾托管中心的支持性就业过程中为智障青年提供正向激励、轮岗实践和个别辅导提升,让智障青年通过观察和模仿获得就业信息和就业技能,增强了其工作适应性。

(1)正向激励是指在弯湾托管中心的智障青年,每个月会根据表现对他们进行奖励,例如荣誉称号、奖品和红包激励等。在个体层面,正向激励有利于提升他们对工作成果的重视,提升自我认同程度;在群体层面,正向激励有利于树立智障青年榜样意识,表现突出的学员得到奖励,能够鼓舞其他学员向他们学习;在支持性就业层面,正向激励有利于促进他们工作适应能力的进步。弯湾托管中心日常为智障青年提供工资,鼓励、口头表扬等正向激励手段,智障青年学会观察其他受表扬同伴的做法并加以模仿学习,工作的完成度逐渐提升。

> 我们会鼓励他,我觉得你可以了,今天这个任务就由你来完成,你觉得可以吗?他会说可以的,金老师你放心我一定能送到的,他们每次送完米回来把钱递给我的时候,脸上都是很自信、很开心的。金老师这个钱是爷爷给我的,买米的钱!他们就非常的自信。(弯湾托管中心金老师)

(2)轮岗实践是弯湾托管中心根据智障青年意愿,结合其全面发展及社会适应能力,给智障青年提供现有各个岗位的轮岗训练,并采取与学员交谈、与家长沟通等方式及时获取他们在该岗位工作的感受反馈,帮助他们选择适合自己的岗位,确保能力与岗位匹配,实现个性化就业。笔者发现,就业辅导员为帮助智障青年更容易地掌握工作技能,别出心裁地利用儿歌帮助他们进行更有效的记忆。对这些智障青年来说,记忆力差是普遍问题,在就业辅导时,发现他们在洗车时常常忘记哪里清洗干净了,哪里尚未清洗,就业辅导员将洗车的毛巾分为五种颜色,并编了首儿歌:多色毛巾有分工,外表用蓝色,门框用紫色,里面玻璃用红色,方向盘、座椅用绿色,打蜡用棕色。等把五种毛巾用完,他们就知道这辆车清洗干净了,这样的方法帮助智障青年按顺序清洗车辆。

(3)个别辅导提升帮助智障青年有针对性地解决工作适应问题。由于智障青年个体差异较大,对就业技能的习得速度、掌握程度均有较大区别,就业辅导员面对程度不一的学员,对其进行个别就业辅导,弥补不足,补齐短板。如对程度较差的学员采取充分锻炼、多次重复的方法,在多次练习中帮助其掌握工作技能,同时,安排智障青年观察学习其他学员的操作方式,在潜移默化中增强他们的能力。例如,某自闭症智障青年不喜欢外出送货,只愿意待在超市里,就业辅导员一步一步地对其进行引导,起初就业辅导员一对一带她去送货,之后让她和别的智障青年一起去送货,现在她已能够独当一面,独立完成送货工作。

3.自我效能感提升工作认知

通过就业安置前期阶段的一系列准备工作,智障青年初步具备支持性就业的工作能力,随后再次进行就业评估,对其工作能力、心理准备、精神状况等进行全面评估,若此时评估结果无法达到普通学员的标准,则需要继续进行预就业培训,直至能够进入完全竞争的工作岗位。

在开始正式进入支持性就业场所工作后，笔者称该阶段为就业安置后期阶段，这一阶段，对智障青年而言是促进其各方面达至社会适应的重要时期。社会学习理论指出，个人的自我效能感对于人的全面发展具有重要意义，但是，并非每个人生来就具有自我效能感，自我效能感是在自然人成长为社会人的过程中逐渐获得的。自我效能感有高低之分，自我效能感的提升并非凭空产生，而是需要"先导事件"的刺激。

笔者发现，"社会化"就业环境逐渐提升工作能力和观察学习，是培育智障青年自我效能感的"先导事件"。成功的就业安置前期经历能够给刚刚离开照料者庇护的智障青年以信心，让他们对未来的真正就业充满希望，因此就业辅导员应当注意"先导事件"的影响，帮助智障青年顺利完成模拟学习、就业训练等过程，为提升自我效能感奠定基础。

就业安置后期阶段是智障青年自我效能感大幅提升的阶段，笔者发现，自我效能感会影响智障青年的情绪和思维，并引导其做出不同的行为选择，在支持性就业中也会呈现不同的努力程度（见图6-12）。例如，一位画画很好的女孩子，出于对外人的排斥，如果一个参观团队到了，她会觉得不知所措，但是慢慢地看到别人在介绍小超市，一个个都介绍得很棒，被表扬鼓励的时候，她就会受到鼓舞，慢慢地在模拟训练中，她也会参与进来，比如说超市的冰箱由她尝试着来介绍，她也会在情绪放松的状态下完成介绍，逐步建立自我效能感。当下一次有团队来的时候，她就会主动举手为参观者介绍。智障青年在就业过程中逐渐增强对自己的信心，克服心理障碍，认为自己能够完成某项任务而选择去尝试完成工作，用更加努力的态度面对工作。

自我效能感的不断提升会促进智障青年实现就业环境适应、就业心理适应、就业能力提升及就业认知提升，在就业场域适应的基础上，达至个人全面提升，最终适应社会，融入社会。

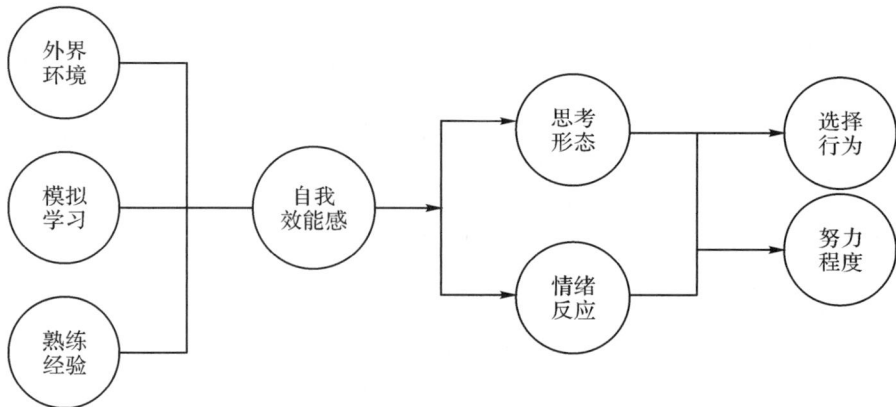

图 6-12　自我效能感影响路径

（二）基于家庭适应力的支持性就业

通过对智障青年支持性就业的分析，笔者发现，基于智障青年家庭适应力的支持性就业有效促进了智障青年的家庭适应和工作适应。家庭层面的支持性就业实践主要是家校共同经营、有效的家校沟通和就业政策宣传等，能够协助智障青年就业并解决其工作中累积的情绪问题（见图6-13）。同伴群体层面的实践通过同伴互动协助和青年志愿者参与，为智障青年提供了归属感和安全感，促进其团队合作意识的建立、增进其解决困难的勇气。

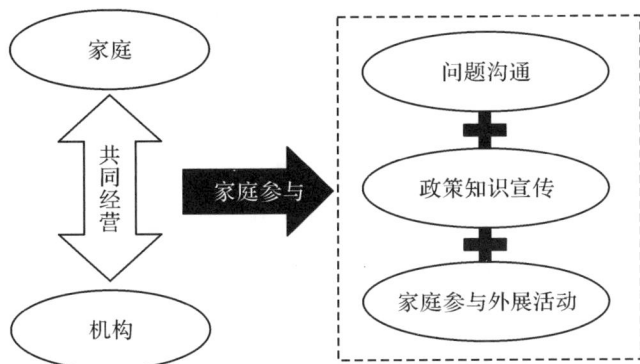

图 6-13 基于智障青年家庭的支持性就业路径

1. 家校合作经营

家校合作经营是指家长参与支持性工作。每天下午4点学员可以下班，但作为一家洗车行，或作为一家超市，下午4点结束营业显然是不恰当的，对于顾客而言也并不方便。考虑到学员的情况和身体承受能力，弯湾托管中心学员们的家长自告奋勇，成为机构的志愿工作人员。每天下午智障青年结束工作后，两名家长来到车行义务工作，两名家长来到超市收银、理货。弯湾托管中心采取轮班制，每位智障青年需要保证父母之一参与进来。家长与各就业场所的就业辅导员共同坚持工作到晚上8点超市和洗车行营业结束。这样的经营模式充分显示了弯湾托管中心智障青年的家长对孩子们工作的支持，也是弯湾托管中心支持性就业模式能够长期运营的保障之一。

在弯湾托管中心，家庭和学校从不是割裂的两端，而是紧紧拧成一股绳，力向一处使，将弯湾托管中心打造成一个大家庭。弯弯托管中心每年举办大家庭迎新会，每个家庭拿两个拿手菜，30个家庭聚在一起复盘过去一年的经历和进步，并评选出优秀家长，授予"最佳支持奖""特别关心奖""西点妈妈""积极参与奖"等荣誉，让孩子们为家长颁奖，增进智障青年与家长的感情。家长是弯湾托管中心的强大后援力量，弯湾托管中心的就业场所不仅是智障青年的就业场所，也需要家长们的支持。就业辅导员与家长互相体谅，理解对方的不易，就业辅导员的每日照顾，让家长们得以喘息和休息，同样，家长也为就业辅导员提供休息的机会。每当劳动节、国庆节和新年时，机构组织全体就业辅导员出游或休假，家长们就会主动在超市、洗车行、驿电湾值班，站好岗。

畅通的家校沟通交流在促进智障青年社会适应方面发挥了重要作用。家庭和学校沟通及时，共同解决问题，家校合作共同促进智障青年社会适应。同伴之间的摩擦不可避免，当矛盾发生时，辅导员会给家长打电话，询问学员回家后的情绪、行为表现，与家长沟通情况，协助家长对学员进行开导。

2. 政策知识宣传

弯湾托管中心为家长提供政策知识的宣传服务，在家长群中发布生活照料、能力培养、智障人士认知等科普知识，家长长期对智障孩子的照顾会对自身的身体、精神和心理造成很大的压力，智障孩子的状态会影响家长，家长的状态会反作用于智障孩子。弯湾托管中心的政策宣传有利于帮助家长增加积极心理资本，即增加对智障孩子的信心。家长拥有的心理资本越高，在遇到照料困难时越不易退却，相应的，孩子也会受到鼓舞，自我效能感不断提升，会更加配合支持性就业工作。

另外，弯湾托管中心经常召开生日会、茶话会，全体智障青年和家长参与，在宣传弯湾托管中心的就业理念的同时，鼓励家长们互相交流，提出照顾中的疑问，共同分享照护经验，相互鼓励。通过这样的形式，家长之间形成了互相支持的网络，共同学习和分享残障人士相关政策规定，弯湾托管中心也倡导家长们为智障青年争取更多权益。与此同时，家长们也会为弯湾托管中心未来的发展出谋划策，规划支持性就业未来发展的蓝图。

3. 家庭参与外展活动

在弯湾小超市、洗车行和驿电湾工作之余，弯湾托管中心的智障青年也参加手工艺品义卖，帮助工厂、展览馆等进行画作义卖活动，这些活动也会邀请家长参与。家长通过参与义卖活动，切身体会就业辅导员的不易，并亲眼见证智障青年动手能力和沟通能力的进步，一些对子女没有耐心的家长，逐渐增加对子女的认可，变以往的呵斥为耐心和鼓励，让智障青年的家庭氛围更和谐。

弯湾托管中心时常举办亲子活动，一方面，使得智障青年、家长和中心工作人员之间的关系更加融洽，为就业实践提供了情感支持；另一方面，通过正向激励的方式，增强了智障青年的自我认同，也给家长们安慰与鼓励，促使其成为更加牢固的支持性就业模式的后盾。

（三）支持性就业增能成效

根据笔者在弯湾托管中心为期一个月的考察，并在访谈中设置"您认为智障青年就业后有哪些改变/进步"等问题并收集资料，通过对比访谈资料中各智障青年就业前的社会适应状况和目前的社会适应状况,创新性地提出了从动作发展、语言发展、生活自理能力、居家与工作能力、自我管理和社会化六个方面分析支持性就业增能成效,发现了在支持性就业模式下,智障青年的社会适应能力得到一定程度的提升(见表6-5)。

表6-5　支持性就业增能成效对比

增能维度	就业前表现	增能成效
动作发展	1.手、眼、大脑不协调 2.体能差 3.无法完成精细动作	1.手、眼、脑更加协调 2.身体素质增强 3.能够完成精细动作,如制作串珠摆件、树叶标本等
语言发展	1.言语理解能力差 2.表达困难,只会简单的词语 3.社交语言匮乏	1.言语理解能力得到提升 2.语言表达能力大幅提升 3.社交语言能力增强
生活自理能力	1.个人卫生状况差 2.需要家长每天接送上下班	1.注意个人卫生,主动洗手 2.能够独自出行,独立上下班
居家与工作能力	1.家务劳动效果差 2.多数不会百位以上的计数	1.家务劳动能力不断提升 2.能够计算百位以内加减法,会使用小数点
自我管理	1.不会控制情绪导致情绪爆发 2.上班经常迟到	1.情绪控制能力增强 2.更加遵守时间,准时上班
社会化	1.内向、自闭,不愿接触外人 2.社区适应能力较差	1.愿意与他人交往 2.社会环境的认知得到提升

第七章 公益慈善战略发展

作为独立于政府和市场的第三方力量,慈善组织致力于解决各类社会问题,对促进慈善事业的发展具有不可替代的重要作用。例如,现在慈善组织积极参与精准扶贫,利用其公益性和专业性的特点,精准锚定扶贫对象,灵活制订扶贫方案,并能凝聚、整合整个社会的资源,来助力扶贫开发,越来越成为我国脱贫攻坚的重要力量。

但不可否认,有效性不足逐渐成为我国慈善组织发展过程中的一个重要难题。资源、人才短缺以及低效管理等这些普遍存在的问题,影响了慈善组织有效地实现其使命,发挥其对社会的积极影响。以慈善超市为例,我国目前有数以万计的慈善超市,但由于严重依赖社会捐赠和政府扶持,很多慈善超市造血能力存在不足,甚至面临倒闭,无法实现有效运营,也无法有效发挥其应有的慈善带动作用。所以说,有效性不足的问题既阻碍了慈善组织自身的发展,也对我国慈善事业的健康、有序和可持续发展产生了不良影响。如何提升慈善的有效性,提高慈善项目的绩效成为当下公益慈善领域的一个重要命题。

一、善意经济

"善意经济"是指以公益慈善筹资为目的、面向市场的组织经营活动。其中,"经济"二字强调了市场交易的重要性,因此与商业行为无关的纯志愿服务并不属于本节界定的善意经济范畴。这一概念对狭义的慈善超市进行了拓展和提升,旨在营造依靠市场、调动善款、弘扬善意的多元化善意经济格局。它与传统慈善超市不同,首先,善意经济的功能不再局限于救助,而是将范围扩展到促进整个慈善事业发展的层面。其次,善意经济不再采用单纯依赖政府的旧公益方式,而是采用商业与慈善相结合的新公益模式。再次,善意经济的形式由实体向虚拟扩展,商品形态也由二手商品向一手商品延伸。

围绕这一思路,本节进一步提出一个基于善意经济的新型分析框架,根据商品形态和交易形态两个维度,发展出了四种不同的善意经济类型,依据现实案例对其特色和发展模式逐一验证,然后通过对可持续和可复制性两个标准的分析,试图找到适合我国善意经济发展的独特路径。

（一）善意经济分析框架

商业与公益相结合是善意经济的本质。该理念源于近年来新兴的社会创业理论与西方盛行的社会企业形态。社会创业理论主张公益组织通过企业方式运营，实现财务可持续，将"外部输血"转变为"自我造血"，以提高运营效率和组织绩效，从而产生可持续的社会影响。本节抓住传统慈善超市过于依赖政府扶持、自身造血能力不足这一核心症结，主张向兼顾使命与利润的社会企业模式转型。

如图 7-1 所示，在以公益为核心的基础上，本节提出善意经济分析框架的两个重要维度——商品形态和交易形态，来勾画多元化的善意经济类型。其中，商品形态主要是指善意经济组织所销售的产品种类，可分为二手商品和一手商品两类。本节之所以选取这一维度，是因为它是国内外慈善超市研究中最常用的分类标准，可以进一步推广应用到善意经济的分类当中。交易形态是指善意经济运营所依赖的组织形态，可分为实体商店和虚拟商店两类。本节将其作为善意经济框架的重要维度，是因为互联网经济的兴起和发展，使得商品可以在更大范围内进行流通和交易。基于互联网的虚拟商店正日益改变人们的生活方式，自然对慈善行动产生影响。据此以商品形态为纵轴，以交易形态为横轴，将善意经济划分为四大类。

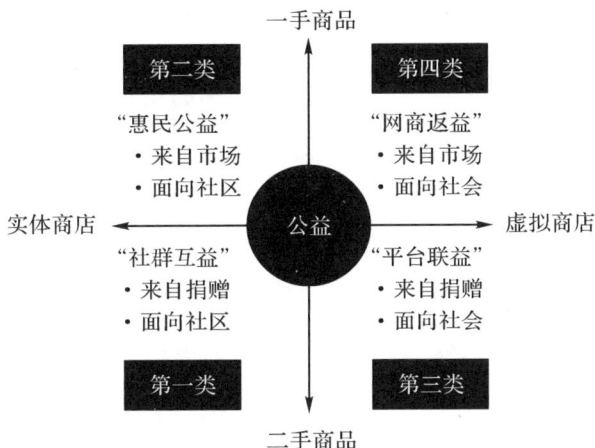

图 7-1　基于商品形态和交易形态的善意经济分析框架

第一类为"社群互益"，其特点是以捐赠的二手商品为主，通过实体商店的形式服务于当地社区。当前比较典型的案例有北京众爱慈善商店、南京久爱之家慈善超市等。

第二类为"惠民公益"，其产品多为来自市场的一手商品，通过实体店销售来服务社区居民。当前比较典型的案例有海宁南关厢公益素食馆、上海善家爱购公益店等。

第三类为"平台联益"，通过网络平台联结全国的慈善资源，促进二手商品的捐赠、销售以及善款的筹集。当前比较典型的案例有善淘网、"邮善邮乐"慈善超市等。

第四类为"网商返益"，以电商的形式面向社会销售一手商品，获得收入以支持慈善事业。当前比较典型的案例有"e 农计划"、宜农贷的宜农场项目等。

（二）案例简介

"社群互益"类：北京众爱慈善商店（Roundabout）（简称"众爱"）位于北京顺义国际社区，由英国爱心人士莱斯利（Leslie Simpson）创办于 2008 年，是目前国内面积最大的实体慈善商店。作为连接本社区捐赠人与受助人的桥梁，人们捐赠闲置二手物品，众爱将其销售或转送给需要的人或机构，获得的收入全部用来支持重症患儿、孤儿、贫困山区等急需帮助的对象。如今，它帮助的慈善机构已达 48 家，还因此获得了"大英帝国最优秀勋章"这一崇高的荣誉。

"惠民公益"类：海宁南关厢公益素食馆由海宁市慈善总会义工委创办，成立于2015 年 1 月 1 日。开业运营后，素食馆 60 多个餐位日均接待用餐 400 余人次，日均营业额超万元。这些盈利全部纳入海宁市慈善总会专户，用于公益慈善目的。现在，素食馆成了海宁市首家素食文化交流中心、首家众筹民营非企业单位、首家社会企业，吸引了来自上海、杭州、安徽等地的公益组织考察学习。

"平台联益"类：善淘网（www.buy42.com）是中国第一家在线慈善商店，于 2011 年3 月正式上线。它的网站域名"buy42"意思为"buy for two"，即鼓励公众为了帮助他人而购买产品。作为一家在线商店，它将"电子商务"与"慈善商店"有机结合，创立了一种全新的公益模式。人们可以将闲置物品捐赠给善淘网进行在线义卖，获得的公益资金全部用来帮助中国 8000 万残障伙伴获得就业、培训和融入社会的机会。

"网商返益"类："e 农计划"由"免费午餐"发起人邓飞联合中欧国际工商学院的校友共同发起，创立于 2014 年 11 月。其目的是发掘中国贫困地区的优质农产品、传统文化等资源，通过设计、传播和销售获得利润，系统提升农村收入。目前，"e 农计划"已联合全国 17 个国家级贫困县开发产品，为当地直接创造的销售额均在百万元以上，其中帮扶力度最大的云南省，截至 2016 年年底已超 300 万元。

（三）案例分析

本部分将结合案例分析，证明善意经济新型分析框架在中国情境下具有的合理性及广泛的适用性。同时，对每类模式的特点和发展路径进行详细说明，以更好地区分和理解它们的异同，为实践提供指导。

1."社群互益"类

"社群"与"互益"是该类组织的典型特色。第一个特点是"社群"，指的是组织的运营和发展需要依托特定的社区和人群。第二个特点是"互益"，即组织具有一定的属地性,主要服务对象是当地社群,旨在促进不同社区群体的链接和互助。

"社群互益"类善意经济组织的运营模式可归纳为"捐赠—转移"与"捐赠—变现—支持"两条路径(见图7-2)。前者是将社区捐赠的物品直接转送给有需要的人或机构,后者则是通过慈善义卖将捐赠的物品变现,用募集的善款支持当地社区。这两条路径的存在体现了"社群互益"类组织既重视社会使命的实现,也重视收入的获取,是对"商业与公益相结合"思想的有效运用。众爱的发展也印证了这两条路径,一方面,它将人们捐赠的闲置二手物品进行分类、整理、修复、清洗,并免费提供给需要的人和机构,"贫困山区要我们给贫困山区,灾区要我们给灾区,慈善机构要我们给慈善机构"。另一方面,对于剩余的捐赠物资,众爱将它们在慈善商店内义卖,所获收入全部用来支持儿童等弱势群体和相关领域公益组织。

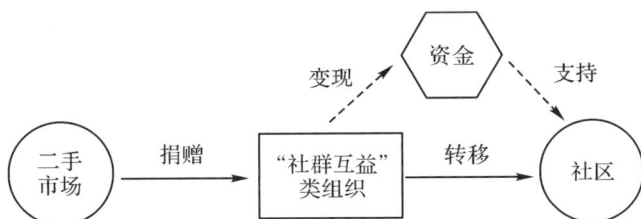

图 7-2 "社群互益"类组织运营模式

2."惠民公益"类

"惠民公益"类组织的典型特征是"惠民"与"公益"。所谓"惠民",就是组织的服务目标和服务内容与人们的日常生活密切相关,所以现实中大多以商店、餐馆、旅店等形式存在。"惠民公益"类善意经济组织的运营模式可归纳为"购买—销售—支持"与"联合—参与"两条路径(见图7-3)。其中,第一条路径是通过从市场上购买一手商品,然后销售给普通消费者获取资金,用以支持其所在的社区。这也是"惠民公益"类组织商业手段的主要体现。第二条路径则是对组织如何带动社会参与公益慈善行为的说明。海宁南关厢公益素食馆完全按照市场化的方式运作,销售所得扣除成本后全部纳入海宁市慈善总会专户,用于公益项目支出。截至 2018 年 1 月,素食馆已实现营业额 800 多万元,利润百万元,并且已支出 80 多万元用于公益项目。在带动参与方面,海宁南关厢

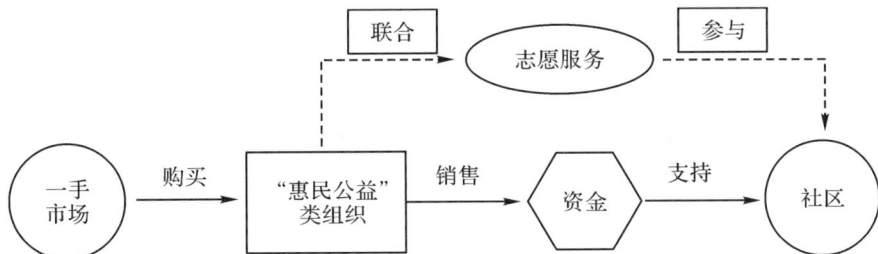

图 7-3 "惠民公益"类组织运营模式

公益素食馆也成为义工参与公益活动的平台，连接了海宁义工委 6000 多名会员，并且向社会传播了慈善理念，带动了人们的参与和消费。

3. "平台联益"类

"平台联益"类善意经济组织与前两类不同，它实现了由实体向虚拟商店的过渡，借助互联网平台进行二手商品的捐赠和买卖。善淘网是具有代表性的"平台联益"类组织。

与"社群互益"类类似，"平台联益"类善意经济组织的发展路径也包含"捐赠—变现—支持"（见图 7-4），但是它的独特点在于互联网加强了每个部分与利益相关方的"联结"。具体而言，在捐赠阶段，"平台联益"类善意经济组织联结了企业、个人捐赠者的力量；在变现阶段，联结了基金会、政府、个人购买者等；在支持阶段，联结了志愿者和其他公益组织。善淘网也发挥了网络平台的筹资及联结功能。这些利益相关方促进了善淘网的慈善义卖，有的开设了流动慈善商店，义卖公益产品。还有许多企业伙伴为善淘网搭建了销售和义卖平台，如阿里巴巴、Webpower 等，促进了公益社会影响力的最大化。

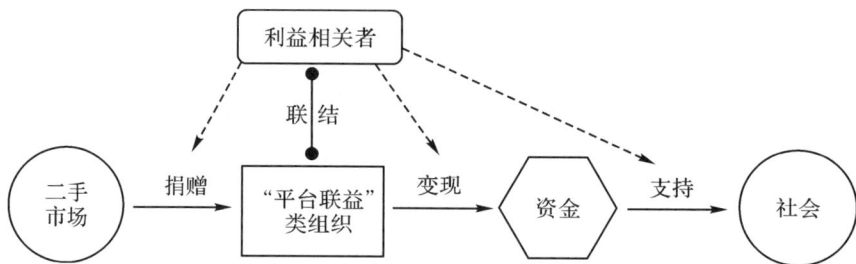

图 7-4　"平台联益"类组织运营模式

4. "网商返益"类

"网商返益"类善意经济组织是近几年新兴的慈善种类，它将"平台联益"类的虚拟商店形态和"惠民公益"类的一手商品优势进行了融合。"e 农计划"便是这一类型的典型代表。下文便以"e 农计划"为例，深入解析这类善意经济组织的特色与模式。如图 7-5 所示，"网商返益"类善意经济组织的发展模式可总结为"购买—销售—回流"以及"购买—销售—再投资"。也就是说，在获得销售利润后，组织对资金的处理有两条路径。回流反哺社会体现了公益使命，再投资则体现了商业上的可持续，总体上符合"商业"与"公益"相结合的社会企业理念。目前，"e 农计划"销售额已达到 1400 多万元，连续两年盈利 60 多万元。这些公益资金既支持了"免费午餐"等公益项目，同时，也使"e 农计划"的规模不断扩大。

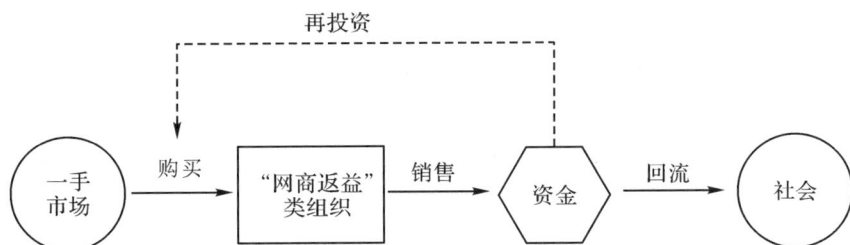

图 7-5　"网商返益"类组织运营模式

(四)发展与预见

本节提出两个关键指标——可持续性与可复制性,并建立了一个善意经济二维评价体系(见图 7-6)。所谓可持续性,是指善意经济组织能否获得足够的收入,实现经济上的可持续,并最终实现其慈善目标。该指标的提出是为了应对传统慈善超市依赖政府、市场化程度低等弊端,可以防止组织僵化,使其成为一个具有生命力和活力的"有机体"。可复制性指的是新型善意经济组织形态在不同时空中的拓展性和应用性,尤其强调对其他组织的借鉴意义。该指标的提出是为了促进善意经济从个案到集群的转变,最终形成整体效应。总体而言,这两个标准是检验互联网时代善意经济多元模式发展的重要维度。未来新型的善意经济类型出现,也同样适用这两个标准。

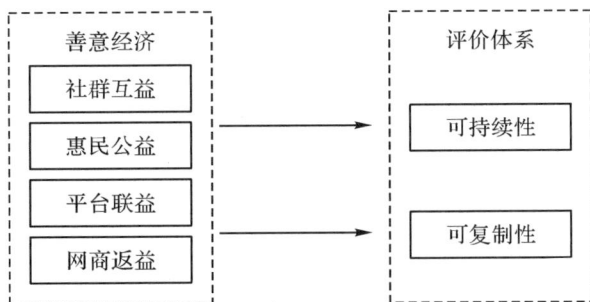

图 7-6　善意经济二维评价体系

下文逐一对四类善意经济组织的可持续性与可复制性进行分析,并提出相关的对策建议。

1. "社群互益"类对策建议

"社群互益"类善意经济组织以捐赠和二手商品为基础,发展可持续性受制于此,应当通过线上与线下宣传相结合的方式,来提升公众的认知度,从而保证自身具有稳定的货源和客流。具体而言,线上宣传可基于互联网和自媒体来接近受众,如众爱宣传的媒体包括国际人士常用的雅虎社区、北京妈妈社区,还有微信公众号、微信群、微博以及网站等;线下宣传可基于组织开展一些主题性的定期活动,如众爱每年 10 次以上的国际学校书市活动已经成为当地极受欢迎的周末亲子爱心活动,提升了人们对"社群互益"类善意经济组织的认知及参与。

从可复制方面看,"社群互益"类善意经济组织以社群为基础,要实现成功复制需重视培育社群文化,以此来增强社群间的凝聚力,促进社群间的互帮互助。具体到复制过程,首先,应发挥连接社区各方的桥梁和纽带作用。比如,众爱在发展过程中与周边的国际机构、学校和企业建立了伙伴关系,增进了这些组织与受助群体之间的联系。其次,应注重社群互助意识的培育,以促进慈善观念的传递。如众爱积极鼓励自助助人的观念,举办筹款音乐会活动,让受助者一展所长,为更多的需助者筹款。

2."惠民公益"类对策建议

"惠民公益"类善意经济组织以市场化方式运作,可持续性相对较高。科学、规范的管理制度,尤其是志愿者管理及财务管理是可持续发展的重要保障。海宁南关厢公益素食馆自创立以来一直保持着较高的盈利水平。较高的可持续性促进了组织公益目标的实现,素食馆每年的公益支出都大于20万元。这些成就的取得与组织的规范管理密不可分,海宁南关厢公益素食馆在发展过程中成立了理事会,负责日常经营与管理,还成立了财务监督组、营销策划组等功能小组,定期进行财务公示。

就可复制性而言,"惠民公益"类善意经济组织贴近居民生活,具有较强的群众基础,因而较易复制和推广。这类组织进行复制时,应找准切入点,创新性地将公益慈善与居民日常生活相结合。除了素食餐饮外,与人民生活密切相关的便利店、果蔬店等都可以成为"惠民公益"的切入点。如上海善家爱购公益商店创新性地将公益慈善与农副产品销售相结合,也取得了较好的社会效果。

3."平台联益"类对策建议

在可持续性上,"平台联益"类善意经济组织利用互联网扩大捐赠和交易的范围,保证了组织的运营及发展,但随之而来的成本问题也成为影响可持续发展的重要因素。从措施上看,"平台联益"善意经济组织一是应当提高组织的成本管理水平,从成本预测、核算、控制都遵循科学的流程及规范;二是应当从线上走入线下,进一步拓展业务。目前,善淘网和上海静安区民政部门合作,开设了国内首家O2O慈善超市,实现了线上线下联动。

至于可复制性,"平台联益"类善意经济组织将公益慈善与互联网相结合,突破了时空界限,具有较强的创新性和借鉴意义。复制该模式,首先应抓住"联益"这一关键。善淘网与企业、基金会和个人捐赠者等建立了广泛的合伙关系,因而能获得持续的货源和资金支持。其次,还应突出独特的使命和目标。如善淘网一直强调使命是帮助中国8000万残障伙伴获得就业、培训和融入社会的机会,这使公众认同其价值。

4."网商返益"类对策建议

"网商返益"类善意经济组织结合了一手商品和虚拟商店形态两者的优势,具有较高的盈利能力和可持续性。在此过程中如何利用互联网解决宣传推广问题,提升和发展营销能力至关重要。为了提高可持续性,"网商返益"类组织应借助互联网和电商平台,充分利用大数据的优势,构建高价值的运营网络。如"e农计划"首先从微博宣传推广开始,利用创始人邓飞的名人效应,迅速触达百万公益爱好者;然后,以"人人店"平台的大数据为依托,精准锁定忠实推客,让推客自己代言和运营,使"e农计划"上线四个月便快速完成150万元的销售额。

在可复制性方面,"网商返益"类善意经济组织的运营模式顺应了时代趋势,符合社会需求,具有非常强的应用性及推广性。需要注意的是,这类组织在发展过程中应树立起良好的品牌意识,实施品牌战略。比如,"e农计划"组建了专业的设计团队,打造品牌形象——专属卡通娃娃、特色文案漫画包装等,让消费者第一次接触到"e农计划"时,就会产生共鸣与传播行动。

二、战略慈善

"战略慈善"(strategic philanthropy)是在探讨有效慈善过程中所形成的一种理念,即用战略方法来提高慈善组织开展公益服务的能力。现实中,为解决无效运营和低效管理等相关问题,很多慈善组织开始在发展过程中引入战略方法,以此来提升组织运营的有效性。过去十几年,战略慈善成为很多欧美慈善组织,特别是基金会所积极倡导的概念。比如,洛克菲勒基金会、福特基金会联合建立了国际农业研究中心,在全球推动"绿色革命",就是在战略慈善这一理念的指引下开展的。欧美国家的实践也证明,战略慈善的引入,显著提升了慈善项目及慈善组织运营的有效性。

(一)案例简介

本文选取浙江省妇女儿童基金会开展的"焕新乐园"公益项目作为本章案例研究的对象(案例具体介绍见第六章)。主要理由如下:①"焕新乐园"公益项目的发展历程体现出较强的阶段性,有助于对战略慈善的实现路径进行深入而细致的剖析。②"焕新乐园"公益项目取得了良好的社会成效,这与其有效运用合作战略、平台战略以及创新战略存在一定关系,选择该项目可以更好地反映出三大战略对慈善有效性的促进作用。综上所述,该案例与本文的研究问题有高度的契合性。

为了体现战略慈善引入对慈善有效性的提升作用,以及更好地理解战略慈善的不同实现路径,本文对案例进行了阶段划分,主要依据是"焕新乐园"公益项目从实施到开展过程中的关键事件和重要转折点。如表7-1所示,"焕新乐园"公益项目可划分为"项目构建及运营前期"与"项目运营中后期"两个阶段。

表 7-1 "焕新乐园"公益项目阶段划分

阶段	项目构建及运营前期	项目运营中后期
时间跨度	2017 年 1 月至 2018 年 1 月	2018 年 1 月至今
关注重点	获取资源、保证项目实施	扩大项目影响

1. 项目构建及运营前期

2017 年 1 月至 2018 年 1 月为"焕新乐园"公益项目的构建及初创时期。根据其项目书,"焕新乐园"公益项目的运营周期为一年,也就是说,自 2016 年年底开始,通过一年的项目运作,发动社会组织和志愿者参与其中,完成贫困儿童的家庭环境改善。此时,"焕新乐园"公益项目刚刚起步,资源相对不足,需联合社会各方获得项目运营所需的人力、物力及财力资源。同时,项目运营也缺乏可参考的相关经验,需要构建一个完善的运作机制来保证项目的顺利实施。

2. 项目运营中后期

在"焕新乐园"公益项目运营一年,也即 2018 年之后,通过项目总结报告可知,"焕新乐园"公益项目取得了较好的成果和进展。资源不足的问题顺利得到解决,同时,也积累了一定的项目运营经验。此时,"焕新乐园"公益项目关注的重点由维持自身生存转移到扩大社会影响方面,不再局限于浙江省,而是将项目拓展至全国 20 个省区市,参与的社会组织和志愿者也越来越多。通过服务范围、参与群体的扩张,更多贫困家庭的儿童得以受益。

(二)案例分析

为分析战略慈善对慈善有效性的促进作用,本文通过分析"焕新乐园"公益项目在合作战略、创新战略和平台战略实施方面的一些举措,总结这三大战略对"焕新乐园"公益项目有效性提升的促进作用。

1. 合作战略

根据资源依赖理论,公益项目的开展离不开资源。为了获取资源,"焕新乐园"公益项目与阿里巴巴公益、政府(社会救助处)、社会组织建立了合作关系,获取项目实施所必需的资金和人力资源。而且"焕新乐园"公益项目注重项目各方之间的资源分享,项目相关负责人介绍说:"我们引进媒体资源、政府资源给公益组织,使其获得政府购买服务的优先资质。""焕新乐园"公益项目还提出了项目的"温度"理念,"温度就是要让项目参与各方获益",比如,在获取阿里巴巴公益基金会的资金时,"阿里提出冠名、品牌属于双方,不提供社会组织资金等要求,我们都说可以。""焕新乐园"项目负责人说道。具体到服务提供阶段,"焕新乐园"公益项目每年联合100家公益组织和1000名志愿者为贫困家庭的儿童进行环境改造,实施成长陪伴。通过这些措施可以看出,"焕新乐园"公益项目具有较高的合作战略应用水平,而且这种合作是共同成长的合作,其负责人表示,"我们非常注重成长,项目的参与方、合作方要一起成长"。

2.创新战略

在项目实施过程中,"焕新乐园"公益项目也比较重视使用创新方法来提供服务。"焕新乐园"公益项目的整个项目构建过程都体现出了其对设计思维的运用。正如其负责人所说的:"我们一直构想怎么发挥项目的最大价值,在这个过程中如何设计项目至关重要。"设计思维便是一种具有创新性的项目设计方法。同理心是设计思维的第一个步骤,它强调以人的需求为中心,通过观察、角色扮演、访谈等方法设身处地感受用户的需求。在此基础上,设计者还要进行技术可行性和商业可行性分析,确保组织拥有充分的资源、能力和资金来实现创新的想法。

首先,在同理心方面,"焕新乐园"坚持以受助群体的需求为核心。项目实施前,项目成员对贫困家庭进行了走访,发现其普遍存在以下三方面的问题,一是环境欠缺,卫生状况糟糕;二是健康困扰,因病因残致贫问题突出;三是教育匮乏,家庭教育引导不足。为解决这些问题,"焕新乐园"公益项目应运而生。其次,在技术可行性方面,"焕新乐园"公益项目进行了团队构建、组织招募、家具设计等方面的努力。正如其负责人所说的:"任何一个项目要执行都离不开人和团队,也离不开在地社会组织。""焕新乐园"公益项目为保证项目的顺利执行,与100家社会组织形成了战略合作关系,并发动10000名志愿者参与项目执行。同时,"焕新乐园"公益项目还与同济大学的设计创业学院合作,尽可能使家具符合儿童需求,发挥教育功能。最后,除技术可行性外,"焕新乐园"公益项目还需要保证其财务可行性。"我们一开始没有钱,只是有项目。"为了使项目顺利实施,"焕新乐园"公益项目通过与阿里巴巴公司合作来寻求资金支持。

3.平台战略

有效运用平台战略可以提升项目服务的效率和质量。"焕新乐园"公益项目非常注重平台的建设,正如其负责人所说:"我们的工作模式是搭建平台,带动大家一起参与、一起贡献。"具体而言,"焕新乐园"公益项目的平台战略主要体现在制订平台规则,为其他组织提供能力建设服务等方面。首先,"焕新乐园"公益项目制定了资金使用标准,充分考虑了物资采购、志愿者补贴、统筹管理等费用,并将其项目经费分为两部分:一是每户不少于5000元的改造经费,用于改善家庭安全隐患和儿童学习环境;二是陪伴成长经费,2017年是2500元,2018年提高到3000元。其次,"焕新乐园"公益项目提出了项目的"深度"理念,即通过建立规范的执行体系和系统的介入模式,提供专业的陪伴服务指导。"焕新乐园"公益项目一方面为志愿者开设线上线下课程，另一方面为社会组织提供流程手册和陪伴记录手册，用于指导项目执行。而且"焕新乐园"公益项目要求社会组织为贫困家庭儿童提供每月不少于 1 次的跟进走访，为每个孩子提供 3 次集体活动，最大限度地保证儿童获得高质量的陪伴。这些都是对平台战略的有效运用。

4. 慈善有效性

"焕新乐园"公益项目的宗旨是以环境改造为切入点，通过对儿童的跟进陪伴，促进儿童的健康成长与发展，最终提升家庭的综合发展能力。其项目目标共有三个：①与 100 家优秀的社会组织达成战略合作。②发动 10000 名志愿者参与项目执行，共同成长。③为浙江省内 1000 户有 6～16 周岁儿童的低保家庭进行家庭环境改善，并开展为期一年的维护跟进，使其树立积极的生活状态。结合这些目标以及访谈时项目负责人所言："我们项目的设立就是为了帮助儿童，联合社会组织和志愿者的动机也是为了保证项目的顺利进行，尽可能多地服务更多的家庭。"由此可见，"焕新乐园"项目想要实现的慈善有效性涵盖了所有四个指标，既要完成改造家庭环境的目标，同时，要保证项目的可持续发展，提升儿童和家庭的满意度，并尽可能扩大项目产生的社会影响。

通过应用战略慈善的三大战略，"焕新乐园"公益项目获得了较高的收益和产出。首先，在目标实现方面，项目实施至今累计带动近 200 家社会组织、20000 余名志愿者共同参与，志愿服务超过 85000 人次，为 5707 户家庭开展项目服务，实现了预期的目标。其次，在可持续发展方面，2017 年"焕新乐园"共筹集资金 1025 万元，项目实施两年后，筹集资金超过 5000 万元，而且很好地撬动了政府资源，带动地方配套资源逾1000 万元。很多地方的民政部门、妇联愿意加入，给"焕新乐园"公益项目 1∶1 配资，比如，丽水市拿出 100 多万元，推动低保儿童家庭改造。再次，在服务对象满意度方面，经第三方评估机构评估显示，受访儿童对改善后房间的满意度高达 96.40 分，89.0% 的儿童表示喜欢志愿者的陪伴，儿童陪伴前后生活状态也由 77.97 分上升到 95.41 分，此外，97.9% 的社会组织表示项目管理能力得到提高。最后，"焕新乐园"公益项目也产生了广泛的社会影响，服务对象的覆盖面不断拓展，2017 年主要服务浙江省的 1000 户家庭，2018 年则走向全国的 4000 多户家庭。以浙江为基础，项目拓展至全国 20 个省区市的 79 个设区市、199 个区（县、市）。总体而言，"焕新乐园"公益项目战略慈善的实施，取得了良好的效果，显著提升了整个项目的有效性。

（三）战略慈善的实现路径

首先，"焕新乐园"公益项目所承担的角色不能单独用服务或者非服务来概括，因为它有多个服务对象。当针对儿童和家庭时，"焕新乐园"公益项目的角色为非服务角色，因为它不直接为儿童进行家庭环境改造,而是通过 100 家公益组织和 1000 名志愿者来提供服务;但当面对慈善组织和志愿者时,"焕新乐园"公益项目担任的则是服务型角色,因为它提供能力建设培训和陪伴服务指导。所以可以说,"焕新乐园"公益项目兼顾服务与非服务两种角色。

其次,在资源方面,"焕新乐园"公益项目经历了两个不同的发展阶段。在项目构建以及项目运营的前期,"焕新乐园"公益项目的人力资源和财务资源都相对缺乏,所以,它无法保证项目的顺利执行,只能与阿里巴巴公益、政府(社会救助处)和社会组织建立合作关系,来寻求资金和人力方面的支持。在项目运营的中后期,"焕新乐园"公益项目的资源则相对充裕,筹集的资金超过 5000 万元,地方政府也加入进来提供配套资源,合作的志愿者和公益组织数量也成倍增长。

最后,在领导人方面,"焕新乐园"公益项目是浙江省儿童基金会开展的公益项目,所以浙江省儿童基金会的领导人对"焕新乐园"公益项目的开展具有重要影响。通过访谈得知,浙江省妇女儿童基金会秘书长邱哲具有多年的企业高管从业经验,善于运用商业思维来做公益。除此之外,根据问卷结果,组织负责人的变革型领导力得分也处于较高水平,项目员工也表示领导人具有极强的个人魅力和领导力,能够激励员工朝着既定目标努力。

(四)小结

通过案例分析可以发现,战略慈善的引入,可以切实提升慈善组织及慈善项目的有效性。慈善组织需要在组织运营或项目开展过程中对自身要达到的有效性目标有清晰的认知,并针对不同的目标有针对性地采用不同的战略。"焕新乐园"公益项目旨在实现本文界定的四个有效性指标,因而其需要全方位地应用合作战略、创新战略和平台战略,而不能只侧重某一战略。现实中,慈善组织可以根据自身的能力和现状,只专注于某一个或某几个有效性指标,然后选择对应的战略来实现既定目标。

基于已有的研究,本文构建了一个战略慈善应用的流程模型,用以指导慈善组织进行具体的实践和应用。具体而言,该模型共包含五个步骤,第一步是对慈善组织要实现的有效性目标进行分析;第二步是根据制定的有效性目标确定要采取的战略;第三步则是对慈善组织目前的角色、资源和领导人等组合要素进行分析;第四步是将罗列的组合要素与三大战略的各条实现路径一一对应并进行分析;第五步是针对路径分析的结果提出改进目前战略慈善状况的措施。具体如图 7-7 所示。

图 7-7　战略慈善应用流程

三、慈善合供

目前公益组织存在对公益服务的有效供给能力不足，对公益资源的有效动员和整合能力不足，对公益行动的有效组织能力和社会影响倡导力不足等问题。为解决上述问题，展开公益服务的创新模式，跨界应用平台思维是提升公益服务质量与公益组织实力的重要选择。在当代社会中，平台思维对社会的改造意义，类似农业时代过渡到工业时代，农业文明被工业文明改变般显著。当平台思维上升为一种思维形态，如同互联网思维一样，成了影响时代的科学范式，具有一种普遍的认识论意义，对所处时代的经济、政治、文化、社会实践都有全新的阐释。平台思维绝不仅仅代表了新方法的应用与新形态的演变，对于传统行业更有极强的应用价值。传统公益组织对于公益服务的跨界发展意识薄弱，研究梯度滞后于其他领域，特别是社会组织与公共服务领域还未出现对平台思维运用的案例研究。

平台思维的运用意味着帮助组织克服固有矛盾，快速响应市场、降低成本，提供高质量的独特产品与服务，从而实现组织杠杆式的发展。只有借助平台思维，才可以充分调动各界力量，以满足时代发展的最新需求。随着两个现代化步伐的加快，新时代人民对美好生活的向往日益强烈，困难群众的需求也从温饱型物质需求向多层次需求延伸。传统的公益服务已经无法让公益双方的关系获得质的提升与心灵的升华。公益服务应当从过去意义的"小慈善"，即通过捐赠手段发挥扶贫济困作用，向"现代慈善"转变，即在教育、科学、文化、体育、环保等多公共领域提供公益服务。

因此，公益组织应当主动创新，运用平台思维，改变过去公益服务形式疲化、内容重复、功能滞后和发展僵化等问题。将套路化、教条化、重复化的公益服务转型为人性化、优质化、精准化的公益服务，在保障受助人最基本的衣食住行需求外，文化、教育、医疗、心理等多方面也要帮助其脱离贫瘠状态，实现公益服务的社会价值，提升公益组织的社会治理能力和影响力。公益组织如何运用平台思维，创新服务模式，是本节接下来所需要回答的问题。

（一）案例简介

浙江老牌公益组织"第九世界"于2005年在杭州成立，是一家以山区扶贫和支教知名的民间公益社会组织，该组织由民间力量自发成长，以爱心、互助、平等、实干为目标，10多年来主要针对贵州贫困山区进行包括农村医疗卫生、文化教育、经济扶贫等公益活动。团队主要负责人是由企业家转型而来的公益人，在公益活动领域享有一定的声誉与口碑，在其感召下，团队已经形成了一批核心志愿骨干，也拉动了一批固定社会资源。目前组织固定的公益项目，主要是围绕贵州山区儿童进行暑期支教、公益捐书、贫困助学以及开学物品和秋冬寒衣等物资捐赠活动,除此之外,不定期的也有山区医疗救助、扶贫救助等活动。不同项目由于类型和需求的差异,也积累了一批不同特点的志愿群体,包括企业家、在校学生和老师,成为各类捐赠、支教活动的主要力量,团队在负责人的调动下,与社会各界力量形成了良好的长期合作关系。

"第九世界"一直关注贵州黔东南地区的助学活动,历来捐赠新衣服、新校服、新图书、生活用品等,近年来接收到当地对民族文化传承教育的需求后,"第九世界"精细策划了别具一格的民族校服捐赠活动,将少数民族的元素,包括图腾、服饰花样、建筑图案等融入新校服的设计中,通过提供这样的民族校服,既保留了传统文化,又增添了时尚感,所以称为"霓裳校园"项目。活动策划者借助平台思维,充分整合社会资源,在慈善基金会的支持下,与当地学校、文化协会、企业、社会组织合作,发挥资源联动效益,达到价值叠加。目前,"第九世界"已为黔东南州大融小学、方翔小学等10所学校发放了苗族、侗族等各色民族校服,深受当地政府和师生好评。

(二)案例分析

凭借平台思维,"第九世界"只负责了项目的初期策划以及后期的资源协调,其余所有环节均由其他社会资源力量承接,各方以民族校服的制作环节为纽带,围绕满足当地孩子的喜好和学校教育传承的需求为出发点,精准完成校服在公共性任务与传承当地民族文化的个性需求之间达成协调的任务。具体而言,"第九世界"在对平台思维的借鉴中,沿袭以下三条路径,改变了传统公益活动的死板,达成了创新目的。

1.转移活动中心,淡化组织地位,围绕受助人需求

过去,"第九世界"的捐赠衣物活动,采取的是传统公益服务的线性链条(见图7-8)。公益组织占据了中心地位,存在信息不对称和道德风险,受助人与捐助方之间甚少直接沟通和及时反馈,服务无法满足受助人的个性化需求。

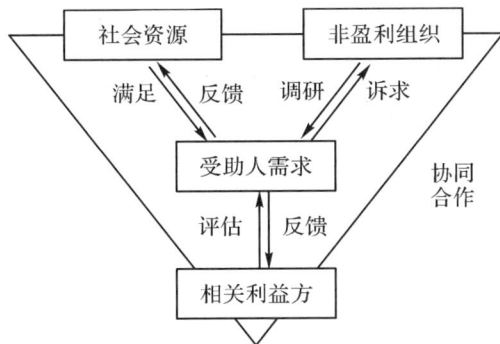

图7-8　公益服务平台以受助人为中心

根据活动记录,在"霓裳校园"项目中,围绕孩子们对"美观、大方、新颖"的新校服的需求,以及当地学校对"民族文化传承教育"的需求,"第九世界"创造性地完成了设计民

族校服的项目，完美融合了受助群体多样化的需求内涵，最终为当地少数民族学生提供了多款别具意义的民族特色校服，让孩子感受到民族文化的同时也穿上了优质的免费校服，实现了公益价值和个性满足的最大化合并。这体现的是公益平台内围绕受助人为中心，以开放的心态实现互联互通、提供人性化的公益服务的初衷。

"第九世界"为了达成服务的人性化，做出的努力包括：在项目策划阶段进行了大量的调研，数次进入黔东南地区进行考察与调研，听取当地学校与孩子们的真实需求，从人性化的角度关注其心声动态；积极联系相关方，弱化"第九世界"自身的宣传，强调对当地的个性化需求的满足，在每一环节及时获取学校反馈；活动后期将具体捐赠事宜交由广州市传递希望慈善活动策划有限公司与当地学校负责，减少对孩子们的直接曝光，人性化保护孩子的自尊。

2. 转变服务模式，旨在针对问题，提高服务精准度

据项目负责人反馈，过去东部地区的爱心人士将大量现代衣物捐助给西部少数民族地区，因某些现代服饰时尚洋气，穿戴方便，导致贵州农村的学生开始排斥当地苗族、侗族那些用土制面料制作的服装，同时，当地孩子也缺少了穿戴民族服饰的机会。这种捐助行为间接破坏了当地少数民族传统服饰的生态环境。结合当地政府对于民族文化传承的重视，为了更好地保留少数民族文化，让当地孩子在穿新衣服的同时也能热爱本民族的服饰，传承本民族的文化，"第九世界"精准设计了民族校服的捐助形式，力求解决民族文化传承无力的社会问题。

"霓裳校园"项目具备一定的独特性、吸引力和精准性，"是十分具有代表性的文化传承公益活动"（"第九世界"组织骨干），"填补了当地孩子文化传承教育的缺失"（"第九世界"组织负责人）。"霓裳校园"项目以"民族校服"为特色，服务精准定位于"在日常穿戴中传承当地民族特色的学校教育"，填补了当地政府在相关板块的工作遗漏，为了达成精准化的服务目的，在活动中每一所学校的领导，以及当地民族协会与项目组保持联系，随时交流，反馈校服上的民族文化元素的准确性和适宜性，并在后期配合学校开展关于民族文化校服的宣传，拓展民族文化第二课堂，活动针对性强且难以复制，在当地学校和教育局深受好评。

3. 整合社会资源，丰富公益手段，提供优质化服务

为了保证服务的高质量，吸纳优质的社会力量加入，霓裳校园项目在报刊媒体和官网上进行项目宣传，凭借组织的社会影响力、信誉度和项目组的人脉，将一众优质资源进行整合吸收，最终形成了由浙江敦和慈善基金会（负责执行等经费）、中国美术学院服装学院（负责设计）、中国民族服饰第一品牌"卓简"（负责打样）、黔东南民族文化协会众多艺人（负责作品完善）、黎平奇洪服饰（负责生产）、广州市传递希望慈善活动策划有限公司等企业（负责捐助）共同构成的复合型项目流程团队。

虽然参与力量众多,但基于平台思维的高度共享原则,项目流程清晰,运作顺畅,服装设计、打样、修改、生产、分发,各个环节紧密衔接。设计师、艺人、基金会、企业、媒体等社会力量均采取弹性化地参与方式,施展在服饰设计、经费提供、生产工艺等方面的优势资源。"第九世界"在其中有效甄选、协同合作,使得整个活动高度开放,信息共享,流程清晰,公益价值不断叠加。

综上,"霓裳校园"项目对平台思维的应用路径总结如表7-2所示。

表7-2 "霓裳校园"项目对平台思维的应用与成效

平台思维运用路径			
视角	背景:过去存在问题	初衷:围绕用户需求	目的:精准解决问题	手段:整合社会资源
学生	捐赠的校服款式陈旧难看,无当地民族特色	款式新颖、美观、轻便的民族校服	捐赠服饰活动易于模仿,没有新意	中国美术学院服装学院负责设计首稿,与当地民族文化协会合作完善设计 中国民族服饰第一品牌"卓简"负责打样 黎平奇洪服饰负责专业生产 广州市传递希望慈善活动策划有限公司等企业协调学校完成捐赠
政府	当地民族文化传承教育的缺失	将民族元素与校服进行融合,起到民族文化传承教育的作用	对当地民族文化元素的准确传承	
学校	民族服饰和日常服饰的矛盾	"校服+民族元素"如何和谐统一地展示	设计稿中民族元素的完美落实	
组织	捐赠服饰活动易于模仿,没有新意	民族校服别具一格、受到期待	用料安全、制作精良、批次生产的民族校服	
组织	过去捐赠合影宣传多,不利于孩子的自尊心	保护孩子的自尊心,人性化地完成捐赠	解决过去捐赠走秀成分多、曝光多的弊端	
公益项目创新效果			
服务创新化	服务人性化	服务精准化	服务优质化
改变了过去捐赠服饰无特色,达成实用性与美观性的统一,捐赠方式独特、无法重复,成为当地民族文化传承项目	孩子们的需求得到了人性化对待,他们感到很满意,甚至穿上不舍得脱下来,家长和学校都很满意,也不会和别的民族服饰撞衫	精准对接当地民族教育传承缺口,通过校服,潜移默化地完成民族文化传承教育,民族元素得到了当地专家的认可	社会资源充分引流,科学整合,共享项目资源,各方获得能力和社会价值交换,高质量完成任务,达成共赢

(三)小结

通过案例分析再一次验证,公益性组织掌握平台思维的三条路径:①转移活动中心,从组织中心化到以用户需求为导向;②转变服务模式,提供灵活的公益服务从而解决社会问题;③整合社会资源,对社会资源有效利用与整合。即从需求满足、目的精准、服务优质的角度实现公益服务的人性化、精准化、优质化,从而提升公益组织提高公益服务水准,创新公益服务价值,增强社会组织解决社会问题、参与社会治理的能力。具体体现在如下方面。

1. 以受助者需求为中心

传统的公益服务模式,核心在于从线性的捐赠过程中产生价值,线性模式对于公益组织来说创新空间少、社会效益低,对组织依赖过多,对受助人曝光过度,服务缺乏温度。平台思维颠覆了传统方式,将受助人引入到服务的价值创造过程中,受助人不再只是单纯的接受者,而是公益价值共享共创的重要部分。对于公益组织来说,一方面需要将自己在捐赠链中的作用弱化,专注搭建平台,围绕受助人的多样化需求,借助专业团队实地调研,设计出新颖的公益项目,提供有温度的服务;另一方面,组织也要保持开放透明的心态,接受来自社会各方的监督,减少对自身地位的看重和宣传,弱化活动的曝光度。这背后是对我国公益组织行政色彩的淡化,也是对公益模式人性化转变的鞭策。这不仅表示社会组织需要改变传统服务主客体的距离,人性化地平等对待服务客体,重视受助人的内心感受,同时也让公益服务选择回归本真善念,减少与组织名利欲望的纠葛。

2. 精准解决社会问题

公益服务贵在精准。公益组织运用平台思维,本质目的在于挖掘公益漏洞,填补服务空白,解决社会问题。作为社会补充型的公共服务的重要形式,公益服务应当找准政府垄断供给与市场主导服务的缺口,随着多维度、多元化、多样化的社会需求变化,转变过去原始、粗放、单向的服务模式,追寻创新、人本、互动的服务模式;此外,组织还要具备敏锐的视角和独到的分析,摆脱固有的行政化色彩,警惕牟利性的公益腐败和"隔靴搔痒"式的服务导向。运用平台思维,设计开放式的公益项目,提供专业化、精准化的公益服务。平台思维将会给公益事业带来不同以往的强大力量,这种力量不单是扩充自身实力,更是从根源进行改变,通过改善社会问题,参与社会治理,提升组织的社会地位和社会形象,寻求组织未来发展的立足点,提升公益组织的专业化形象,从而获得社会好评与长远发展。

3. 整合优化社会资源

平台思维,就是将组织视为一个通道,各类资源可以随时进出。只有社会资源的涌现才能激发公益服务的创新,实现社会价值的叠加。公益组织组织自身资源主要来自于社会支持和财政拨款,管理已有社会资源,积极开发未知资源,统筹整合各类资源,才能提供更优化的公益服务。在公益项目中,社会各界基于自身优势进行资源共享、弹性参与,除了资金等传统资源可以捐助外,还包括技能、权限、知识、人力等无形资源的参与;政府部门、媒体大众、企业等社会各界力量与社会组织协调合作,向组织提供政策支持、舆论宣传、活动资源等各类支持。对于社会资源的吸引,需要公益组织依靠项目平台,共享信息,通过开放共赢的心态吸引社会资源弹性参与,组织需要科学地判断社会资源的价值,对其予以仔细甄别和系统整合,将资源进行串联,力求实现资源价值的最大化发挥,这考验的是组织对外沟通能力和统筹管理的水平。

综上,公益组织运用平台思维路径创新公益服务的路径如图 7-9 所示。

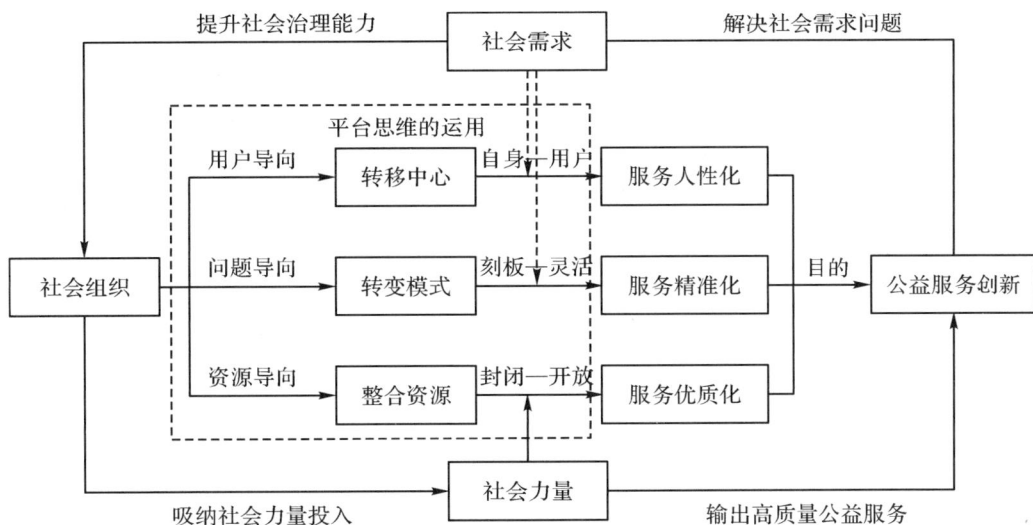

图 7-9 创新公益服务平台思维运用路径

对比传统公益服务模式和平台思维下的创新模式,传统的公益服务模式形式单一、资源稀缺、服务粗放;而创新后的公益模式通过平台思维的运用,围绕受助人的需求,整合社会资源,分担组织的压力,提升了服务质量和精准性。本节为社会组织与社会服务的研究提供了一种新的方向,即从现实出发寻找问题与解决方案,将平台思维与公益服务结合,是跨界思维的运用,也是走出重复捐赠、低效费力的固有公益困境的尝试,不仅可以满足社会多元需求,也能提升公益整体实力。

四、慈善转型

虽然各类公益组织在提供(准)公共物品和公共服务上扮演了不可替代的角色,发挥了重要作用,但是所有公益组织都不同程度地面临着 Salamon(1994)所指出的"志愿失灵"问题,即其所具有的内在局限性使之无法单靠自己的力量有效地推进慈善和公益事业。

一方面,公益组织的迅猛增长,相互间竞争的加剧以及传统资金来源的减少,使得公益组织面临着愈来愈大的财务压力,资金来源不足已成为公益组织发展的"瓶颈";另一方面,公益组织的官僚化倾向、成员的业余性和管理的非经济性导致其运行成本高,效率低下。这就要求公益组织改善管理效能和资源配置方式,由"捐赠导向"转向"创新导向",由捐助模式转向社会投资模式,尽可能避免自身发展中出现财务危机,实现经济上的独立,进而实现真正意义上的管理自治和可持续发展,为克服"志愿失灵"提供创新机制。在回溯社会企业、资源依赖以及环保社会组织相关理论的基础上，本节形成一个创新性的分析框架，归纳了典型案例"绿色浙江"的特点，以求对事实形成科学客观的认识。

（一）案例简介

"绿色浙江"是一个发源于浙江的专业从事环境服务的公益性社会组织，由浙江大学教师阮俊华和忻皓于2000年6月创建。以"让更多人环保起来"为核心使命，致力于环境治理、会务活动、研学教育，是中国首家获社会组织评估5A级的民间环保社团，也是目前浙江省规模最大的环保组织。"绿色浙江"兼具倡导组织、科技社团和校外教育机构的多重性质。但无论从企业目标、运营方式、组织构造上，它都体现出非政府组织和纯商业组织相混合的组织特征，具有"社会企业"的色彩，并表现出了对组织价值创造的独特作用。

2000—2009年，"绿色浙江"从无到有，走向社会，处于志业集群状态，虽然已成为省青年志愿者协会的分支机构，但没有长期项目，也没有稳定收入和全职人员，对社会和环境影响十分有限。

2010—2012年，"绿色浙江"进行独立注册，拥有了专职人员，品牌、机构迅速成长，以具有特色的品牌活动为基础的业务板块逐渐形成，支出也大量增加。但另一方面，却仍未形成稳定的盈利模式，面临着较大的生存压力：资金来源单一、自创收入少、因工资偏低而无法吸引足够的专职人员及保证现有员工的工资水平。同时，组织囿于传统的环境管理模式，与环保部门和企业沟通合作所能发挥的影响力有限。在这一阶段，"绿色浙江"迎来了自身的快速成长，但资金与影响力仍对组织的发展产生限制，亟须寻求新的运营方式。

2013年至今，"绿色浙江"布局社会企业模式，以"未来使者"地球公民计划（简称"未来使者"）作为向社会企业转型的一大尝试。"未来使者"在整合现有服务体系的基础上形成，主体为研学教育，主题沿袭环境治理，是具有可持续的、以环境教育为核心的营利性社会企业项目。

从资金来源来看，"未来使者"项目的诞生促成了"绿色浙江"向社会企业的顺利转型，其中主要的盈利项目"科考研学"大大提升了"绿色浙江"的业务能力、经营收入，机构对捐赠及其他渠道资金支持的依赖程度也大大降低，社会企业模式逐渐成熟；在资金相对充足的基础上，"绿色浙江"活动质量不断提高，辐射范围也在持续扩大。"绿色浙江"在2018年9月被评为"中国好社企"，在通过提高自创收入以满足机构发展需求的同时也培育了一批长期客户。

（二）分析框架

社会企业与其他形式组织的差异根源于其追求的价值不同。正是对经济价值与社会价值的共同追求使其产品服务、商业模式和资源网络有所不同。所以，本节着重突出社会企业的价值因素,以"价值定位、价值体系和价值实现"的模型为基础,构建社会企业的商业模式价值分析框架。如图7-10所示,首先,"价值定位"是指社会企业预先设想的为顾客创造的价值,包括项目的面向对象以及价值构成两部分;其次,"价值体系"描述企业产品和服务的生产过程,从而解释价值的生产创造,其中包括核心能力、商业模式、资源体系、合作伙伴以及价值传递,而这一切都是为"价值实现"而服务的;最后,在"价值定位"的引导、"价值体系"的支撑下,能够达到经济价值与社会价值的"价值实现"。

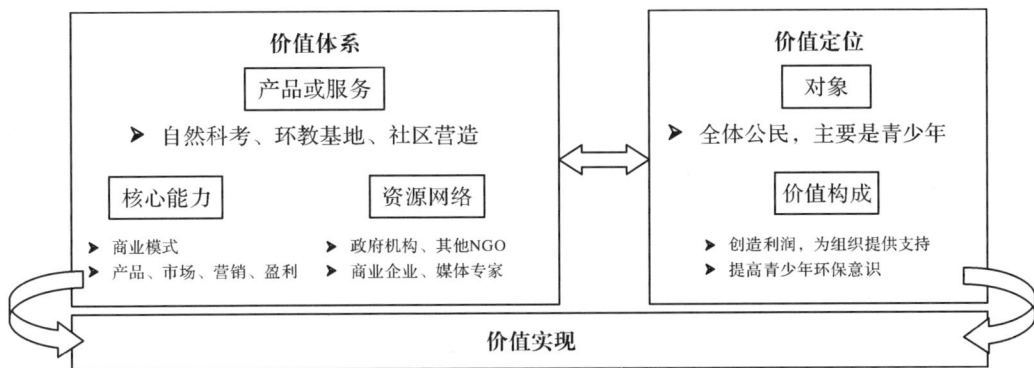

图 7-10 "绿色浙江"的"未来使者"项目社会创业分析框架

(三)案例分析

资源网络是"绿色浙江"的"未来使者"项目价值体系的重要组成部分。在"未来使者"产品矩阵建设中,"绿色浙江"创新性地调动资源,不仅能够实现经济价值,使得组织存活和发展,而且能够实现社会价值,让更多的人环保起来。

依据资源依赖理论,社会企业能否有效获取社会各界资源的前提在于能否打造密切的合作网络,是否有能力控制与其他组织的关系。在"未来使者"案例中,"绿色浙江"整合了来自各政府机构、专家学者、其他社会组织、公众和媒体等各个主体的资源。下文将以"未来使者"项目为例,进一步阐述"绿色浙江"所构建的外部社会资源体系中各主体承担的责任和获得的利益,并且运用资源依赖理论的分析框架,从资源的重要性、可替代性,资源拥有者的偏好和让对方提供资源的能力这四个维度,剖析"绿色浙江"和各个主体之间的资源依赖关系,并分析其如何实现区别于一般企业和社会组织的"1+1>2"的效果,实现经济和社会的双重价值。

1.政府机构:合作支持,互利共赢

"绿色浙江"积极整合政府机构的资源,形成了独立平衡、互利共赢的关系。

首先,从资源的重要性维度出发,"绿色浙江"和政府合作关系良好、密切且具有相对独立性,关系稳定、平衡。任何一个组织的生存与发展都需要很多种资源,其中某些

资源的重要性比其他资源的重要性要大得多，因而是"关键性资源"。在不同的时期、不同的国家，对于不同的社会组织来说，"关键性资源"完全可能有所不同，它也许是资金，也许是法律政策等。在资金层面，虽然"绿色浙江"通过党建工作可以依据杭州市的规定"每年按党委2万元、党总支1万元、党支部3000元的标准安排党建工作经费补助"，获取一些党建工作专项经费，但其主要经费不来源于政府，政府支持占项目总收入额的比重不到20%，且逐步下降。所以在资金上，"绿色浙江"并不依赖于政府支持，具有较高的独立性。但政府认可的合法性对社会组织的存在与发展不可或缺，并且部分需要通过政府核准，依赖政府宣传、借助政府资源支持甚至是政府的直接参与，活动才能顺利开展、项目才能落地、议程才能得以推动。但政府也依赖"绿色浙江"开展"河道巡护"等活动，以维护社会稳定、社会公平，巩固民间支持并获得合法性，落实地方政府创新实践；等等，所以政府对非政府组织也具有一定的依赖性。正如忻皓所说："政府要求创新，但是基层工作者没有办法一天到晚想着创新的事，或者他们想创新的话，是需要有人去落实的。从这个角度而言，社会组织通常情况下都会跟一个地区的基层政府建立良好的合作关系。像以我们'绿色浙江'为例，跟街道和区政府这边有良好的关系，当他们有这个创新意愿的时候，我们可以成为这项工作的一个实施方。"综上，在这一程度上，可以认为"绿色浙江"和政府的关系是相对稳定和平衡的。

其次，从资源的可替代性维度出发，政府的资金支持可以通过"未来使者"项目的盈利来替代，所以社会组织对其在物质支持上的依赖程度低。"绿色浙江"在替代程度高、弹性空间大的资金方面积极扩展自主性；在替代程度低、弹性空间小的政策方面积极增强资源获取能力，表现出了相对其他社会组织的优势，并且"绿色浙江"也善于和政府合作，以获取更多资源。正如忻皓所说："我们挂靠在乡镇街道，因为这里社会组织少，像样的社会组织更少，街道又比较重视新的社会组织，这样就会享受到很多资源，例如街道提供办公室、人才住房、食堂等保障，帮我们解决了一揽子问题。"

最后，从资源的获取能力维度出发，一个组织越是有能力，其依赖对方的程度就越低；反之，依赖对方的程度就越高。这在很大程度上取决于非政府组织的发育程度、管理能力、影响力以及政治文化传统等因素。例如，群众基础深厚、社会声誉良好的非政府组织有能力让政府提供资金、技术、政策等方面的支持，但是，那些规模较小、社会影响力较弱的非政府组织就没有足够的能力来获得政府的支持。"绿色浙江"建立了社会组织党支部，领导人具有较大的社会影响力，群众基础、社会声誉较好，这在一定程度上增加了其获取政府资源的能力。

2. 专家学者：符合偏好，建言献策

专家学者在"未来使者"项目中主要有两部分贡献。其一是在"环教基地"中作为解说员向孩子们传授丰富的环保知识，激发其环保意识；其二是作为学界代表，在"治水圆

桌会"上深度参与,用批判的视角审视当前的水污染等环境问题,提供专业指导意见。

从资源拥有者的偏好维度来看,资源的拥有者掌握资源,有权监督、控制资源的配置方式与资源的流动方向,这种权力对于其他组织接近、获取资源的过程会造成一定的影响,因此,资源拥有者个体的偏好等在资源的相互依赖关系中占有一定的分量。专家作为专业知识资源的拥有者,其偏好决定是否与"绿色浙江"合作。一方面,相较于纯公益组织,"绿色浙江"通过给予专家一部分补贴,提高专家的参与动力,另一方面相较于纯商业公司,"绿色浙江"具有环保的社会价值,符合专家学者群体对保护环境的认同感,也能激发他们将专业知识用于实践的责任心,促进其参与"绿色浙江"的环保事务。综上,"绿色浙江"从物质、精神两个方面顺应了专家学者的偏好,增强了自身获取其相应专业知识资源、人力资源的能力。

3. 社会组织:资源共享,凝聚共识

"绿色浙江"在"未来使者"项目中整合的社会组织资源极其丰富,覆盖国内与国际,包括捐助、赞助、合作等,广泛链接政府企业与社会组织。

从资源的可替代性角度分析,当组织所需要的资源被其他组织所垄断因而缺乏其他获取途径,或者是可资利用的资源有限却没有其他可以替代时,组织对这些资源及其拥有者的依赖程度就很高;反之,依赖程度就会降低。因为"绿色浙江"与国外和国内其他环保组织、环保企业、基金会、学校机构等社会组织都有密切合作,所以其有许多获取资源的替代渠道,对任何一方的资源依赖都不会过高。因为"绿色浙江"合作学校数量多,涵盖面广泛,所以有年龄多样、储备充足的客户群体;同时其合作组织覆盖海内外,国际机构数量也有100多家,有利于其在世界各地开展活动。这一跨地域的资源合作网络,将大大降低"绿色浙江"对于任何单一组织的依赖程度。"绿色浙江"可以和各个社会组织通过合作形成社会资本共享、资源互补、专业能力互补的关系。

所以相较于一般商业企业,作为社会企业,"绿色浙江"可获得的资金和资源更广泛,不仅可以通过接受投资、出售产品等方式获取,还有基金会和国际组织的捐赠;并且,社会企业可以凭借公益属性获得更多来自非政府部门的支持,如凭借其公益形象与学校、政府合作;等等。而相较于一般的社会组织,社会企业除了可以和同类社会组织之间形成联盟,还可以因为其运营方式的商业逻辑与营利组织达成合作关系,获取的资源渠道更加广泛。所以,"绿色浙江"和其他的组织能够实现良性的相互依赖关系,促进社会企业模式可持续发展。

4. 公民大众:目标客户,公共精神

根据资源的重要性,"未来使者"项目中的公民对环保教育服务的消费所提供的资金是"绿色浙江"存活和发展的关键资源,而且由公民参与的环保行动也实现了"绿色浙江""让更多人环保起来"的使命,所以"绿色浙江"对公众的依赖性极高。而"绿色浙江"

的重要性对于公众而言，其重视程度取决于主观的环保意愿，这也有赖于"绿色浙江"对环保理念的宣传普及。从资源替代性角度，前文已经对项目的定价策略、市场分析、渠道通路等做过详细分析，作为面向全省中小学生的项目活动，"未来使者"给他们提供"立足乡土，放眼国际，提供跨界共创，多学科整合的、创新有趣的 STEAM 课程""培养发现和解决问题的能力，树立环保意识，提高社会责任感"，对于青少年来说替代性较低；对于普通市民，他们有机会通过手机监测曝光身边的水质问题，保护环境，这样的方式也是创新性的，缺少替代品。所以，"绿色浙江"提供的产品服务具有低替代性，使得和公众的关系进一步平衡。

综上，"未来使者"项目紧紧依赖公众提供资金和人力资源，但同时因为其产品服务的低替代性对后者有很强的吸引力，两者形成平衡互惠的关系。相较于一般社会组织和一般企业，社会企业与公众的关系不只是简单的顾客和消费者、环保活动主办方和参与者的关系，他们之间的互动会更加多元紧密，形成更加良好的关系，发动更多的人参与环保，从而实现绿色的使命。

5.新闻媒体：搭好桥梁，科学引导

"绿色浙江"运用全媒体的传播策略，综合运用多种传播载体和媒介表现手段，从传统的纸质媒介、电视新闻、公益峰会到新兴的微信公众号、手机 APP 等媒介，一方面使关于组织的信息在与公众的接触点上得以充分传播，并共同塑造组织的正面形象。另一方面，"绿色浙江"还充分利用媒体资源，发挥其曝光、公开、监督的作用，推动环保政策议程，促进环保问题解决。从资源重要性维度来看，媒体和"绿色浙江"相互依赖。对于"绿色浙江"而言，媒体的推广渠道资源极其重要，"绿色浙江"通过媒体推动政策建议、引发全民监督，实现环保目标；而且"绿色浙江"通过媒体的渠道，塑造良好的对外形象，创造组织与公众之间的深层联结，扩大组织自身影响力，大大助力组织的生存与发展。充分交流沟通是环保社会组织公关传播的关键。另一方面，对媒体而言，"绿色浙江"提供了新闻素材的智力资源、发动社会的人力资源等，也是其在环境治理领域的重要合作伙伴，对于在媒体活动中参与的明星等个人而言，这是一个体现公共精神、改善公众形象的机会，并且随着"绿色浙江"的声誉水涨船高，媒体和明星也希望互相借力扩大自身影响力。

（四）小结

在"未来使者"项目的开发执行过程中，"绿色浙江"与政府、企业等主体之间形成了良好的资源互动关系，整合了自身原有的各方面资源，包括信息、资金、技术等在内，并在此基础上尽可能打造出具有"绿色浙江"特色的产品，以在细分市场上形成竞争优势。如图 7-11 所示，"绿色浙江"能够向外与政府、专家学者、媒体、公众、其他社会组织，如国内外社会组织、企业、事业单位等形成紧密相连的资源网络,为社会企业的生存与发展获得源源不断的社会影响力以及专业技术、公众、资金等方面的支持。

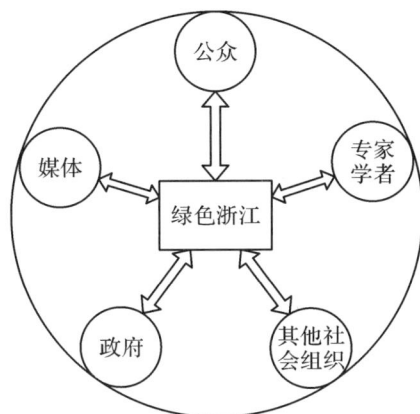

图 7-11　绿色浙江与各主体的资源依赖关系

第八章 公益慈善危机治理

一、公益慈善组织危机

新冠肺炎疫情暴发后,社会力量踊跃参与。在疫情防控期间,以慈善为代表的第三次收入分配,在总体上形成正向的社会价值引导,已成为应对重大公共危机事件时不可替代的重要力量。然而,在2020年新冠肺炎疫情发生初期慈善领域发生的争议事件和公共舆情,暴露出慈善事业的不成熟和公益组织的短板。一是组织能力有限,武汉当地指定的捐赠机构缺乏高效的应急救灾能力和专业化的物资调配能力,无法做到物尽其用。二是组织信息沟通和传导不畅,在信息公开上有审核不力、透明度不高的问题。三是常态化的协同机制缺失,较为简单地指定特定机构对社会捐赠进行统一接收,未建立共享与合作平台,使得资源的调配产生障碍。

(一)公共危机事件下的公益组织

1.新冠肺炎疫情初期武汉公益组织的应对

新冠肺炎疫情初始,湖北及武汉红十字会对捐赠物资极为有限的处理方式引发了社会舆论,对公益组织公信力与政府统一调配捐赠资源合法性的争议屡屡出现。纵观武汉公益组织面临新冠肺炎疫情时的应对手段,先有武汉红十字会、湖北红十字会对捐赠物资管理不力,后有物资分配信息公布不及时。多起事件通过互联网迅速发酵,即使红十字会后续借助企业力量强化其物流管理等专业能力,仍在一定程度上损害了公益组织的公信力与公众的捐助热情(见表8-1)。

2.公益组织应急协同机制接受考验

公益组织在解决社会问题和相应应急救灾需求方面发挥着重要的作用。同时,公益组织发挥的作用很大程度上取决于组织之间以及跨部门的资源共享。突发事件中,公益组织面临巨大的不确定性,如受助者的潜在数量、供给网络状况和组织人力情况等。

表 8-1　2020 年新冠肺炎疫情初期湖北及武汉红十字会舆情时间轴

时间	舆情事件
1 月 26 日	民政部规定由湖北省红十字会、湖北省慈善总会、湖北省青少年发展基金会、武汉市慈善总会、武汉市红十字会接收捐赠物资
1 月 27 日	湖北省委副书记、武汉市委书记马国强在湖北省新型冠状病毒感染的肺炎疫情防控工作例行新闻发布会上指出,所有捐赠的物资一定要通过红十字会,以保证捐赠物资和资金的使用能够及时准确登记在案,统一归口
1 月 30 日	网友质疑湖北省红十字会物资分配情况,在公布的信息中,武汉仁爱医院获得 1.6 万个口罩,协和医院(救灾重点医院)仅获得 3000 个,且后者出现物资短缺
1 月 31 日	湖北省红十字会公告更正《物资使用情况公布表(一)》中"N95 口罩 36000 个"为"KN95 口罩 36000 个",并致歉
2 月 1 日	湖北省红十字会网站发布关于捐赠物资分配有关情况的说明,称对物资分配中存在的问题深感痛心、自责和内疚,并将对直接责任人依纪依规追责
2 月 2 日	武汉红十字会寻求与专业物流企业合作,建立明确和规范的收发货物流程
2 月 4 日	湖北省纪委监委网站通报,湖北省红十字会 3 名领导被问责

即使公益组织已经做好充分的灾前准备,但当组织单独应对大规模的突发公共事件时,组织的效率仍不如人意。很多时候,面临复杂的突发性事件,参与救灾行动不仅对公益组织自身是一大考验,对多个部门和地区的协作能力也是一场大考。如果各主体间协作不畅,非常容易出现工作重复、资源堆积浪费的情况,导致好心办坏事。

与之相反,组织间良好的协同合作带来应急救灾效率的提升,包括更高的服务质量、更有针对性的专业技能、共享风险、共享责任、缓冲外部不确定性等。但是,高度的不确定性也给组织合作带来难题。比如,各组织使用的技术不兼容,或缺失某些必需的设备。仅凭公益组织自身,往往无法快速地找到最有效率的合作目标。因此,一个促成组织合作的机制至关重要,能够帮助公益组织在救灾行动中实现资源、信息、专业服务的互通有无,真正实现众志成城。

"协同"在党的十九届四中全会《中共中央关于坚持和完善中国特色社会主义制度推进国家治理体系和治理能力现代化若干重大问题的决定》中频繁强调,不仅需重视政策协同、国家机构职能协同,政社协同亦十分关键。目前,防疫一线的实践逐步说明,社会力量能够在突发事件中形成自发的协同体系。如新冠肺炎疫情发生后,深圳壹基金公益基金会、爱德基金会、南都基金会等组织迅速启动"抗击新冠肺炎疫情社会组织协作网络",为推动民间力量能安全、高效、有序地参与新冠肺炎疫情防控工作,其工作目标包括但不限于:发布社会组织行动信息、支持一线社会组织响应本地行动抗击新冠肺炎疫情的公众倡导和行业倡导等。但是,这种协同模式具有一定的应急性、临时性,如果没有一个政府主导、公益组织在内的社会力量广泛参与的常态协同机制,一旦突发公共事件再度发生,仍会措手不及。

(二)公共危机事件下的公益组织协同模型

公益组织参与突发公共事件的治理,应当秉持遵循已有的协作机制。在当下公益组织参与的常态协作机制缺失的前提下,借鉴他山之石不失为一种选择。如图 8-1 所示,灾难响应的四个维度形成了公益组织合作网络,而正是这种网络式的协作模式使得救灾响应保持有效。在模型中,无论是灾前阶段还是救灾阶段,组织间的协同都是贯穿始终的。

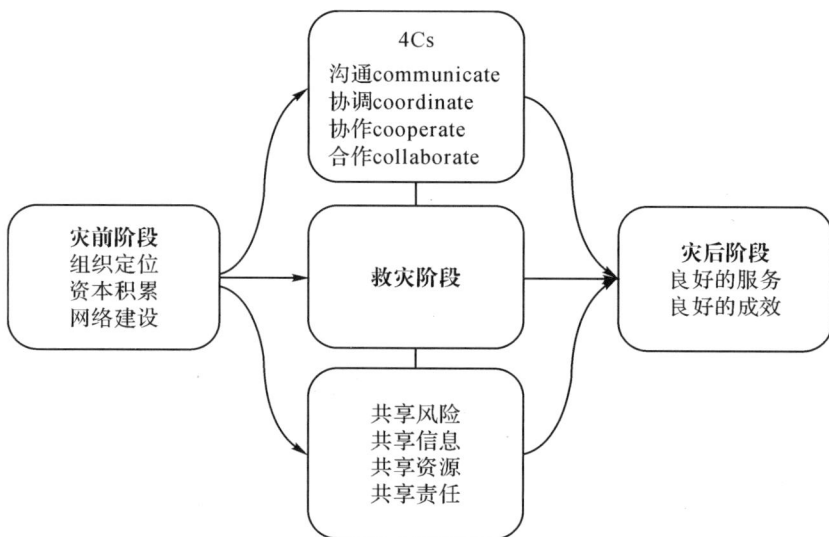

图 8-1　突发事件下的公益组织协同模型

1. 灾前阶段

在灾前阶段,组织应当对可能来临的应急事件有所准备,并建立相关的预案。在准备过程中,组织角色的明确、社会资本的积累、组织网络的建设是组织应对灾难的基础。公益组织首先需明确组织目标,确定组织使命,如深耕心理康复、医疗救助、弱势群体帮扶等领域。其次,组织应有的放矢地积累社会资本,依靠组织领导者或成员的良性互动,提高成员间的信任程度,或利用组织成员与外界的联系,为组织获得有用的机会和信息(Gazley and Brudney,2007)。再次是建设组织关系网络,预先与其他组织建立互助关系,为组织使命的实现和应急状态下的有效合作铺路。其中,信息是协调合供各方最关键的因素(Li,2020)。

2. 救灾阶段

在救灾阶段,充分共享信息是公益组织行动的基础。共享信息的范围包括信息(人力、供应商、灾情等)、风险因素、资源、责任。通过共享信息,组织可以了解彼此存在的不足和合作的可能路径。其中,保持沟通、协调、协作与合作(4Cs)是救灾阶段公益组织协同作战的关键。从沟通到合作的过程,既是组织间信息、资源共享程度和行动效率不断提高的过程,也是组织协同不断深化的过程。在突发事件中,公益组织若致力于寻求实现良好的协同关系,则需要牢牢把握沟通、协调、协作与合作这 4C 之间的内在逻辑。

沟通是指一个组织向另一个组织传递信息的行为,也是组织间合作的基础。突发事件下,各种情况的不确定性使制订计划面临障碍,因而实时、有效的沟通变得相当重要。组织间的沟通能够形成共同的运营图景,或称对目前面临环境的共识。一旦沟通渠道受堵,组织间下一步的协调将无以为继。

协调是指组织在与其他组织形成合作的过程中,将自身的行动与其他组织的行动保持一致的过程。协调的基础是组织间信息的流通,并在此基础之上将行动落地,进而实现各组织的步调一致。在突发公共事件的背景下,协调专家、资源是当务之急,这就需要组织之间采取跨部门、跨区域调动的方式,通常会面临以往未曾解决过的问题。其关键在于将复杂的问题分解为可管理的部分。

协作是指组织间进行的短期的、非正式的、自愿的合作,目的在于分担风险与责任,即在协调基础上的合作。协作进行阶段,组织间协调已经完成,光是一致的行动已无法满足救灾要求,需要进一步地开展救灾工作。协作的特点是组织间保持有限的联系,工作的强度较低,其目的在于实现共同使命、避免工作重复。一个例子是联合国人道主义事务协调厅的理念,即在应急事件中,采用人道主义事务协调厅领导、公益组织协作的方式进行救助。

合作是指组织间的长期关系,又称伙伴关系、联盟关系等,具有高度相互依存和风险共担的特点。因资源分布不均、责任分散等特点,单一组织将独木难支,故灾难中的合作关系对于解决问题至关重要。又因合作的深入性,组织间需要有一个能力较强的领导者从中协调,以合理分配各组织之间共享的资源及承担的责任与风险。

3. 灾后阶段

在灾后阶段,通过灾前阶段的准备与救灾阶段的合作共享,能够实现高效救灾成果。组织如果在日常运营中明确组织定位,注重社会资本的积累,利用与利益相关者的互动建设合作网络,并且在重大突发事件发生时,与本地区及跨地区的各部门保持沟通、协调、协作与合作,同时注重有效信息、独特资源的共享,或者加入到已有的协调机制中,那么在灾后阶段能够提供良好的服务并取得良好的成效。这种公益组织协同模型同时也为突发公共事件相应质量的评估提供了基准。

(三)公益组织抗疫有效性分析框架

依据公益组织协同模型,公益组织有效参与公共服务合供和共同治理的因素可归纳为三点:组织能力、信息和协同机制。本节创新性地提出分析框架(见图 8-2)。

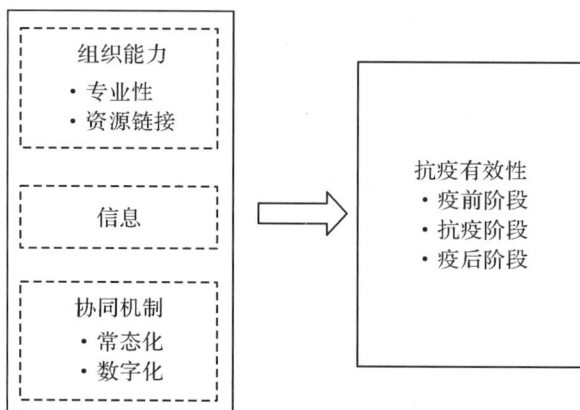

图 8-2　公益组织抗疫有效性分析框架

　　组织能力通常用专业性和组织资源衡量。慈善组织参与共治不仅需要与提供的公共服务相匹配的专业知识和技能,还需要组织制度、流程的专业化。同时,组织链接资源的能力决定了组织参与共治的可能性。规模越大、支出越多,则更有可能参与共治。

　　信息则是公益组织将其能力有效地应用于协同抗疫的催化剂。在抗疫过程中,一方面,关键信息可能非常缺乏,各组织之间存在信息不对称,导致信任缺失,从而降低合供的绩效;另一方面,各种谣言和虚假信息可能造成信息过载,占用了各方稀缺的处理能力。故信息的共享程度与沟通策略的有效性,会影响公益组织参与抗疫中的协同成果。

　　协同机制通常有两个特征,即常态化和数字化。在灾前阶段的组织网络建设中,各个组织之间就需要考虑共享信息的问题,并将信息共享和沟通常态化。而在数字化时代,如何利用新的技术,将关键信息数字化,以提高信息共享和沟通的效率,是公益组织在网络化协同中应当考虑的。

(四)提升公益组织治理能力

　　冰冻三尺非一日之寒。理性来看,红十字会等公益组织在疫情防控中表现出来的短板既有公共卫生事件的突发性和不确定性等客观因素,也有主观上公益组织内在的原因。究其根本,可能与近来有学者指出的"官办慈善"有紧密关系。

　　官办慈善意味着本该独立自治的公益组织扮演着准政府机构的角色,兼有"官民二重性",难以接受公众有效监管和政府问责。其工作方式常常以行政化的管理模式和运动化的资源筹集方式呈现在公众视野,故而在短期内可以实现善意资源的筹措和送达,却在"自主性缺失、信息透明度低、监管缺乏和贪污赃款"等维度上不如人意。甚至在一些地区,公益慈善会受制于权力支配而强制性参与,这种自上而下的公益,无法令公众对摊派的公益项目清晰认知,表面上是志愿参与,实则是扭曲了公益的自然属性。因此一旦有负面新闻出现,公众的不知情会在短时间内转为负面质疑,遭遇公信力危机也就不足为奇了。鉴于突发公共事件本身对公益组织的反应能力和资源整合能力就要求颇高,更会加剧这种官办公益慈善的弊端暴露。例如,青海玉树地震发生后,网友就中国红十字会披露的捐赠数据提出广泛质疑,对捐赠数据缩水、信息显示不全、督察费用过高等问题的争议持续发酵。后"郭美美炫富事件"曝光,致使中国红十字会的公信力跌入谷底。

官办慈善会导致较为明显的组织惰性。理论上而言,公信力是社会组织的生命线,失去公信力的公益组织将寸步难行。有学者指出,审批门槛颇高的官办慈善是在缺乏竞争的环境中成长的,这一过程中真正扎根民间的公益组织被边缘化,难以崛起。显然,官办慈善的存在必然会出现一系列组织惰性,如忽视组织能力建设、忽视外部沟通、忽视平台搭建、忽视员工队伍培养、缺少协同机制、缺少专业化团队、缺少现代管理理念和缺少新技术应用等。

习近平总书记2020年2月23日在统筹推进新冠肺炎疫情防控和经济社会发展工作部署会议上指出,慈善组织、红十字会要高效运转,增强透明度,主动接受监督,让每一份爱心善意都及时得到落实。① 结合上文的分析框架,本节从五个维度提出提升中国公益组织治理能力的建议。

1. 建立常态协同机制,建设抗灾能力

随着突发事件复杂性和不确定性的提高,公益组织在寻求规模发展的同时,也应广泛与外界进行跨组织、跨部门的协同合作。单一组织无法解决所有问题,仓促合作也无法形成高效的协同网络。因此,随着公益组织在社会治理中参与程度的提升,公益组织应建立一个常态的协同机制,防止在灾难发生后出现失措行为。一旦发现自身专业化程度或资源不足,应当通过协同机制寻求高效合作,集中伙伴组织、政府部门之力方可高效办事,共同为国家治理体系与治理能力现代化做出贡献。

2. 形成专业化优势,深耕抗灾细分领域

在此次应对新冠肺炎疫情中,灾害响应初期,公益组织反应极快却落了窠臼,绝大部分项目依然是传统的筹款筹物,容易造成善意资源的低效累积。聚焦物资筹集、调配这一点上,仍有物资周转不灵、分配不当的问题,公益组织财务专业性相对薄弱,更不用说充分满足潜在受助群体对心理和精神康复、临床关怀和安全防护培训的需求。随着疫情防控获得阶段性成果,公益组织应及时弥补短板,不仅在当下,更需要在未来提供细分领域的专业化服务。包括对接公共卫生专业委员会与医院,形成公共卫

---

① 习近平:在统筹推进新冠肺炎疫情防控和经济社会发展工作部署会议上的讲话[EB/OL].(2020-02-24)[2022-04-12]. http://www.gov.cn/xinwen/2020-02/24/content_5482502.htm.

生专家顾问制度，并与公共卫生研究机构合作，编写公共卫生事件应对指南等指导性文件，以加强组织人员面对类似事件时的专业能力。同时，公益组织还应该重视有效解决问题的能力，包括精准定位问题、对接各方资源、利用应急机制、精准触达目标群体等。

3. 发展枢纽型公益组织，提高应急协调能力

在公益组织应对突发公共事件的过程中，寻求合作相当重要。但零散、无序的合作反过来会降低救灾效率，因此，不仅需要政府的领导，也需要有枢纽型的公益组织在促成合作的进程中起到一锤定音的作用。在应急状态下，枢纽型公益组织通过链接外部资源、协调组织行动、动员社会力量等方面发光发热。但是，目前国内鲜有兼具公信力和行动力枢纽型的公益组织。政府应推动发展一批有能力的组织，以在各自为战的公益组织间起到中流砥柱的作用，打破政府单独领导、单独指挥的格局。

4. 发展数字化能力，引进社会监督机制

在数字化时代，对数据的应用是应对复杂的灾害环境的一大利器。成功的公益组织往往能够与时俱进，利用数据来评估问题、解决问题。无论是大数据或是社区级别的小数据，通过数据分析，能够使组织领导者了解各项服务的有效性，并及时查漏补缺。在公益组织项目的每一个阶段，都应该衡量救助服务对于受助者的效果，包括衡量救助服务的表现以及受助者的反馈。通过观察相应的数值指标，及时发现问题并确定弥补不足和改进服务的优先级。另外，通过建立反馈机制，让受助者有效报告问题。

同样，当下网络和社交媒体的广泛使用也对公益组织信息披露提出了高要求。此次新冠肺炎疫情中关于武汉红十字会的舆情，充分体现了大众、自媒体对慈善资源募集和使用的严格关注，一旦信息披露出现偏差，一石激起千层浪，公众的质疑便接踵而至。公益组织只有依法及时履行信息公开义务、准确地向公众传达和反馈慈善信息，接受法律监督，才能赢得公众的信任和支持。因此，公益组织应当主动接受公众监督，开放有效的公众举报渠道，实现财务、项目信息全透明，以开诚布公的态度倒逼自身内部治理的标准化。

5. 鼓励民间慈善，推动应急联合劝募机制

此次新冠肺炎疫情初期，以红十字会为代表的官办型公益组织因其"官民二重性"承担了政府权力转移和下放的职能，代表性事件是民政部规定由湖北省红十字会在内的5家机构接收捐赠物资，但其组织能力却不足以在短期内承担职责，带来一系列争议性事件。一大原因是常态时官办公益组织有"行政化""垄断化"的特征，享有政府提供的政治资源和社会资本，鲜有组织间的竞争。展望未来，我们认为应当鼓励民间公益慈

善组织发展,推动"联合劝募(united way)"机制的实现,即经由一个专门的募款机构,有效集结社会资源并合理地统筹分配,将慈善资源给予需要的社会福利机构。这样既能公开透明地汇集资源、分配资源,又能以项目评估和绩效考核制度倒逼公益项目的规范化、专业化。通过"联合劝募"这一机制,能够推动民间慈善和官办慈善的合作,一方面帮助民间慈善组织通过项目设计和运作获取资源、配置资源,另一方面帮助官办慈善组织提升效率,真正实现以项目带动捐赠。

二、新冠肺炎疫情志愿服务

党的十九届四中全会强调,构建基层社会治理新格局,完善群众参与基层社会治理的制度化渠道。在基层社会治理的参与途径上,志愿服务显得颇为关键。它作为社会治理社会化中的重要一环,在应对新冠肺炎疫情中的作用尤为显著。

习近平总书记在统筹推进新冠肺炎疫情防控和经济社会发展工作部署会议上,充分肯定了广大志愿者等真诚奉献、不辞辛劳,为疫情防控作出了重大贡献。新冠肺炎疫情发生以来,来自各行各业的志愿者活跃在疫情防控第一线,彰显理想信念、爱心善意、责任担当,为疫情防控形势持续向好、生产生活秩序加快恢复作出了贡献。[①] 面对突发公共卫生事件的高度不确定性、危害性、紧急性,以青年群体为代表的志愿者们在第一时间没有顾虑,自觉投身志愿活动,是这场战"疫"行动中的逆行者。

浙江省因其经济发展水平和人口密度高,作为湖北省之外新冠肺炎疫情最严重的省份之一,在初期经历了较大规模的疫情暴发。但浙江省政府应急响应机制完善,社会组织调动迅速,志愿力量参与踊跃,健康码推动最早,多方社会力量共同参与、共克时艰。截至2020年2月21日,浙江省共有3.4万个社会组织响应危机,动员了280余万名志愿者参与疫情防控工作。因此,浙江的志愿者参与为战"疫"期间的志愿者行为研究提供了一个标志性的样本。本节通过对2020年1月21日至2月22日期间"志愿汇"APP中志愿者服务数据进行梳理、归纳,揭示以青年志愿者为主力的浙江志愿者战"疫"行动并总结特征。

(一)志愿服务动机的三维模型

基于志愿服务动机的相关研究,本节试图总结志愿者参与的三大影响因素,即共振度、响应度和敏感度,形成"志愿服务动机的三维模型"(见图8-3),以期在志愿者个体的微观层面较为深入地剖析其志愿行为。

---

① 卓高生.让志愿服务蔚然成风(有的放矢)[EB/OL].(2020-04-07)[2022-04-12].http://gs.people.com.cn/n2/2020/0407/c37249833930369.html.

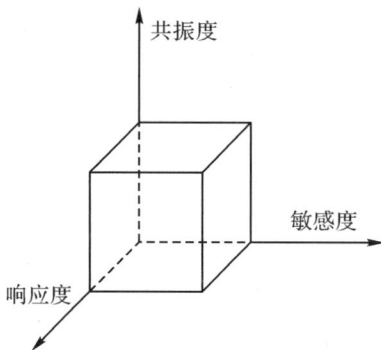

图 8-3　志愿服务动机的三维模型

1. 共振度

对志愿活动目标的感知和共振(或称主人翁精神)是志愿服务开始的关键。志愿者的动机与其感受到的社区包容性、活动重要性和志愿共情息息相关,且随着动机的激发会带来集体行动。一个例子是社区居民组织的应急救援队,由一批有一定专业技能的社区居民组成,活跃于一定范围的社区区域,动机往往源自居民自发的主人翁意识和奉献精神。因此,仅仅拥有志愿服务的专业技能不足以促成志愿活动,伴随活动带来的社会地位、工作成就感和社会偏好的实现,更能让潜在的志愿者相信自己能够有所作为。如果通过志愿参与能够实现公共价值的提高和社会问题的解决,且该目标与公民价值观(纯粹的利他主义或实现社会价值)契合,那么这种目标的共振就能够调动公民志愿参与的主动性。

2. 响应度

在志愿服务中,即使与志愿活动目标有共振,光靠公民的主动参与仍有局限性,因个体参与志愿活动意味着奉献了自由支配的时间,甚至是该段时间内的劳动所得。因此,需要一定的外部激励以使公民积极响应志愿活动。从政府的角度看,激励公民参与志愿服务的工具通常有强制参与和号召两类,前者包含政府通过强制性的政策,要求公民必须完成志愿服务任务,后者则重在通过政策激励激发内在动机和利他主义,从而获得公民响应。通常,强制参与因使志愿活动参与者有受胁迫之感而效益不佳,政府已越来越多地应用号召的方式激励潜在的志愿者。

3. 敏感度

志愿参与的灵活性决定了志愿服务服务供应存在阶段划分,在不同阶段中随着服务质量和数量的变动,志愿者的参与效率和分配的时间也有所不同,即为志愿服务的敏感度。志愿者在实现自己的内在或外在目标后,容易失去继续参与的动力。相反,对组织和活动受益人的承诺和个人的内在效能感能够让人们持续提供志愿服务。因此,那些因物质激励或强制性的政策因素参与到志愿服务中的人,会因为物质的获得或政策限制的解除而断然退出。总体而言,对志愿者施加的义务和约束越多,对服务时间的限制越严格,志愿者愿意付出的努力就越少,坚持下去的可能性也就越低。同样,强制性的参与要求会在活动初期增强人们的积极态度,却往往后继无力,这些志愿者后期花费的精力会比主动参与的志愿者要少。这也就意味着,与志愿项目有共鸣而主动参与的人群和积极响应政府号召的人群更容易持续服务。但是,即便是有充足利他主义动机的志愿者群体,也难以坚持长期而集中的志愿服务。

(二)数据与样本描述

本节使用的数据来自"志愿汇"APP 2020 年 1 月 21 日至 2 月 22 日期间的后台统计数据。本研究数据涵盖了 1 个月内浙江省全部登记在"志愿汇"APP 中的活动条目,变量涵盖志愿者活动具体信息,包括志愿者星级、性别、年龄、活动名称、活动参与时点、活动发布组织、活动地点、活动时长等。剔除无效重复记录后,获得志愿活动记录共809947 条,参与志愿活动人数共计 685268 位,具有广泛的活动覆盖面、关键时期的样本代表性及大样本性质。

"志愿汇"APP 是一个志愿服务管理平台,致力于志愿者公益事业,运用互联网技术管理志愿者和组织,包括公益服务小时数统计、人力资源和社会资源整合等,从而降低志愿活动参与门槛,并为社会征信体系提供数据依据以及人才和组织解决方案。利用"志愿汇"APP 数据研究志愿者的志愿服务动机有以下优势:其一,"志愿汇"APP 是全浙江省志愿者统一使用的志愿者信息平台,具有志愿者量级大、信息全的优势,能够使研究结果更具可靠性、真实性;其二,"志愿汇"APP 平台数据记录了新冠肺炎疫情关键时期(2020 年 1 月 21 日至 2 月 22 日)的志愿参与情况,在研究志愿服务动机时能够充分体现其阶段性特征;其三,"志愿汇"APP 平台数据是个体层面的微观数据,既能分析个体指标的变动趋势,也能分析志愿者群体的数据特征,使得分析结果更为全面。

在志愿者样本中,青年群体为抗击新冠肺炎疫情关键时期的绝对主力军,占比达75.6%,老年群体则最少,且各年龄段群体在疫情防控期间参加志愿活动的时长均在 6～7 小时,其中中年群体参与时长相对较多,平均时长达 6.68 小时。分性别看,男性志愿者占54.6%,与女性群体人数无显著差异。参与志愿活动的志愿者平均星级为 1.3 星,且广泛集中于 0～2 星的区间,可见疫情防控调动了更多非长期参与的志愿者加入志愿活动中(见表 8-2)。

表 8-2　样本描述性统计

变量	分类	样本数/个
年龄	少儿:6～12 岁	36534
	青少年:13～17 岁	37842
	青年:18～45 岁	517810
	中年:46～69 岁	89942
	老年:69 岁以上	3140

变量	分类	样本数/个
志愿者星级	0	203932
	1	213022
	2	109701
	3	52125
	4	35176
	5	71312
性别	男	374156
	女	311112
样本总数	/	685268

分地区看（见表 8-3），新冠肺炎疫情最严重的温州志愿服务人均时长最久，每人平均参与次数多，体现出少数骨干肩挑重任的特点；新冠肺炎疫情最轻的舟山则是参加面广，各人的时长分担较短；省会城市杭州参加人数众多，累计时长最多，表现出了省会城市的责任与担当。同时，衢州和丽水两个新冠肺炎疫情较轻的地区同样表现出了应有的谨慎与志愿服务精神，时刻不放松，人均志愿服务时长也颇多。

表 8-3　浙江省各地市新冠肺炎疫情与志愿服务情况

地市	2月22日累计确诊/人	2月22日累计时长/小时	人均时长/小时	人次	人数/人
温州	504	259709	7.65	40618	5198
杭州	169	613061	6.41	126063	19411
宁波	157	2327	6.63	351	75
台州	146	46490	6.94	8762	1151
金华	55	415335	6.51	89452	12636
嘉兴	45	461485	6.60	96663	17072
绍兴	42	124633	6.70	27969	5429
丽水	17	411342	7.32	73962	10274
衢州	14	467640	6.34	103132	14476
湖州	10	107451	7.30	19254	3686
舟山	10	80515	3.02	33242	7872

（三）浙江省志愿者的战"疫"三大维度

在新冠肺炎疫情这场治理能力大考中，浙江省凭借快速响应、分级分类救治、社会力量广泛动员和大数据治理等手段交出了出色的答卷。在浙江省的疫情防控中，地方政府有效动员、社会组织协作、志愿者积极参与在疫情防控的不同阶段发挥了重要作用,社会成员的全面志愿参与是抗疫成功的关键因素之一。

依据新冠肺炎疫情严重程度,浙江省疫情防控整体可分为三个阶段:第一阶段从首例病例报出开始,全省积极动员、响应疫情防控,实施严格的隔离医学观察和疫情监测,开展有效医疗救治;第二阶段从 2 月 10 日开始,社会复工复产,标志着疫情防控工作进入了一个新的阶段,地方政府重启经济和社会发展,同时确保疫情防控;第三阶段从 2 月 21 日开始,浙江省已进入新冠肺炎患者零新增的阶段,在全面复工复产的同时严格防控,进入疫情防控常态化时期。在三个阶段中,广大志愿者均不忘初心、不辞辛劳,积极投身到疫情防控的攻坚战当中,其参与过程也体现了志愿服务的不同动机特征,以下将依据"志愿服务动机的三维模型"进行分析。

1. 志愿参与共振度

疫情防控中志愿参与共振度的第一个表现是:在新冠肺炎疫情突发期,尚未有政府部门展开对志愿组织的广泛动员,即使有动员也是宏观上的政府防控和政策指导,志愿者充分发挥主动性和积极性,与新冠肺炎疫情现状深有共鸣,在疫情防控的严峻形势面前广泛地投入到抗疫救灾的活动当中。

在疫情防控的第一阶段,正值春节与春运高峰,大部分志愿服务专注于春节保障与春运支持上。由志愿活动主题的关键词词频分析可知(见图 8-4),在疫情防控早期,大多数志愿活动聚焦在"春节、文明城市、春运、公交和客运"等关键词上,原因在于临近春节,交通运输和平安春运的需求大增。尽管上述关键词出现频率较高,"疫情""肺炎""新冠"等相关的关键词也已频频出现,频次已接近"春运"这一关键词。可见,志愿者在相当早的时期就已经主动参与到抗疫的志愿活动当中,以不逊色于以往任何志愿活动的热情协助相关部门提供公共服务。

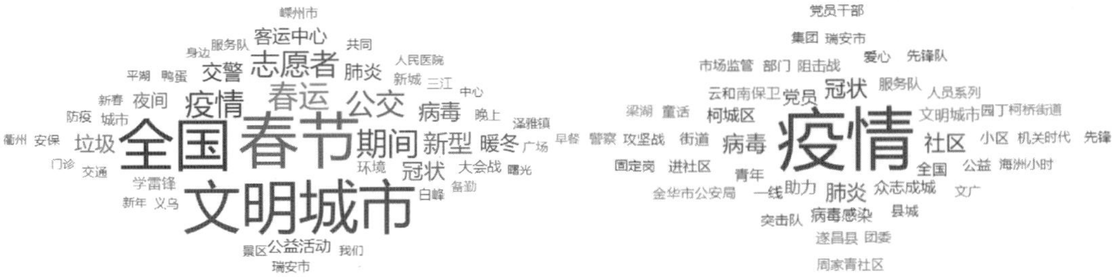

图 8-4　1 月 21 日(左)与 1 月 25 日(右)志愿活动主题词频分析

而在 1 月 23 日上午,浙江省政府紧急召开全省新型冠状病毒感染的肺炎疫情防控工作视频会议,根据《浙江省突发公共卫生事件应急预案》,会议决定启动重大公共突发卫生事件一级响应。自此,各级党委、政府和广大干部带头开展严格的新冠肺炎疫情摸排防控。浙江长期遭受洪涝灾害和台风灾害,当地政府与社会组织在抗灾中积累了充足的经验。各地方社区的志愿者参与热度高涨,且在政策文件的规范下逐渐规模化和正式化,有条不紊地加入应急救灾过程。例如,志愿服务组织协助地方政府排查和测试新冠肺炎确诊病例,并在各社区的入口处设立检查站,严格管控人员出入。基于疫情共振度,包括杭州海豚应急救援队、共青团服务中心、乐清蓝天救援队、温州黑马救援服务中心、瓯海海鹰救援队等 70 余家志愿组织主动派遣志愿者援助交通和公安部门。

在持续发力的志愿参与下,1 月 25 日的志愿活动统计数据显示(见图 8-4),"疫情"已成为志愿活动主题中最高频次的关键词,且其他频次超过 50 次的主题词均紧紧围绕疫情,包括"病毒""肺炎""感染"等。这标志着疫情防控中志愿者有极高的共振度,能够与疫情防控的严峻形势产生共振,从而助推其极高的参与度和聚焦活动主题。

疫情防控中志愿参与共振度的第二个表现是:从疫情防控第一阶段到第三阶段,在较长的时间维度上,即使疫情防控强度有所降低,持续参与疫情防控的志愿者热度不减,仍愿意提供较长时间的志愿服务,充分体现了主动性与自愿性。如图 8-5 所示,自 1月 21 日至 2 月 22 日,尽管浙江省现存确诊病例自 2 月 6 日后持续下降,救治与防控压力有所减轻,疫情防控逐渐步入常态化阶段,但仍参与志愿活动的志愿者日均服务时数总体呈上升趋势,至疫情防控第三阶段已接近 7 小时,同样标志着志愿者能与活动主题持续共振。

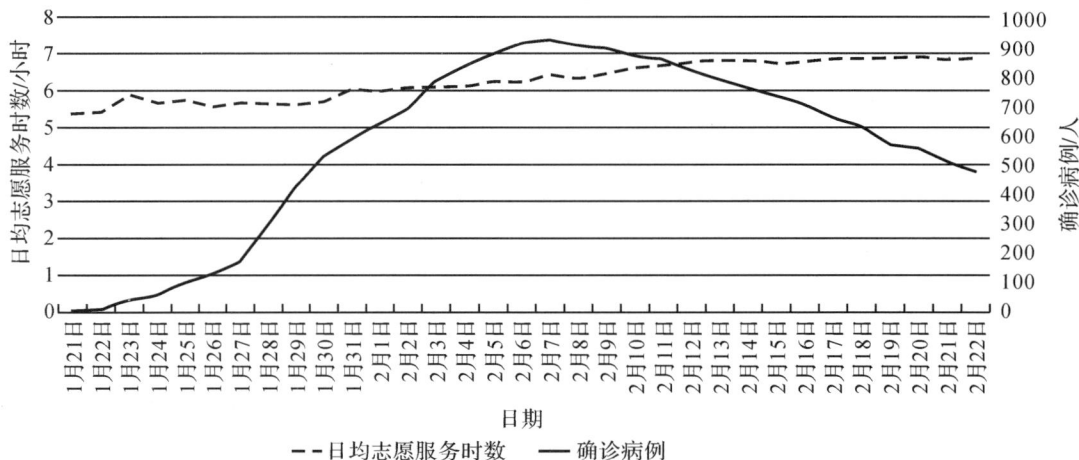

图 8-5　志愿者日均服务时数与确诊病例趋势

2.志愿参与响应度

疫情防控中志愿参与响应度体现为:在新冠肺炎疫情全面防控阶段,志愿者积极响应国家号召,投身疫情防控工作。在应对新冠肺炎疫情的第一阶段,有两个倡议提出的关键节点均关乎志愿者动员,分别为:1 月 26 日,民政部发布《关于动员慈善力量依法有序参与新型冠状病毒感染的肺炎疫情防控工作的公告》,倡导各级慈善组织发挥自身优势、动员社会力量、汇聚人民群众爱心,协助党和政府遏制新冠肺炎疫情蔓延势头并做好后续相关工作,为全国各地疫情防控工作贡献力量;1月28日,中央文明办和中国志愿服务联合会发布《关于号召广大志愿者、志愿服务组织积极有序参与疫情防控的倡议书》,发出志愿者"带头加强防护、依法有序参与、帮助宣传普及、助力排查治理、做好医疗保障、提供专业服务"的六大倡议。

因为新冠肺炎疫情来势汹汹,应对工作充满了不确定性和紧迫性,仅仅靠有极高共振度的志愿者群体仍不足以实施所有的防控措施。因此,为动员更多的志愿者加入,需要政府号召潜在的志愿者积极参与,响应这场抗疫救灾的战役。在连续两个倡议性的公告发布后,浙江省地方政府推动志愿服务"时间银行"和政府官员担任志愿者等创新项目,激励当地居民参与其中,项目效果显著。同时,各地建立了长期性的疫情防控志愿者库,以便地方政府和社区后续工作的长时间开展。

如图8-6所示,在1月26日之前,与新冠肺炎疫情相关的志愿活动总数较少,无法与其他志愿活动数相比,但经1月26日到1月28日的政府动员后,与新冠肺炎疫情相关的志愿活动出现井喷,新冠肺炎疫情主题占比迅速上升,短短一周从不足5%上升至70%。志愿者通过建立临时帐篷,高速公路入口、火车站、超市入口、通往村庄的公路入口处检查出入人员体温,力图防止疫情蔓延。这种动员有持续性的成效,直至2月10日,浙江省内开始复工,新冠肺炎疫情主题占比仍在上升,并最终于疫情防控的第二阶段稳定在89%附近。可见,公共部门领导通过设计创新的动员方案,成功地将志愿者们的视线和行动引导到疫情防控中,鼓励并促进志愿服务和公民参与。

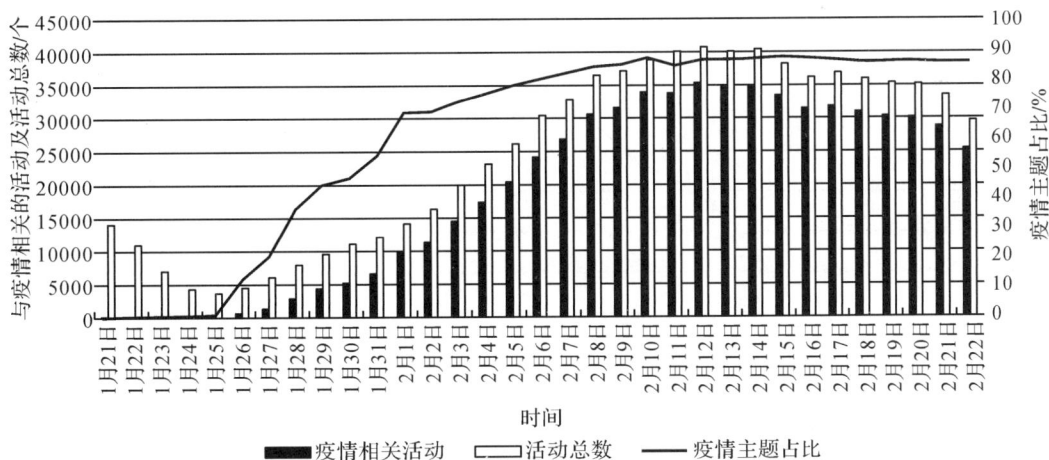

图 8-6　与新冠肺炎疫情相关的志愿活动数变动情况

3.志愿参与敏感度

疫情防控中志愿参与敏感度体现为:疫情防控进入常态化阶段后,志愿者参与频率逐渐下降。原因在于志愿者意识到防控取得阶段性进展,志愿服务也从抗疫前线转移到基层社区,在社区中提供必要的新冠肺炎疫情监控、人员排查、生活品保障等工作,适当减少了志愿服务人次和时数。

在疫情防控的第三阶段,防控常态化是其主要特征,浙江的志愿组织逐渐将工作重点转移到心理咨询、确诊病例的康复、社会工作介入上,比如向康复后的患者提供心理支持以减轻新冠肺炎疫情的社会影响。浙江省精神卫生协会在此阶段组织心理专家参加心理咨询志愿活动,及时为患者提供专业的心理危机干预;另有嘉兴市创新发展中心与社会工作机构开展深度合作,建立起一支由认证心理咨询师和社工组建的在线支持队伍,提供心理咨询、心理危机干预等志愿服务。以上志愿活动均对志愿者的专业服务技能有一定要求,存在准入门槛,同时政府着力于新冠肺炎疫情后的经济复苏和经济发展,志愿者感知到的志愿服务重要性和必须性下降。

如图8-7所示,自1月21日至2月22日,由于新冠肺炎疫情应急响应的有效推进,浙江省确诊病例于2月6日进入拐点,后呈持续下降趋势,救治与防控压力逐渐减轻,自病例零新增后防控步入常态化阶段。常态化阶段的防控形势对公共服务的质量和数量提出了新要求,对新冠肺炎疫情后的专业化救治服务有新需求,故志愿者参与进入了新阶段,依据感知到的需求重新分配志愿参与的时间和频率。图8-7中的曲线反映了每日参与志愿活动的志愿者总人次与每日确诊病例的变化关系。可以看出,两者的变化趋势非常相近,志愿者人次相对新冠肺炎疫情的变化有一定的时滞性,在7天左右。可见,面对不断变化的新冠肺炎疫情形势,志愿者行动会据以变化,随着新冠肺炎疫情压力的减轻,志愿者相应减少了参与频率,且变动过程存在一定的响应期,标志着志愿者的参与有一定敏感度。

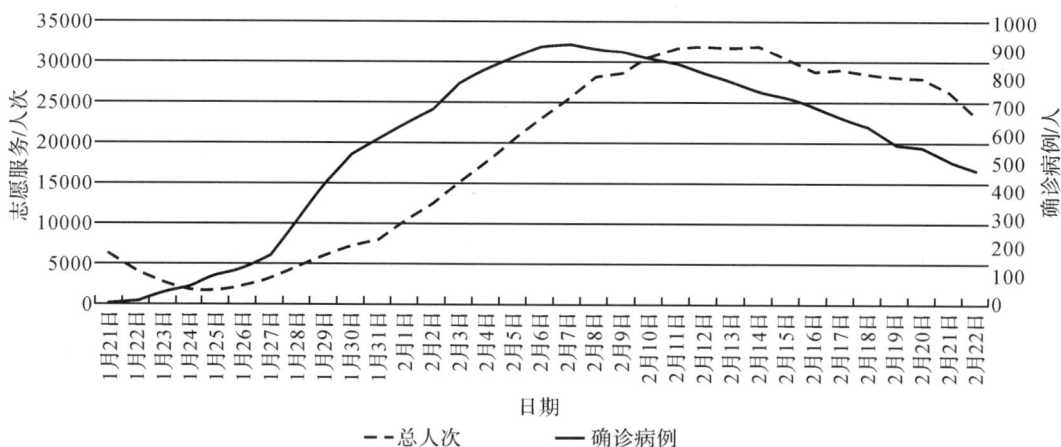

图 8-7　每日参与志愿活动的志愿者总人次与百日确诊病例趋势

（四）小结

本节创新性地搭建了志愿服务动机的综合性框架,介绍了浙江省抗击新冠肺炎疫情的优秀志愿者案例,试图挖掘新冠肺炎疫情应急时期志愿者服务动机与特征。本节基于志愿服务动机的相关研究,总结志愿者参与的三大影响因素,即共振度、响应度和敏感度,形成"志愿服务动机的三维模型",并以浙江省志愿者在 2020 年 1 月 21 日至 2 月 22 日的志愿服务表现数据为分析依据,在志愿者个体的微观层面深入剖析志愿者在新冠肺炎疫情应对中的行为特征,即极高的共振度、极高的响应度和较高的敏感度。

参考文献

［1］ Clary E G，et al. Understanding and assessing the motivations of volunteers：A functional approach［J］. Journal of Personality and Social Psychology，1998，74 （6）：1516-1530.

［2］ Farrell J M，Johnston M E，Twynam G D. Volunteer motivation，satisfaction，and management at an elite sporting competition［J］. Journal of Sport Management. 1998，12（4）：288-300.

［3］ Freeman R E. Strategic Management：A Stakeholder Approach［M］. Boston：Pitman，1984：10-11.

［4］ Gazley B，Brudney J. The Purpose （and perils） of government-nonprofit partnership［J］. Nonprofit and Voluntary Sector Quarterly，2007，36（3）：389-415.

［5］ Hamzah S R，et al. Understanding the reasons for Malaysian youth participation in volunteering activities［J］. 2016，3（1）：39-51.

［6］ Kristensen T S，et al. The copenhagen burnout inventory：A new tool for the assessment of burnout［J］. Work & Stress，2005，19（3）：192-207.

［7］ Li H. Communication for coproduction：A systematic review and research agenda ［J］. Journal of Chinese Governance，2020，5（1）：110-135.

［8］ Miao Q，et al. Ethical leadership and unethical pro-organisational behaviour：The mediating mechanism of reflective moral attentiveness［J］. Applied Psychology，2020，69（3）：834-853.

［9］ Miao Q，et al. How leadership and public service motivation enhance innovative behavior［J］. Public Administration Review，2018，78（1）：71-81.

［10］ Mueller M W. Economic determinants of volunteer work by women［J］. Journal of Women in Culture and Society，1975，1（2）：325-338.

［11］ Newman A，et al. The impact of socially responsible human resource management on employees' organizational citizenship behaviour：The mediating role of organizational identification[J]. The international journal of human resource management，2016，27(4)：440-455.

[12] Okun M A，Barr A，Herzog A. Motivation to volunteer by older adults：A test of competing measurement models[J]. Psychology and Aging，1998，13(4)：608.

[13] Ritz A，Brewer G A，Neumann O. Public service motivation：A systematic literature review and outlook[J]. Public Administration Review，2016，76(3)：414-426.

[14] Salamon L M. The rise of the nonprofit sector[J]. Foreign Affairs，1994(4)：109-122.

[15] Smith D H. Altruism，volunteers，and volunteerism[J]. Journal of Voluntary Action Research，1981，10(1)，21-36.

[16] Wilson J，Musick M. Who cares? Toward an integrated theory of volunteer work[J]. American Sociological Review，1997，62(5)：694-713.

[17] Yeung A B. The octagon model of volunteer motivation[J]. Voluntas，2004，15(1)：21-46.

[18] 毕素华. 慈善事业中的政府、慈善组织与公众——公众微观认知的视角[J]. 学术研究，2020(4)：64-68.

[19] 邓国胜. 公益慈善概论[M]. 济南：山东人民出版社，2015.

[20] 宫蒲光. 社会治理现代化大格局下推进慈善事业高质量发展[J]. 中国行政管理，2021(2)：6-13.

[21] 贾康. 共同富裕与全面小康：考察及前瞻[J]. 学习与探索，2020(4)：77-81.

[22] 金锦萍. 论突发事件应对中政府与慈善组织的关系——以公益募捐主体为视角[J]. 社会保障评论，2021(3)：122-135.

[23] 康晓光. 义利之辨：基于人性的关于公益与商业关系的理论思考[J]. 公共管理与政策评论，2018(3)：17-35.

[24] 林卡，吴昊. 官办慈善与民间慈善：中国慈善事业发展的关键问题[J]. 浙江大学学报(人文社会科学版)，2021(4)：132-142.

[25] 李德健. 后《慈善法》时代慈善信托制度的反思与重构[J]. 社会保障评论，2021(3)：136-148.

[26] 李健，顾拾金. 政策工具视角下的中国慈善事业政策研究——以国务院《关于促进慈善事业健康发展的指导意见》为例[J]. 中国行政管理，2016(4)：34-39.

[27] 苗青，尹晖. 赋能慈善组织需要什么样的研究?——兼谈筹款的道与术[J]. 社会保障评论，2021(2)：123-136.

[28] 苗青等. 社会企业如何参与社会治理? 一个环保领域的案例研究及启示[J]. 东南学术，2020(6)：130-139.

［29］苗青等.社会组织裂变：打破僵局的新思维［J］.浙江大学学报（人文社会科学版），
　　　2020（4）：101-116.

［30］苗青.公共服务动机理论的中国场景：新框架和新议程［J］.公共管理与政策评论，
　　　2019（5）：18-22.

［31］苗青等.从慈善超市到善意经济：新框架和新预见［J］.浙江大学学报（人文社会科
　　　学版），2019（1）：173-183.

［32］苗青等.良币亦可驱劣币：社会企业对流通经济的新启示［J］.中国流通经济，2018
　　　（11）：13-21.

［33］苗青等.撬动社会资源：公益创投评估与 SROI 实证应用［J］.浙江大学学报（人文
　　　社会科学版），2018（5）：152-165.

［34］苗青等."义利并举"何以实现？［J］.吉林大学社会科学学报，2018（2）：104-112,206.

［35］苗青等.老有所为与老有所乐：公益参与的社会补偿效应［J］.浙江大学学报（人文
　　　社会科学版），2017（5）：5-18.

［36］石国亮.慈善组织公信力重塑过程中第三方评估机制研究［J］.中国行政管理，
　　　2012（9）：64-70.

［37］王名,邢宇宙.多元共治视角下我国环境治理体制重构探析［J］.思想战线，2016
　　　（4）：158-162.

［38］魏娜,王焕.国内外志愿服务研究主题演进与热点比较研究——基于 2008—2018
　　　年的数据分析［J］.中国行政管理，2019（11）：124-130.

［39］徐家良,张圣.关联、冲突与调节：慈善信托实践中的多重制度逻辑［J］.中国行政
　　　管理，2021（1）：59-65.

［40］赵文聘,徐家良.制度性组织、新纽带与再嵌入：网络公益慈善信任形成机制创新
　　　［J］.社会科学，2019（6）：87-97.

［41］郑功成.当代中国慈善事业［M］.北京：人民出版社，2010.

［42］周秋光,曾桂林.中国慈善简史［M］.北京：人民出版社，2006.

后　记

时隔七年,作为《社会企业:链接商业与公益》的姊妹篇,本书终于亮相。回眸这七年,于我个人和于我所关注的研究对象来说都有了翻天覆地的变化。

于我来说,这七年是学术生涯最浪漫、最享受的时光。不再有考核压力的我,开始心无旁骛地爱上公益慈善这个领域,探究她的每个细微角落,欣赏她的独特之美。也正是有了这份心态,我对学术的追问变得更加彻底,更有底气,做出了无悔的业绩。

于我所关注的研究对象——公益慈善事业来说,这七年的变化深刻而又不平凡。感谢这个伟大的时代,让一个公共管理学界很少关注的话题迅速升温。回顾过往,还得从麻省理工学院访学说起。2012年,我关注到西方教育界十分鼓励社会创业,她被视为一个激活社会参与、鼓励青年创新的兼具商业和社会价值的好东西。回国后,我立刻展开了教育和科研行动,也就有了第一部书的问世。如今,"挑战杯"和"互联网+"等大学生创业竞赛中都有了红色赛道,成了青年人竞相搏击的"香饽饽",可以说当时的选题颇具前瞻力。

皆因社会使命而来。作为一个舶来品,社会创业一直没有得到充分落地,零星的案例难以形成气候,被法律认可和行政接纳尚无排期。在广泛调研后,社会组织、志愿服务、慈善捐赠等基层社会治理中的核心问题吸引了我,行业需求量大但知识供给不足的矛盾十分显著,发展与变革的呼声伴随着几个关键事件变得日益强烈。2016年,《慈善法》的颁布实施标志着中国慈善事业迈入了法制化进程;2020年,新冠肺炎疫情暴发,华夏儿女齐心协力共渡难关,创出慈善捐赠新高;2021年,"共同富裕"总目标确立和第三次分配成为基础性制度安排,为慈善事业进入快车道绘制了蓝图。身处这个巨变的场景之中,我们有幸见证并锚定于此,以时不我待的决心予以回应,为繁荣公益慈善事业添砖加瓦。

左手进,右手出。难道慈善就是搬运工?这些年,我一直在思考——现代公益慈善究竟比古代公益慈善高明在哪里?千百年前,人类社会从建立第一天起,就有了扶老携幼和同情弱者的理念,公益慈善从那一刻起就应运而生。那么她有没有跟随时代的步伐呢?有人说,现代慈善的筹款方式便捷了,一部手机就可以发布求助和捐助了,信息提速了，辐射扩面了。我则认为这是外部环境助推了慈善，而不是慈善的内生动力。现代慈善的优越性不仅体现在效率优化上，更应该体现在效能变革上，不仅要让受助者得到问题解决，更要用最少的钱办更多的事。正如浙江新湖公益基金会秘书长叶正猛欣喜地告诉我，怒江幼儿园项目产生了 1∶7 的社会效益！

善款搬运工也不是那么好当的。慈善工作面对的是一个个精明的捐赠者，而从业人员又不是很精明。慈善也有"内卷"，体现在三个维度：第一，捐赠参与度差。据世界捐赠指数研究报告显示，我国公民捐赠意愿长期排名 120 多个国家的尾部，尽管心有不甘，但我国自己的统计数据也呈现一致结果。据 2020 年捐赠总额测算，我国人均年度捐赠款不到 110 元，扣除大约四分之三来自企业的捐赠，实际我们的捐赠数字远远低于国际水平，大约是发达国家的三千分之一。第二，捐赠资源属地转化率低。以浙江为例，截止到 2021 年 11 月，建档立卡贫困户 530958 户，其中特困户 35712 户，另有贫困残疾人家庭 114669 户，农村分散供养特困人员 35712 人。浙江每年通过慈善总会和红十字会系统捐赠的善款一般在 30 亿元左右，2020 年约 60 亿元，如此庞大的数字还未包括体制外基金会和互联网捐赠数。根据我们的测算，善款总额的 60% 流出浙江省。毫无疑问，流得越远，项目实施效果的可控性就越小，搬运工的属性就越明显。第三，救助对象重复度高，收效性差。从善款流向格局来看，关爱儿童项目是最受青睐的，疾病救助紧随其后，相反，有些领域，比如出狱犯人改造和艾滋病人施救则无人问津。于是乎一些儿童频繁地得到书包和文具，而真正改变学习习惯的则很少。同时，也必然出现一些社会顽疾长期得不到解决，短板和窟窿越来越大的现象。这就是慈善领域的"内卷"。慈善从业者长期停滞于一成不变的甲方思维和满足于搬运工的角色，阻碍了慈善应有的效益。

慈善问题需要理性分析和科学应对，尽管她充满了感性。带着这种思维，本书力求呈现科学视野中的公益慈善及其机制分析。第一章主要谈论公益慈善浪潮，重在用系统思维全面架构公益慈善生态环境。撰写者是苗青、石浩和周君。第二章慈善捐赠，从捐赠者角度反映其心理和行为规律，撰写者是苗青、赵一星、王博和姚足。第三章主要反映公益组织的管理问题，重点阐述公信力、文化认同和激励方略，撰写者是苗青、张晓燕、石浩和赵一星。第四章旨在反映志愿者激励和管理等问题，撰写者是张玉、赵一星和周君。第五章讲述公益社会企业在中国的实践，撰写者是苗青、张晓燕、赵一星和尹晖。第六章反映公益慈善项目管理的方法和实践，撰写者是苗青、高俊雅、胡婉倩、黄丹琳和石浩。第七章是公益慈善战略发展，强调公益慈善要向效能变革要生产力，撰写者是苗青、张晓燕、周君和朱思丞。第八章阐述危机情境中公益慈善如何助力脱困，重温了新冠肺炎疫情中志愿服务的点点滴滴，撰写者是苗青和赵一星。全书由苗青统稿，赵一星协助文字校对。

本书创作周期长，是几股力量共同推动的产物。首先，本书是国家级课题资助的产物,与书中内容直接相关的课题包括国家社科基金重大项目(21&ZD184)以及国家自然科学基金(72074190 和 71672174)两个面上项目,浙江省自然科学基金杰出青年项目(LR17G020001),没有这些项目资金的支持,很多调研怕是捉襟见肘。其次,本书是人才培养的结果,上文提到的所有作者都是本人指导的博士研究生和硕士研究生,其中涌现出了"浙江大学十佳学生"石浩博士以及优秀毕业生张玉、张晓燕、胡婉倩、高俊雅等青年才俊。现如今他们毕业论文的许多观点或被采纳或被推广应用。还有什么比教书育人更令人幸福的事情呢?再次,本书是贴近一线的成果。近年来本人应邀为多家5A级社会组织担任发展顾问和理事、监事等职(如"绿色浙江"、浙江省妇女儿童基金会、浙江省社工师协会、杭州市基金会发展促进会、浙江省青少年发展基金会、九阳公益基金会),担任浙江省慈善联合总会专家咨询委员会主任委员,这些事务不仅没有一分工资,反而牵涉很多精力,而我则视之为一笔非常值得的投入,这为我的研究提供了很多鲜活的素材。最后,本书也是各届鼎力支持的结果。创作期间,本人先后获得"中慈联竹林计划"青年学者一等奖、省 151 人才、首批"仲英青年学者"、教育部青年长江学者、2020年艾斯维尔中国高被引学者等称号,担任浙江大学社会治理研究院首席专家,浙江大学民生保障与公共治理研究中心骨干成员,没有这些荣誉和平台的支撑,很多工作无法推进。

由衷感谢浙江大学公共管理学院几任领导的关心和厚爱,尤其是郁建兴教授的提携和鼓励,也要感谢社会保障系的领导和同仁的关心和帮助。本书撰写过程中得到了浙江省民政厅领导的调研支持和徐本亮、魏文锋、邱哲、徐琴、吴伟、王跃军、郑壹零、忻皓、黄晖等数十位好友的指点,在此,请接受我的致敬!

苗 青

2022 年 1 月